高等教育自学考试日语专业系列教材

日语口译

丁 莉 编著

北京大学出版社
PEKING UNIVERSITY PRESS

图书在版编目(CIP)数据

日语口译 / 丁莉编著. — 北京：北京大学出版社，2009.9
（高等教育自学考试日语专业系列教材）
ISBN 978-7-301-15714-5

Ⅰ. ①日… Ⅱ. ①丁… Ⅲ. ①日语 – 口译 – 高等教育 – 自学考试 – 教材
Ⅳ. ① H365.9

中国版本图书馆 CIP 数据核字(2009) 第 159436 号

书　　名	日语口译 RIYU KOUYI
著作责任者	丁　莉　编著
责任编辑	兰　婷
标准书号	ISBN 978-7-301-15714-5
出版发行	北京大学出版社
地　　址	北京市海淀区成府路 205 号　100871
网　　址	http://www.pup.cn　　新浪微博：@北京大学出版社
电子信箱	lanting371@163.com
电　　话	邮购部 010-62752015　发行部 010-62750672　编辑部 010-62759634
印刷者	北京飞达印刷有限责任公司
经销者	新华书店
	787 毫米 ×1092 毫米　16 开本　16 印张　338 千字 2009 年 9 月第 1 版　2022 年 1 月第 5 次印刷
定　　价	48.00 元

未经许可，不得以任何方式复制或抄袭本书之部分或全部内容。
版权所有，侵权必究
举报电话：010-62752024　电子信箱：fd@pup.pku.edu.cn
图书如有印装质量问题，请与出版部联系，电话：010-62756370

《高自考日语专业系列教材》总序

高等教育自学考试(简称"自考"或"高自考")是对自学者进行的以学历考试为主的高等教育国家考试,是个人自学、社会助学和国家考试相结合的高等教育形式,是我国社会主义高等教育体系的重要组成部分。其目的是通过国家考试促进广泛的个人自学和社会助学活动,推进在职专业教育和大学后继续教育,造就和选拔德才兼备的专门人才,提高全民族的思想道德、科学文化素质,适应社会主义现代化建设的需要。目前,高等教育自学考试已成为我国规模最大的开放式高等教育形式。

北京市于2006年开设了高等教育自学考试日语专业(本、专),主考院校是北京大学。随着人才市场需求的变化,日语专业的考生每年都在迅速地增长,形势喜人。

为满足自考生的需求,在北京大学出版社的策划下,北京大学外国语学院日本语言文化系负责编写了这套《高等教育自学考试日语专业系列教材》,包括《实用日语:初级》、《实用日语:中级》、《实用日语:高级》、《日语视听说》、《日语会话》、《日本文学选读》、《日语写作》、《日语笔译》、《日语口译》、《日语语法教程》、《日本概况》等。这套教材的特点是重视实践,有利于应用型人才的培养。教材编写以北京大学外国语学院日本语言文化系的教师为主,同时还动员了一些兄弟院校的教师加盟这项工作,执笔者都是教学经验丰富的教师和教学骨干,欢迎广大考生和读者提出批评和修改意见。

衷心地祝愿高自考日语专业不断扩大,顺利健康地发展下去。

北京大学外国语学院日本语言文化系教授、博士生导师
北京市高自考日语专业委员　　　　　　　　　彭广陆
2009年3月31日

前　言

《日语口译》是北京市高等教育自学考试日语口译课程的指定教材，同时也可用作日语专业本科三四年级学生的口译课教材或参考书，以及希望从事口译工作的广大日语学习者的学习参考书籍。

本书内容由浅入深，从一般接待、生活场景进入到专门话题，难度逐渐加大。题材丰富，涵盖面较广，同时也有很强的针对性。全书共16个单元，每个单元的课文及配套练习均围绕一个主题展开。前半部分（1—8单元）及后半部分的16单元以一般接待及生活场景为主，包括机场接送、日程介绍、宴会致辞、观光游览、参观欣赏、衣食住行等。后半部分（9—15单元）则为口译工作中常见的一些专门话题，包括政治与中日关系、经济发展与金融、IT与信息社会、环境问题与环境保护、中日文化交流、奥运与体育、休闲娱乐等七个主题。此外，每单元在课后均配合课文配有扩展词语、中译日、日译中练习以及学习之窗，帮助读者进一步巩固、消化以及扩大词汇量、知识面。

为了帮助读者进入角色、加深印象，更好地理解和掌握课文内容，本书采用一个完整的故事情节。以日本樱咲大学研修交流团访问中国北京京华大学为主线，从"第一单元　迎接"到"第十六单元　回国"，课文均以两所大学的老师和同学之间的各种交流形式展开。前半部分是京华大学日语系为樱咲大学交流团开欢迎宴会、陪同他们在北京市内参观、旅游、购物等，后半部分则以两校学生共同举办中日学生联合论坛的形式展开。

本书根据口译教学的特点、结合口译工作的需要，力求做到内容实用、话题新颖、角度开阔、语言生动。读者在学习时，结合所附录音进行听、说、译三方面的综合练习，可以掌握口译基本技能，为口译工作打下扎实的基础。

在本书编写过程中，北京大学外国语学院日语系教授孙宗光先生对初稿进行

了审定，提出了很多有益的修改意见和建议，北京大学日语系赫杨、刘苏曼、于泓洋三位同学参与了初稿草案编写、查找资料、做了大量辅助性工作，在此一并表示衷心的感谢。

由于时间仓促、水平有限，难免有错误及不妥之处，恳请诸位大家、读者批评指正。

丁莉

2009年8月

主要登場人物:
中国側：京華大学
　　　張　先生（日本語学科の教師、男性）
　　　王　文洋（日本語学科3年生、男性）
　　　孫　莉（日本語学科3年生、女性）
日本側：桜咲大学
　　　上杉　先生（桜咲大学中国研修交流団団長、教師、男性）
　　　田中　健（中国語学科3年生、男性）
　　　山下　幸子（中国語学科3年生、女性）

ストーリー：桜咲大学中国研修交流団の一行20名（団長1名、その他の教師や関係者2名、学生17名）が10月に中国北京にある京華大学を訪問し、一ヶ月滞在する予定。その間、京華大学で中国語や中国文化を勉強し、中国の大学生たちとの交流を行う。

目　次

ユニット1　出迎え / 1
ユニット2　歓迎宴 / 9
ユニット3　観光 / 17
ユニット4　見学と鑑賞 / 26
ユニット5　中国最新事情1——ショッピングとファッション篇 / 35
ユニット6　中国最新事情2——食事篇 / 43
ユニット7　中国最新事情3——住宅篇 / 53
ユニット8　中国最新事情4——交通篇 / 63
ユニット9　政治と中日関係 / 72
ユニット10　経済発展と金融 / 80
ユニット11　ITと情報社会 / 89
ユニット12　環境問題と環境保全 / 99
ユニット13　中日文化交流 / 109
ユニット14　オリンピックとスポーツ / 119
ユニット15　レジャーとエンターテインメント / 128
ユニット16　帰国 / 138

参考译文

第1单元　迎接 / 150
第2单元　欢迎宴会 / 154
第3单元　旅游 / 158

第4单元　参观与观赏 / 162

第5单元　中国最新情况1——购物与时装 / 167

第6单元　中国最新情况2——饮食 / 171

第7单元　中国最新情况3——居住 / 177

第8单元　中国最新情况4——交通 / 182

第9单元　政治与中日关系 / 187

第10单元　经济发展与金融 / 191

第11单元　IT与信息社会 / 195

第12单元　环境问题与环境保护 / 200

第13单元　中日文化交流 / 204

第14单元　奥运与体育 / 208

第15单元　休闲娱乐 / 212

第16单元　回国 / 217

参考答案

北京市高等教育自学考试课程考试大纲

ユニット1　出迎え

一、空港での出迎え

張：　あのう、失礼ですが、桜咲大学中国研修交流団の上杉先生でいらっしゃいますか。

上杉：はい、上杉です。

張：　京華大学の張です。学生と一緒にお迎えに参りました。こちらは今回の交流活動を担当する学生代表の王さんと孫さんです。

王：　初めまして、京華大学日本語学科3年の王文洋と申します。北京へようこそいらっしゃいました。

孫：　日本語学科3年の孫莉と申します。どうぞよろしくお願い致します。

上杉：桜咲大学の上杉です。こちらこそ。これから1ヵ月間よろしくお願い致します。本日はわざわざお出迎え頂き、恐れ入ります。

張：　どういたしまして。ご来訪を心からお待ちしておりました。

上杉：飛行機が少し遅れて、荷物が出てくるのも時間がかかったから、だいぶお待ちになったでしょう。申し訳ございません。

張：　いえ、そんなことありません。皆さん、おそろいになりましたでしょうか。お荷物のほうは大丈夫でしょうか。

上杉：はい、全員揃いました。荷物も確認しました。よろしくお願いします。

張：　それでは、マイクロバスを待たせておりますので、駐車場のほうへ参りましょうか。どうぞこちらへ。

王：　お荷物をお持ち致しましょうか。

上杉：いや、大丈夫です。軽いものですから。ありがとう。

王：　北京は初めてでいらっしゃいますか。

上杉：いいえ、もう10回目くらいになるでしょうかね。北京が大好きですから、しょっちゅう来ていますよ。

王：そうですか。今回のご滞在できっともっと好きになって頂けると思いますよ。

孫：私たちは今回の交流活動、そして桜咲大学の先生や皆さんにお目にかかるのをずっと楽しみにしておりました。

上杉：しかし、王さんと孫さんはまだ3年生でしょう。日本語が本当にお上手ですね。敬語(けいご)の使い方も完璧(かんぺき)！さすが京華大学の学生。

王&孫：いいえ、とんでもございません。

上杉：あ、ご紹介いたします。こちらは今回私たち訪問団の学生リーダーを勤(つと)める田中と山下です。

田中：初めまして、中国語学科4年の田中健です。

山下：同じく中国語学科4年の山下幸子です。どうぞよろしくお願い致します。

王&孫：よろしくお願い致します。

王：皆さん、本日は道中(どうちゅう)いかがでしたでしょうか。朝が早かったのでお疲れになったでしょう。

田中：いやいや、東京から北京まで3時間で着(つ)いちゃうから、疲れなんか全(まった)く感じませんよ。山下さんは飛行機の中でずっと寝てましたけど……。

山下：そうなんですけど……。でも、飛行機を降(お)りたらすぐ元気が出てきました。おいしい中華料理(ちゅうかりょうり)が食べられると思ったらね。

王：これから1ヶ月もありますから、ぜひ北京のいろんな美味美食(びみびしょく)をご堪能(たんのう)下さい。

張：それにしても、皆さんはちょうど北京のいちばんいい季節(きせつ)においでになりました。今はちょうど「天高(てんたか)く馬肥(うまこ)ゆる」という秋で、このごろずっと爽(さわ)やかな晴天(せいてん)が続(つづ)いています。

上杉：十月の北京、いいですね。北京の町(まち)や公園(こうえん)を散策(さんさく)するのが楽しみです。

田中：今回の交流団メンバーには初めて中国に来た者(もの)が多くて、何かとお手数(てすう)をかけると思いますが、どうぞよろしくお願いします。

王：こちらのマイクロバスです。それでは、皆さん、どうぞお乗(の)り下さい。

二、道中案内(どうちゅうあんない)

王：皆様、お待たせしました。私は京華大学日本語学科3年の王文洋と申します。私の隣りがクラスメートの孫莉です。私たち二人はこの度(たび)京華大学と桜

咲大学の交流活動を担当する中国側学生代表です。また、上杉先生の引率アシスタントとして、これから1ヶ月間皆さんのお世話をさせていただくことになりました。どうぞよろしくお願い致します。

全員：よろしくお願いします。

王：　中国には「友あり遠方より来たる、また楽しからずや」という古い言葉があります。本日は遠路はるばるおいで下さった桜咲大学の皆さんを迎えることができまして、まことにうれしく思っております。どうか中国滞在中は楽しくお過ごし下さいませ。

全員：(拍手)

王：　どうもありがとうございました。これからお泊りの梅園飯店まで参ります。梅園飯店は京華大学のホテルで、大学の中にあります。先ほど、初めていらっしゃる方も少なくないと伺いましたので、車中の時間を利用して、北京のことや沿線の場所について二三簡単にご紹介いたします。

　　　先ほど、皆様が降り立ったところは北京空港の第3ターミナルです。2008年2月からオープンしたのですが、北京は10回目だとおっしゃる上杉先生も初めてだそうです。このターミナルは地下2階、地上3階建ての建物ですが、総面積98万平方メートルで、世界一の大きさを誇っています。

上杉：さすが中国ですね。何でもスケールが大きいですもの。今第1と第2は国内線のみですか。

張：　ターミナル1は主に国内機向けで、ターミナル2はスカイチーム向け、ターミナル3はワンワールド、スターアライアンス向けというふうに振り分けられています。

上杉：そうでしたか。

王：　では、次は北京の概況についてです。皆さんご存知のように、北京は中国の首都であり、政治と文化の中心でもあります。

　　　北京市は16の区と2つの県からなっており、面積は日本の四国と同じくらいです。人口は約1600万人(2008年現在)ですが、流動人口がかなり多く、出張や観光などで来ている人だけでも1日100万人を超すといわれています。

　　　北京は中国の六大古都の一つです。長い歴史を持っている街として、古代の宮殿、王室の庭園、お寺など歴史的文化景観が数多く残っています。代表的な観光地は故宮博物院(紫禁城)、天安門広場、明の十三陵、万里の長城、天壇、頤和園などです。一方では、都市建設が急速に進み、地下鉄、高速道路、立体交差、高層マンションなどが次々と建設され、古都の姿を残しながら、活気

溢れる近代的な国際大都市になっています。
　次に北京の気候なんですが、これはあまりよいとは言えません。春は風がよく吹き、砂埃が立ちます。夏は暑いし、冬になると寒いだけでなく、北西の風が吹き、乾燥もひどいです。しかし、北京の秋は「黄金の秋」といわれているように、一年中最もいい季節です。今日もこの通り、空が青く澄み渡り、すがすがしく感じられるでしょう。
　　皆様、せっかくいい季節においでになったことですから、ぜひ北京の秋を存分にお楽しみ頂きたいと思います。

上杉：王さん、ずっとしゃべっていて、疲れたでしょう。少し休んで下さいよ。
王　：いいえ、大丈夫です。それより、上杉先生、皆様、右手のほうにまもなくあるものが見えてきますから、注意して見てくださいね。
全員：ああ、鳥の巣だ！すごい！
山下：わあ、嬉しい！あれが北京オリンピックの会場ですか。
田中：ああ、あれがウォーターキューブですか。
王　：はい、そうです。夜は中からライトアップされたら一層きれいに見えますよ。
山下：近くへ行ってみたいなあ。
王　：この辺りはオリンピック公園といって、今公開してますから、見学できますよ。皆さんの観光・見学スケジュールにもちゃんと入ってますから。
山下：よかった。ありがとう！

三、日程紹介

孫　：皆さん、あと20分くらいかかりますので、この時間を利用して、今回ご滞在の日程についてご説明致します。日程表をお配りしますので、お一人一枚ずつお取りになってから後ろの方に回して頂けますか。
全員：はい。
孫　：今皆さんのお手元にあるのは最新版の日程表です。一つ前のバージョンはEメールでお送りしましたが、その後、皆さんから出されたご要望も含めて、若干変更致しました。では、ご覧頂きながら、簡単にご説明致します。
　　1日（木曜日）
　　本日これからの予定ですが、京華大学の梅園飯店に到着してから、チェックインの手続きを済ませます。その後はホテルの部屋で暫し休んで頂き、

午後6時から日本語学科主催の歓迎パーティーがあります。会場はホテルの2階のレストランですから、5時50分に1階のロビーにお集まり頂くということでいかがでしょうか。

歓迎パーティーでは京華大学の学生にも桜咲大学の学生にも出し物をご用意頂きました。皆さんの素晴らしいパフォーマンスを楽しみにしております。異文化交流の第一弾をお楽しみに！

パーティーが終わった後、一応自由行動ということになっておりますが、お買い物をしたい方がいらっしゃいましたら、大学内のスーパーをご案内します。

2日（金曜日）

朝食はホテル1階のレストランで食べて頂き、バイキング形式となります。今日はお疲れになったでしょうから、明日の朝は少しゆっくり休んで頂いて、お好きな時間に朝食を取って下さい。9時に私と王さんがお迎えに参ります。9時から1時間ほどキャンパスをご案内致します。10時から対外漢語学院の授業を見学します。皆さんの中国語の学習歴やご要望などに沿って、三つのクラスに分けて見学して頂き、次の週から見学するクラスで勉強することになっていますので、クラスは自分に合っているかどうか、見学のときよく考えて下さい。クラス変更が可能ですので、希望されるんでしたら、ご遠慮なくおっしゃって下さい。

昼食は私たちと一緒に学食で食べて頂きます。午後は日本語学科の学生との交流会です。このときお互いに中国語と日本語を教えあう相互学習パートナーを探しましょう。これから1ヶ月間、一緒に交流しながら仲良く勉強していきましょう。

夕食は学内の竹園というレストランでお取り頂くことになっております。これから学内の場合、1日3食は基本的このスタイルです。学外へ出かけたりする場合はまたその都度決めます。

3日（土曜日）、4日（日曜日）

週末はたっぷり観光して頂こうと思いまして、土曜日は北京観光のハイライト、万里の長城の観光です。日曜日は中国のシリコンバレーといわれる中関村と、かわいいパンダが見られる北京動物園へご案内します。

5日（月曜日）から

毎日午前は中国語の授業を受けます。午後は太極拳体験、書道体験、武術体験、中国茶道体験、博物館巡りなど中国の文化を体験して頂きます。よく「百聞は一見に如かず」といいますが、「百見は一体験に如かず」とも言えるでしょう。体験してこそ分かりますから、ぜひ奥深い中国の文化を肌で感じて頂きた

5

いと思います。

21日（水曜日）から

中日学生合同フォーラムを行います。中国と日本の政治や経済、IT、環境問題などやや堅苦しい話題から文化やスポーツ、流行など楽しい話題まで、さまざまなトピックを取り上げて、一日一回計七回行う予定です。フォーラムはスペシャルゲストを招いて講演をして頂き、あるいは中国側と日本側の学生代表にそれぞれ発表をしてもらい、その後グループ討論をするという形を取ります。

30日（金曜日）

京華大学から北京空港までお見送りいたします。

一応このような日程を組みましたが、他に何かご要望などありましたらいつでもおっしゃって下さい。

上杉：かなり豊富多彩な内容ですね。きっと有意義な交流になると思いますよ。

田中：団員一同を代表して、お礼を申し上げます。

王：　皆様、梅園飯店に着きました。どうぞお忘れ物のないようにお降り下さい。

【関連単語】（扩展词语）

1. 天气（天気）

风和日丽（うららかな日）

阳光和煦，暖洋洋（ぽかぽかする、ぽかぽか陽気）　　倒春寒（寒の戻り）

五月晴天（五月晴れ）　　　　　　梅雨（梅雨、梅雨）

万里无云的晴天（快晴の日）　　　炎热夏日（夏日）

闷热（蒸し暑い、むしむしする）　最高气温30℃以上的日子（真夏日）

雷阵雨（夕立）　　　　　　　　　大雨（大雨）

小雨（小雨）　　　　　　　　　　倾盆大雨（土砂降り）

暴雨（豪雨）　　　　　　　　　　太阳雨（狐の嫁入り）

秋老虎（残暑）　　　　　　　　　雹子（雹）

晴朗的秋日（秋晴れの日）　　　　小阳春天气，十月小阳春（小春日和）

凉飕飕（肌寒い）　　　　　　　　有点儿凉，凉飕飕（薄ら寒い）

蒙蒙细雨，毛毛雨（霧雨）　　　　晚秋小雨（時雨）

最高温不足0℃的日子（真冬日）　　寒冷彻骨（底冷えがする）

初雪，第一场雪（初雪）　　　　　鹅毛大雪（牡丹雪）

积雪（積雪）

ユニット1　出迎え

2. 旅行（旅行）

问讯处（案内所、インフォメーション）　　失物招领处（遺失物取扱所）

贵宾室（VIPルーム）　　（升降式）电梯（エレベーター）

自动扶梯（エスカレーター）　　小费（チップ）

航班号（フライトナンバー）　　机票（航空券、航空チケット）

登机牌（ボーディング・パス）　　头等舱（ファーストクラス）

商务舱（ビジネスクラス）　　经济舱（エコノミークラス）

机内便餐（機内食）　　机上服务（機内サービス）

女空乘员（スチュワーデス）　　男空乘员（スチュワード）

换钱、兑换（両替）　　汇率（レート）

免税店（免税店）

吃、住、行都包的包办游（パックツアー、パッケージツアー）

警察局（警察署）　　派出所（交番）

旅行社代理店、门市（旅行代理店）　　加油站（ガソリンスタンド）

練　　習

一、将下面的中文翻译成日文。

1. 您百忙之中还专程来接我们，真是太感谢了。

2. 今天是正点到达的，入境手续办得也很顺。

3. 请问您现在方便说话吗？我有点急事。

4. 不好意思，××先生现在不在座位上，等他回来以后让他给您打电话吧。

5. 尽给您添麻烦了，实在抱歉。

二、将下面的日文翻译成中文。

1. 北京市は環渤海経済圏における北京・天津・河北3地域の中心都市として、周辺地域との経済的な協調を図りながら効率性の高い発展を志向するものとみられます。

2. 普通話と呼ばれる中国語の標準語は北京の発音を基本としており、これを俗に北京語と呼ぶ場合もありますが、完全に同じではないんです。

3. 北京の観光地は数えきれないほど多く、繁華な中心地を抜ければ、五塔寺、万寿寺などの寺院があり、ゆっくり散策するのに最適です。

学習の窓

1. 天高く馬肥ゆる

天高云淡，秋高马肥。

例：日本では秋は「天高く馬肥ゆる秋」と言われるように、豊饒と食欲増進の季節というイメージを持っています。

译文：在日本，人们常说"秋高马肥"，秋天被看作是富裕丰饶和食欲大增的季节。

2. 友あり遠方より来たる、また楽しからずや

有朋自远方来，不亦乐乎。

例：先週、高校の同級生の島田さんが鹿児島からやってきて、一緒に温泉旅行へ行って来ました。まさに友あり遠方より来たる、また楽しからずやです。

译文：上星期，高中同学岛田从鹿儿岛过来，我们一起去温泉玩了一趟。真是有朋自远方来，不亦乐乎啊。

3. 百聞は一見に如かず

百闻不如一见。

例：百聞は一見に如かずというでしょう。万里の長城のすごさは、見てみないと実感できませんよ。

译文：俗话说："百闻不如一见"。万里长城的宏伟气势，不亲眼一看是感受不到的。

4. 可愛い子には旅をさせよ

人不磨不成器，树不修不成材。

例：「可愛い子には旅をさせよ」と、昔の人は言っていました。動物の世界はもっと厳しいですよ。獅子は子を千尋の谷に突き落とすというんですからね。

译文：从前人们说，要让孩子出去见见世面，经历些风雨。其实动物世界的磨炼更为严峻，据说狮子会把自己的孩子推进深谷呢。

5. 旅は道連れ、世は情け

出门靠旅伴，处世靠人情。

例：「旅は道連れ世は情け」というけど、俺はさすらいの一匹狼、人に縛られる生活とは無縁なのさ。

译文：虽说是"出门靠旅伴、处世靠人情"吧，但我漂泊在外独来独往，那种受人羁绊的日子与我无缘。

ユニット2　歓迎宴

一、司会の言葉

王、孫：皆さん、こんばんは。ようこそ京華大学においでくださいました。

王：　　ただいまから京華大学日本語学科主催の、桜咲大学中国研修交流団歓迎宴を始めさせていただきます。私は、京華大学日本語学科3年の王文洋です。

孫：　　同じく日本語学科3年の孫莉です。私たち二人は今晩の司会進行を勤めさせていただきます。

王、孫：どうぞよろしくお願い致します。

孫：　　それでは、まず主催者側を代表致しまして、京華大学の陳副学長より歓迎の挨拶を申し上げます。（三．挨拶1）

王：　　続きまして、桜咲大学の上杉先生より一言ご挨拶を頂戴したく存じます。
　　　　（三．挨拶2）

孫：　　上杉先生、素晴らしいご挨拶、どうもありがとうございました。皆さん、本日は特別ゲストとして、京華大学日本研究センターの名誉顧問でいらっしゃる李志遠先生にもお越しいただきました。それでは、李先生に乾杯のご発声をお願いしたいと思います。（二．乾杯の音頭）皆さんはグラスに飲み物の用意をお願い致します。

王：　　李先生、どうもありがとうございます。

孫：　　それでは、これから歓談の時間とさせていただきます。本日は梅園レストラン自慢の四川料理をご用意いただいております。どうぞ心行くまでご堪能ください。また、ビールやソフトドリンクも用意してありますので、どうぞ召し上がりながら楽しい時間をお過ごしください。

王： 皆さん、ご歓談中ではございますが、ここから余興に移りたいと思います。お食事はそのまま続けていただきながら、お耳とお目だけを拝借したいと存じます。

孫： 今晩のために京華大学と桜咲大学それぞれの学生にご協力いただきまして、三つの出し物を準備して参りました。ぜひご鑑賞いただきたいと思います。

王： まず最初に京華大学演奏部に所属する林冬さんにご登場いただきます。林さんは小さい頃から中国の古典楽器・箏を習ってこられて、今日は箏の名曲『雪山春暁』を演奏してくれるそうです。チベットの春をテーマにした作品です。チベットの雪山に春が訪れたので、雪が解け、川となって流れて行きます。山々に花が咲き、動物たちもみんな動きだし、ねむっていたかのように見えたこの世の万物が再び蘇る、そんな情景が表現された曲だそうです。それでは、林さん、よろしくお願いします。

（箏の演奏）

孫： なんて繊細で美しい音色でしょう。ついつい曲の世界に引き込まれましたね。

王： 林さん、素晴らしい曲、どうもありがとうございました。

孫： 続きまして、桜咲大学の皆さんが日本の盆踊りを披露してくださるそうです。盆踊りというのは、夏のお盆の時期に太鼓や三味線など伝統的な音頭に合わせて踊る踊りのことです。大人数で踊るのが普通だそうです。踊り方は簡単ですから、京華大学の先生や学生の皆さんにもぜひ参加してほしいそうです。

王： それじゃ、司会者の私と孫莉が率先して参加しますから、京華大学の皆さん、一緒に輪に入って、楽しく踊りましょう。

（盆踊り）

王： 皆さん、お疲れ様でした。ずいぶん盛り上がりましたね。

孫： みんなで輪になって踊るから楽しくてしようがないですね。手拍子は簡単そうに見えますけど、結構難しいんですね。あとでまた桜咲大学の皆さんに伝授していただこうかしら。

王： それでは、本日最後の出し物になります。京華大学と桜咲大学の学生が日本の民謡「北国の春」を合唱します。日本語と中国語で1回ずつ歌います。みんなよく知っている歌ですから、一緒に歌いましょう。

（合唱）

王：　素晴らしい熱唱でしたね。桜咲大学の皆さん、北京での1ヶ月間を楽しく過ごされますよう、研修そして交流が実りの多い成果をあげられますよう心から祈念いたしております。

孫：　それでは、皆さん、本日はお忙しい中、歓迎パーティーにご出席いただき、まことにありがとうございました。まだまだお話がつきないようですけど、そろそろ予定の時間が参りましたので、このへんでお開きにさせていただきます。

王、孫：皆さん、どうもありがとうございました。

二、乾杯の音頭（李）

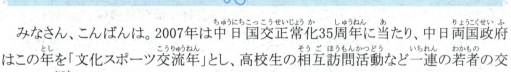

　みなさん、こんばんは。2007年は中日国交正常化35周年に当たり、中日両国政府はこの年を「文化スポーツ交流年」とし、高校生の相互訪問活動など一連の若者の交流活動を行いました。

　2008年は、『中日平和友好条約』締結30周年に当たり、両国はまたこの年を「青少年友好交流年」と定め、双方が2008年より4年間連続で毎年4千人の青少年の相互訪問を実現することを約束しました。

　このような現在の状況から見て、中日間の信頼関係をさらに増進するには、人と人との往来、中でもとくに若者同士の交流を着実に強化しなければなりません。若者は両国の未来であり、若者の交流が中日関係の未来を決めるのです。

　本日、この会場に中国と日本の若者がいっぱい来られていますね。21世紀の世界はあなたたちにかかっています。私は、あなたたちが今回の交流活動に積極的に参加し、胸襟を開いて真摯に交流を行い、自分の目で相手を見つめ、自分の心で体験し、友情を深めること、そして、中日友好が世々代々に伝わっていくことを心から期待しています。

　最後に、まことに僭越ではございますが、乾杯の音頭を取らせていただきたいと思います。

　桜咲大学訪問団の中国訪問のご成功のために、

　中日の若者の友好交流のために、

　中日両国国民の深い友情のために、

　そして皆様のご健康のために、

　乾杯！

　ありがとうございました。

三、挨拶

1. 中国側の挨拶（陳）

尊敬する上杉団長、ご来賓の皆様

本日ここに桜咲大学中国研修交流団の皆様をお迎えするにあたり、私は京華大学の教職員ならびに学生一同を代表致しまして、心より歓迎の意を申しあげます。

京華大学と桜咲大学の友好交流関係は今年で15年目に入りました。1995年に協力協定が締結されて以来、広範なる分野における両大学の交流協力関係が確立されました。学部生の共同教育プロジェクトや交換留学プロジェクト、研修交流プロジェクトなどを立ち上げただけでなく、「京華大学－桜咲大学友好交流運営機構」を設置し、両大学の学術交流と協力関係を全面的に推進して参りました。双方の共同努力のもとで、これらのプロジェクトは順調に実施されております。

15年間の道程は決して楽なものではありません。今日まで続けられてきたのは桜咲大学の柳沢学長をはじめとする大学責任者の全面的サポートと双方の努力の賜物だと思っております。ここにおきまして、上杉先生をはじめ、桜咲大学の関係者の皆様が長年両大学の友好協力を推進するためになさった弛まぬご努力と暖かいご支援に、深く感謝致します。

京華大学と致しましては、今後ともこれまで通り桜咲大学との各分野における友好協力をサポートし、両大学間の友情を深めていくことによって、中日両国の若い学生同士の相互理解を促進し、中日関係の発展及びアジア太平洋地域の安定と繁栄に貢献していきたいと思います。

昨年の春、我々京華大学の関係者が桜咲大学を訪れた際に、熱烈な歓迎と手厚いおもてなしを受けました。この場を借りて改めて御礼申し上げたいと存じます。

最後になりましたが、これから一ヶ月間にわたる研修・交流活動が順調に行われ、大きな成果を挙げ、所期の目的を達成されますよう、心からお祈りいたします。北京はちょうど黄金の秋を迎えており、皆様の行かれる先々できっと秋の爽やかで美しい景色を存分に楽しまれることでしょう。どうか楽しく有意義な一ヶ月間をお過ごしください。

上杉先生をはじめとする桜咲大学の皆様のご滞在中のご健康を祈念致しまして、歓迎の挨拶と致します。

2. 日本側の挨拶（上杉）

　尊敬する京華大学陳弘副学長、日本研究センター李志遠名誉顧問、ご列席の皆様

　まさに天高くすがすがしい実りの秋に、私ども桜咲大学研修交流団は、貴大学のお招きを受け、中国を訪問することができ、非常にうれしく思っております。本日午後、北京空港に到着した折は、京華大学の皆様の暖かい歓迎を受け、今夕はこうして盛大な歓迎レセプションを開催していただき、団員一同を代表いたしまして、心よりお礼を申し上げます。

　現在、高等教育をめぐる環境は、世界的に見ても著しく変化し、どの大学も国境を越えた大学間競争に直面しています。今後、より開かれた魅力ある大学作りを進めるためには、大学や国の垣根を越えた協力関係を積極的に構築することが必要になります。桜咲大学でもこのような認識に基づき、様々な改革に取り組み、国内外に幅広い大学間ネットワークを築いて参りました。その際、京華大学との関係が最も重要となることは申し上げるまでもありません。

　本学の柳沢学長はこれまで陳副学長と様々な機会を通じて語り合い、特に未来を担う若者の共同育成に取り組むことが重要であるという認識を共にして参りました。その具体化のために、一昨年、「京華大学－桜咲大学友好交流運営機構」を設置し、以来、様々な友好交流活動のあり方を模索しております。その成果の一つとして、昨年9月より、学部レベルの交換留学制度を開始いたしました。そして、双方から計30名近い学生がこの制度を利用し、現在、両大学で勉学に励んでおります。また、桜咲の学生が京華大学において「中国を知る、中国人と知り合う」目的で参加する中国研修交流プログラムを併せて開始致しました。今回はまさにこのプログラムのおかげで、17名の本学学生を引率して京華大学を訪れることができました。

　さらに、新たな可能性を探るべく、本年より中日学生合同フォーラムの開催を決定致しました。このような様々な試みを踏まえ、互いの大学力向上の相乗効果を図るには、今後、共同科目の設置や、カリキュラムの一部共通化等を含めた、両大学間の教育資源の共有に向けた、様々な議論を進めていければと思っております。

　本日、両大学の友好協力関係のさらなる発展を祈願して、京華大学に桜の苗を贈呈したいと思います。この桜も年を追うごとに立派に成長し、毎年春には見事な花を咲かせることでしょう。両大学間の交流も、この桜に象徴されるように、大きく広がっていくことと信じております。これから、毎年春には、この桜の木の下に両校の学生たちが集い、未来を大いに語りあい、お互いの友情を深める場所となることを願いつつ、本日の挨拶とさせていただきたいと思います。

【関連単語】(扩展词语)

1. 致辞（挨拶）

仪式，典礼（式典）　　　　开幕（開幕、開会）
闭幕（閉幕、閉会）　　　　光临、莅临（ご光臨、ご臨席）
出席（ご列席）　　　　　　斗胆、冒昧（僭越）
过意不去，愧对（恐縮）　　欢聚一堂（一堂に会す）
抽出宝贵的时间（貴重なお時間を割いて頂く）
无微不至（至れり尽くせり）　令人满意（満足の行く）
前所未有（いまだかつてない）　坦率地（率直に）
直言不讳（忌憚のない）　　竭尽全力（全力を尽くす、ベストを尽くす）
敞开胸襟（胸襟を開く）　　健康（健勝）
贡献（寄与）　　　　　　　确信（確信）
祈祷（祈念）

2. 发言、谈话等（発言、談話等）

开场白（前口上、前置き）　谈话（談話）
会谈（会談）　　　　　　　对话（対話）
协商（協議）　　　　　　　谈判（交渉、掛け合い）
试探（打診）　　　　　　　研究（検討）
闲话，多余的话（余談）　　闲聊，闲谈（雑談）
玩笑话（冗談）　　　　　　面谈（面談）
畅谈（懇談）　　　　　　　商议（話し合い）
商量，碰头（打ち合わせ）　商谈要事，重要会谈（要談）
报告（講話）　　　　　　　讲演（講演）
讲座（講座）　　　　　　　演说、演讲（スピーチ）
会见（会見）　　　　　　　祝词（祝辞）
决议（決議）　　　　　　　提议，建议（提案）
还礼（答礼）

練　習

一、将下面的中文翻译成日文。

1. 各位不远万里而来，真的非常感谢。

2. 让我们用热烈的掌声欢迎代表团入场。

3. 请李老师致祝酒辞。

4. 我深信，本次活动一定能增进中日双方的相互了解与友谊。

5. 我希望这次访问能使各位满意。

二、将下面的日文翻译成中文。

1. このような有意義なイベントは、わが国の日本語教育と学術研究にとって、大きな推進力となるに違いないと存じます。

2. これをきっかけとして、外国語学院の日本語教育と学術研究を新しい段階に推し進めていきたいと思います。

3. 皆様は、当地に来られましてから、ゆっくりお休みになる暇もなく、これまでずっとハードスケジュールを重ねてこられまして、大変お疲れになっていらっしゃることと存じます。

学習の窓

1. 光陰矢の如し

光阴似箭。岁月如梭。时光如流水。

例：正社員になったばかりのころのことは、まだはっきり覚えていますが、あれからもう11年も経ってしまったなんて、「光陰矢の如し」とはこのことだな。

译文：我现在还能清楚地记得刚成为正式员工时的事情，一眨眼竟然已经过去了11个年头，这就是所谓的"光阴似箭"吧。

2. 雨後の筍

雨后春笋。

例：中国の経済発展に伴って、都市部では高層マンションが雨後の筍のように増えている。

译文：随着中国的经济发展，城市里的高层公寓如雨后春笋般越来越多。

3. 猿も木から落ちる

擅长爬树的猴子，有时也会从树上掉下来。类似的表达还有："弘法にも筆のあやまり"，弘法大师也可能会写错字。比喻精通某道的人也可能失误。与汉语的"智者千虑，必有一失"意义相近。

例：金メダルを期待された山崎がいきなり失格とは、猿も木から落ちるのよね。

译文：夺金呼声很高的山崎冷不防失去比赛资格，真是人有失足马有失蹄啊。

4. 転ばぬ先の杖

还未摔倒就先准备好拐杖。未雨绸缪。

例：防災予防講座は、転ばぬ先の杖ですので、聞きに行きましょう。

译文：防灾预防讲座是教我们事先做好防灾的准备，一起去听吧。

5. 寝耳に水

原意为睡梦中耳朵听见洪水声。从前水患未消，河水时常泛滥，睡梦中，洪水浊声入耳，不免受到惊吓。现比喻事出突然而吃惊。可译为中文的"晴天霹雳"。

例：息子の病気の知らせは寝耳に水で、どうしても信じられなかった。

译文：儿子生病的消息无疑是晴天霹雳，我简直无法相信。

ユニット3　観光

一、北京の通り——山下さんの願い

（キャンパス内で）

山下：王さん、ちょっとお願いがあるんですけど、聞いてもらえますか。

王：　はい、僕のできることなら。

山下：実はね、北京に来る前に先輩から頼まれたんですけど、「中国便り」といううちの中国語学科の学科誌に北京の通りを紹介するエッセイを書いてほしいって言われました。でも私、北京に来てからまだどこにも行ってないでしょう？北京はこれだけ広いからどこから見ていけばいいのかも分からないんです。もしお願いできたら王さんに教えていただきたいのですが。

王：　お安い御用です。北京のことなら任せといてください！

山下：助かるわ！じゃあ、詳しく教えていただきたいので、今日ひまのある時に私たちの部屋に来てもらえませんか。

王：　オッケー。

（山下さんの部屋で地図を見ながら）

王：　北京の通りといえば、なんと言ってもメインストリートの長安街ですね。

山下：長安街ですか。あ、確かガイドブックで見たことがあります。物凄く広い通りで、その真ん中はちょうど天安門広場でしょ。

王：　そうです。天安門広場を境にして、東のほうは「東長安街」、西のほうは「西長安街」と呼ばれています。北京市の東西を結ぶ大動脈だと言われています。

山下：長さはどれぐらいですか。

王：　長さは約46キロで、道幅は50メートル、広いところは100メートルもあり

ますよ。

山下：凄い！長さから言えば立派なマラソンコースですね。

王：実際、北京オリンピックの時、天安門広場はスタート地点で、長安街の一部もコースに組み込まれていましたよ。

山下：そうなんですか。日本でテレビ中継を見ましたけど、北京の道は広いなあって思いました。どこが長安街だったのかはわかりませんけど。

王：そうでしょうね。レースのほとんどは広い道路を通ってましたからね。でももともと長安街はたった3.7キロの短い通りで、路面の幅も狭く、広い所でも15メートルしかなかったそうですよ。1970年代から整備が行われ、今日百里の長安街と呼ばれるようになったくらいです。

山下：なるほど。「ローマは一日にして成らず」といいますから。都市の記憶がそこに眠っているでしょうね。

王：そうですね。長安街の視覚的な変化は私のような若い人にとってもとても印象深いです。1990年代から両側の高層ビルは知らず知らずのうちにどんどん建てられ、とても近代的でモダンな通りに変わりました。前通学通勤の時に見られた自転車の流れもあまり見られなくなって、今は自動車に取って代わられました。

山下：そうですか。あの洪水のような自転車の流れは日本のテレビでも見ましたけど、あの光景はもう見られなくなったのか、何だか残念ですね。そういえば、北京の伝統的な町並みとして「四合院」とか「胡同」とかってあるでしょう。ああいうのはどこへ行けば見られるんですか。

王：そうですね。「四合院」は北京の伝統的な民家のことで、「胡同」は「四合院」が並ぶ横丁です。都市再開発の建設ラッシュに伴って、取り壊されたり改築されたりしました。でも、旧市街を中心に保存されているところも結構ありますよ。例えば、東城区の「南鑼鼓巷」というところとか。

山下：「南鑼鼓巷」？面白い名前ですね。

王：ええ、鑼鼓というのは銅鑼と太鼓のことです。昔、銅鑼商人が沢山住んでたでしょうね。「巷」は「巷」という字、「胡同」と同じ意味で、路地や横丁のことです。それから、「北鑼鼓巷」というのもありますから、その南にあるということで「南鑼鼓巷」と名づけられたんでしょう。この古い通りは元の時代に作られたそうです。南北に800メートルしかないですけど、その東と西側にそれぞれまた8本の「胡同」があります。形がムカデに似ていることから、「ムカデ

町」と呼ばれたりしています。

山下：「ムカデ町」ですか。なるほど、イメージしやすいですね。そこには「四合院」がありますか。

王： もちろんありますよ。その辺りは四合院の保護区として四合院がもっとも保存がよくて、集中しているところです。その多くは今でも人が暮らしたり、またはおしゃれなカフェとかバーとか、個性的なショップとして使われたりしているんです。

山下：へええ、レトロな「四合院」にカフェとバーですか。そのミスマッチが何ともおしゃれでいいですね。

王： 最近は物凄く人気の観光スポットとして、毎日国内外の観光客が殺到しているそうですよ。そうそう、おしゃれといえば、「北京の銀座」と言われる「王府井」大通りをご紹介しなければ。

山下：王府井なら知ってますよ。北京一賑やかな商店街でしょ。

王： その通りです。北京で一番有名な繁華街で、北京観光には欠かせないスポットですよ。通りは一キロあまりあって、「東方新天地」を初め、「新東安市場」、「北京百貨大楼」、「世都百貨」などショッピングセンターやデパートが立ち並んでいます。

山下：銀座の場合、中央通りという大通りは週末になると歩行者天国になって、買い物客は安心して散歩したりショッピングすることができます。王府井もそうなんでしょうか。

王： 王府井は毎日歩行者天国でとても歩きやすいですよ。

山下：そうなんですか。凄い！

王： そうそう、あとぜひお薦めしたいのは大通りの中ほどの横丁にある「王府井小喫街」というところです。小喫は軽食という意味です。屋台感覚のお店がずらりと並んでいて、中国各地の小喫を売っています。焼きそばとか麺類とか、餃子など日本人にお馴染みのものから、ウズラの丸揚げ、さそりのから揚げ、内臓の煮込みなどちょっと変わったものまで、いろんな食べ物を試すことができますよ。

山下：分かりました。エッセイ執筆のためにも、「王府井小喫街」へ行ってみなくちゃ。

王： 本当にエッセイのためですか。それじゃ、近日中に王府井美食探検一日ツアーでも組みましょうか。僕がガイドになって案内しますよ。

二、万里の長城——王さんの車中ガイド体験

王：みなさま、おはようございます。本日は予定どおり万里の長城へご案内致します。今向っているのは北西部延慶県にある「八達嶺」です。現在、観光地として公開されている長城は、「八達嶺」「慕田峪」「司馬台」「金山嶺」などいろいろあります。その中で「八達嶺」は北京市内から約75キロで比較的近く、高速道路を使って1時間足らずで着きますから、手軽に長城見学ができる最もポピュラーで人気のある箇所です。

　それでは、車中の時間を利用致しまして、万里の長城について、簡単な説明をさせていただきます。

　万里の長城は世界でも有名な建築物です。1987年に世界遺産として登録されました。「人類史上最大の建造物」、「月から見える唯一の建造物」などと言われています。東は河北省の山海関から、西は甘粛省の嘉峪関まで、全長約6400キロです。

　長城の本来の意味は、中国歴代王朝が北方遊牧民族の侵入を防ぐために築いた長くて巨大な城壁ということです。春秋戦国時代の中国にはたくさんの小国がありました。それぞれの国の皇帝は自国を守るため、国の周りに高い城壁を作りました。そして紀元前221年、秦の始皇帝は国を統一し、各国の城壁をつなぐよう命令を下しました。その後も各王朝の皇帝たちの命令で長城の建造工事が続けられ、明の時代にようやく今日の6400キロの長城が出来上がったのです。「皆様」にはぜひその壮大な景色を楽しんで、肌で歴史を感じていただきたいと思います。

上杉：すばらしいご説明ですね。王さん、将来きっといいガイドさんになれますよ。

王：いいえ、とんでもないです。実は夕べいろいろ調べて、一夜漬けで暗記したものなんです。

山下：それでもすごいですよ！私の中国語はいつになったら上手になれるのかしら。ところで、万里の長城って本当に一万里ありますか。

王：はい、ありますよ。実はなぜ「万里」の長城なのか、二つの理由があります。一つは万里というのはとてつもなく長いという意味のたとえです。もう一つは古代中国の1里は0.5kmなので6000キロは12000里に相当するわけです。それで、万里の長城という名がついたそうです。あ、ご覧下さい。長城が見

えてきました。

上杉：いやあ、すばらしい。見ているだけで圧倒されてしまう。歴史のまっただ中にあるという感じですね。

王：　一番最初に見えるのが右手前の小さな山にある「狼煙台」です。

山下：狼煙台って？

王：　文字通り狼煙を上げるために作られたものです。昔は今の電話やメールのような便利なものはありませんでしたから、軍事情報は馬か「狼煙」を使って伝えるしかありませんでした。険しい山岳地帯では道らしい道もないから、馬だけでは無理で、「狼煙」が使われたのです。「狼煙台」は長城の城壁とは別に建ててあり、目に付きやすいところに建っています。敵が襲来すると昼間は煙を上げ、夜は火を燃やすことによって次ののろし台へ伝え、それを見たのろし台がまた煙を上げ、火を燃やすことで、遠方まで軍事情報を伝えることができるのです。

上杉：へええ、面白いですね。その場合は何か約束事みたいなことはありますか。

王：　はい。敵が500人なら煙は2本、千人以上なら3本、5千人以上だと4本、1万人だと5本というふうに、煙が多ければ多いほど事の重大さを意味したそうです。

上杉：そういえば、「狼煙」ってたしか狼の煙って書きますよね。

王：　はい、そうです。その由来は中国の北方には狼が非常に多くて、狼の糞を燃料にしたことがあったからだとされています。万里の長城には、一定の間隔で狼煙台が作られていますので、あとで登る時には狼煙台で休憩を取りながら登るようにしましょう。

（入口付近に到着）

山下：ずいぶん混雑してますね。

王：　ここは北京観光のハイライトですからね。さて、皆さん、ここから登る道は二つに分かれています。どちらも1時間程度で頂上につきますが、右側は女坂と呼ばれ、比較的登りやすく、観光客も多いです。左側は男坂で全体的に勾配が急になり、わりあいきついのですが、見晴らしはよいのです。どちらのほうから登りましょうか。

上杉：王さん、「長城に至らずんば、好漢にあらず」という毛沢東の詩の一句があるでしょう。長城さえ登ればりっぱな男だから、どちらからでもいいですよ。

王：　それなら、2コースともチャレンジなさってみるのはいかがでしょうか。

上杉：そりゃ大変だ！

三、北京動物園——パンダの天国

　　北京動物園は北京市内北西部にある中国最大規模の動物園で、面積は50万平方メートルです。その前身は1906年に開園した「万牲園」で、各地から清朝に贈られた珍しい動物を集めたものでしたが、皇族の庭園として一般公開ではありませんでした。そして長い間管理がおろそかで、動物の数もわずかになっていたので、あまり評価されていなかったのです。新中国成立後、政府の援助のもとで動物園が整備され、1955年から一般公開されています。その後も新しい動物館が次々に建てられ、動物の数もだいぶ増え、ようやく今日の規模となったのです。現在、アジア最大規模の動物園として、北京動物園は600種以上、7000もの獣類や鳥類を有しています。多種多様な動物がいる中、一番注目を集めるのは、やはりパンダです。

　　正門に入って少し歩けばパンダ館が見えてきますが、見物するには別切符を買わなければなりません。にもかかわらず、館内にはいつも国内外の観光客で溢れかえっています。室内には3頭、室外には4頭、計7頭のパンダがいますが、専門の飼育係に面倒を見てもらってまったく苦労のない生活を送っているので、大体寝ているか食べているかです。たまに歩き出しても、寝る場所を変えたり、食べ物を探したりするくらいで、すぐまた止まるのです。木に登ったり宙返りしたりするパンダをもし目撃できたら、それは極めてラッキーなことですよ。いかにも怠け者という感じのパンダですが、その存在のすべてが「可愛い」そのものです。静かにパンダの身動きを見守っている人、興奮してキャーキャー騒いでいる人、パンダの姿をカメラやビデオに撮って思い出に留めようとしている人、観光客の人々もまた一つの風景になっているのです。

　　2008年北京五輪期間中、四川省から8頭のパンダが北京動物園に送られ、2009年3月まで展示されていましたが、延べ210万人の観光客が見に来たという新しい記録を作ったそうです。

【関連単語】（扩展词语）

1. 动物（動物）

夜行动物（夜行性動物）	猛兽（猛獣）
大猩猩（ゴリラ）	黑猩猩（チンパンジー）
老虎（トラ）	豹子（ヒョウ）
犀牛（サイ）	狮子（ライオン）
斑马（シマウマ）	河马（カバ）

野猪（イノシシ）　　　　　骆驼（ラクダ）
蝙蝠（コウモリ）　　　　　黄鼠狼（イタチ）
袋鼠（カンガルー）　　　　松鼠（リス）
雌性（メス）　　　　　　　雄性（オス）

2.旅游（観光）
入出境签证（出入国ビザ）　　　　过境签证（通過ビザ）
团队签证（団体ビザ）　　　　　　旅游签证（観光ビザ）
旅行支票（トラベラーズ・チェック）　民用航空（民間航空）
登机大厅（出発ロビー）　　　　　五星级饭店（五つ星ホテル）
总服务台（フロント）　　　　　　住宿（宿泊）
全方位服务（トータルサービス）　　全程陪同导游（添乗員）
度假（リゾート）　　　　　　　　团购（グループ購入、共同購入）
连锁店（チェーン店）

練　　習

一、将下面的中文翻译成日文。

1. 从客房的窗户向外望去，街景可以尽收眼底。
2. 各位下午想不想逛逛天津？如果需要的话，我给大家介绍一条很受欢迎的徒步参观路线。
3. 下车的朋友，请您带好随身物品。
4. 通过此次旅行，我们与老朋友重逢，又结识了不少新朋友，感到由衷的喜悦。
5. 这里就是天安门广场，对面是天安门。天安门是北京的象征，不，应该说是中国的象征。那是人民英雄纪念碑，它后面是毛主席纪念堂。那边是人民大会堂，相当于日本的国会议事堂。全国人民代表大会，就好像日本的国会，便在那里召开。

二、将下面的日文翻译成中文。

1. 当ホテルは、謹んでお客様に心のこもったハイクオリティなサービスをお約束いたします。
2. 函館山は、季節を問わず多くの観光客でにぎわう函館一の観光スポットです。標高334mの山頂から観る夜景は、日本三大夜景、そしてナポリ、香港と並び、世界三大夜

景にも挙げられています。

3. 800年以上の歴史を持つ麗江古城は、中国雲南省の北西高原に位置しており、山に囲まれ、水が流れる山紫水明なところです。

 学習の窓

1. 立てば芍薬、座れば牡丹、歩く姿は百合の花

　以花来形容美女的姿态。花容月貌，闭月羞花。

　　例：立てば芍薬、座れば牡丹、歩く姿は百合の花…あなたにぴったりの言葉だ。

　　　　译文：立如芍药，坐若牡丹，行似百合。这不就是在说你嘛。

2. 似たもの夫婦

　情投意合成的夫妻。有其夫必有其妇。不是一家人，不进一家门。

　　例：長い年月夫婦でいるとどんどん似てくる「似たもの夫婦」って仲が良い証拠かもしれません。

　　　　译文：夫妻多年，连相貌都越来越像，这也许正说明情投意合感情深啊。

3. 才色兼備

　形容女性才貌俱优，才貌双全。

　　例：彼女は美人だけでなく、仕事もばりばりできる才色兼備。

　　　　译文：她又漂亮又能干，堪称才貌双全。

4. 恋の病に薬なし

　恋爱之病无药可治。

　例：

　A：良子さんは最近やつれたと思わない？どうしたのかしら。

　B：どうも好きな人ができたらしいのよ。でも、告白する勇気がなくてさ、かなり悩んでいるみたい。

　A：なるほど、恋の病に薬なしって言うもんね。

　译文：

　A：你不觉得良子最近很憔悴吗？她怎么了？

　B：好像喜欢上谁了。不过又没有勇气告诉对方，挺痛苦的。

　A：哦，果然是恋爱之病无药可治啊。

5. 痘痕も靨

　脸上的麻子也当成酒窝。爱一个人的时候会把对方的缺点看成优点。情人眼里

出西施。

例：付き合い始めてその人を好きになればどんな顔も好ましく見えてきますよ。「あばたもえくぼ」って言葉は本当です。

译文：开始交往以后若喜欢上对方，那么无论对方的长相如何都会感觉良好。情人眼里出西施，这话不假。

ユニット4　見学と鑑賞

一、北京大学の見学

（西門）

孫：　それでは、これから北京大学のキャンパスをご案内致します。北京大学は清華大学と並ぶ中国の名門大学で、中国人は親しみを込めて「北大」と呼んでいます。こちらは大学の正門—西門です。

田中：赤くてどっしりとした門ですね。東大の「赤門」のようなところでしょうか。

孫：　そうですね。赤門が東大のシンボルだというのと同じように、西門も北大の象徴です。皆さんご存知のように、北京大学の前身は清末の1898年に創立された京師大学堂です。当時は故宮の北東にありました。辛亥革命後、1912年に北京大学と改称され、1952年に燕京大学の跡だった現在の敷地に移転してきました。この門は1926年に燕京大学によって作られたものです。

山下：みんな門の前で写真をとってますね。

孫：　そうなんですよ。ここは、記念撮影をする観光客が一日中途切れることがないくらい有名です。

上杉：門の上にある「北京大学」の題字は確か毛沢東が書いたとか。

孫：　おっしゃる通りです。毛沢東は北大で図書館員として勤務したことがあり、青春の一時期をここで過ごしたのです。では、入りましょうか。

（外国語学院）

上杉：小さな橋と流れがあって、なかなか風情がありますね。正面の広場に対で立っている大きな石柱は確か…

孫：　「華表」と呼ばれるものです。「華表」は中国古代の記念建築の一種でよく宮

城や陵墓などに設置され、日本の神社の鳥居にあたるものです。この一対の華表は1929年大学を建設するときに北の円明園から運んで来たものです。

山下：その後ろにある建物は?

孫：貝公楼といって、北京大学の旧本館です。今は事務棟となって、学長室などが入っています。アメリカのクリントン元大統領や日本の福田前首相など各国首脳が北京大学を訪問した時に演説したのもこの中にある講堂なんです。
左手にあるこちらの建物は外文楼です。日本語学部を含む外国語学院が中に入っているんです。

山下：へええ、この辺りの建物はいずれも古風で趣ある中国式建物ですね。

孫：そうですね。北京大学のキャンパスは明と清の時代にすでに北京の西郊外の庭園景勝区の一部でした。キャンパスには8ヵ所の古代庭園の跡がありました。しかし、あるものは円明園とともに英仏連合軍に放火され、あるものは軍閥の占有物となって売り出され、また、廃墟になってしまったものもあり、今では「鏡春園」「鳴鶴園」「朗潤園」「勺園」の四つしか残っていません。そういえば、最近、北京大学は清華大学とともに、北京市重要歴史文化財として指定されたそうです。

田中：大学が文化財に指定されるんですか。すごいですね。

（未名湖、博雅塔）

孫：さて、未名湖に着きました。

山下：まあ、美しい！まるで公園のようですね。とても大学の構内だとは思えません。

孫：このあたりは北京大学の学生や教職員の憩いの場となっています。昼間は学生たちが湖畔のベンチに座って話したり読書したりしていますが、夕方になると、カップルが仲良く語らうのをよく見かけるらしいですよ。

山下：そうですか。なんだかのどかでいい雰囲気ですね。でも、これから寒くなりますから、あまり人が来なくなるでしょう。

孫：いいえ、冬は氷が張って、皆スケートしに来ますから、ますますにぎやかになりますよ。

山下：いいですね。北京大学の学生が羨ましいわ！

田中：あのタワーみたいな建物は何でしょうか。

孫：あ、あれは「博雅塔」と呼ばれる塔で、以前は給水施設として使われていたそうです。北京大学のシンボルタワーと言えるでしょう。外からもよく見えます。そういえば、北京大学のシンボル的存在と言えるものは実は三つあります。

田中：未名湖も博雅塔もそうでしょ？あと一つは？

孫：図書館です。それで、未名湖、博雅塔と図書館にちなんで、一つの塔に未名湖の湖に、図書館の図を合わせて「一塔湖図」という言葉で表現できます。ちょうど発音が中国語では、めちゃくちゃという意味を表す四文字熟語の「一塌糊涂」と一緒で、北京大学の学生たちはよくふざけて言ったりします。

田中：面白いですね。

(図書館)

孫：あそこに見える大きな建物は図書館です。

田中：立派な建物ですね。さすがシンボル的存在。

孫：外観だけでなく、ここはアジアの大学の中でも最大規模の図書館で、蔵書が700万冊に及んでおり、国内の大学ではその蔵書量はトップを占めているそうです。

田中：凄いですね。ところで、北京大学は学生数はどのくらいありますか。

孫：学部生、大学院生を合わせて約37000人です。また、世界80ヵ国からの外国人留学生が長期、短期合わせて5000人くらいが在籍しているそうです。

田中：いいなあ。僕も大学を卒業したら、北京大学に留学に来ようかなあ。今から中国語の勉強を頑張らなきゃ。しかし、このあたりは現代風な建物が多くて、西門周辺とは打って変わりますね。

孫：そうですね。あの白くて立派な建物は1998年に北京大学開学100周年を記念して建てられた百年記念講堂です。著名な文化人などゲストを招いて講演会を開いたりとか、大きなイベントはよくここで行われます。あと、コンサートや映画上映もやってますよ。

田中：本当だ、オーケストラのポスターが張ってある。大学から一歩も出ないで映画もコンサートも見られるってわけですか。ずいぶん充実したキャンパスライフですね。

孫：このあたりの建物は全部教室棟です。前は古くてぼろぼろでしたけど、今は全部新しく建て替えられました。

田中：ああ、あれがもしかしたら卓球館ですか。

孫　：そうです。北京オリンピックの時ここが卓球の試合会場でした。卓球競技館と競泳館の二つの館からなっていますが、今は北京大学の体育館として使われています。

山下：孫さん、今日は北京大学を案内して頂いて、ありがとうございました。美しい未名湖の周辺をゆっくり散策できたし、学生たちが勉強する図書館や教室も見られて大満足です。

孫　：これ、前に買ったキャンパスマップです。よかったら、どうぞ。

山下：え、頂いていいですか。ありがとう。これで今日行ったところの位置関係が確認できますね。うれしい！

田中：山下さんは方向音痴ですからね。

二、京劇鑑賞

孫　：皆さん、今晩は中国の代表的な伝統演劇、京劇を鑑賞して頂きます。これから長安大戯院という劇場へ参ります。長安大戯院は長安街に面しており、とても現代的で新しい建物です。昔からの由緒ある劇場ですが、現在の場所に移転したのは比較的最近のことです。北京で一番豪華な劇場といっても過言ではないでしょう。

山下：へええ、楽しみですね。

孫　：今から約40分くらいかかります。この時間を利用して、皆さんに京劇の基本知識を少しご紹介したいと思います。

全員：よろしくお願いします。

孫　：京劇は北京オペラとも呼ばれ、約200年の歴史を持つ中国の伝統的な古典演劇の一つです。それでは、まず、京劇の形成の歴史を簡単にご紹介します。

　　　1790年、清朝の乾隆皇帝が八十歳を迎えるにあたり、誕生祝いのため安徽省から四つの劇団が相次いで北京に進出し、のちに湖北省から北京に進出した俳優たちも合流し、安徽省と湖北省の地方劇を核とし、崑劇など他の地方劇の要素をも吸収しつつ、形成されたものです。

山下：へええ、そうなんですか。京劇って「京」とつくから、すっかり北京の演劇だと思っていたのですが、そうでもないようですね。

孫：　そうですね。あらゆる地方劇のイイトコ取りをしてできたとも言えましょうか。そのようにして発展してきた京劇は最も洗練された演劇となり、清末から民国にかけて一気に広まり、全国範囲で流行っていました。今でも北京京劇、上海京劇（海派京劇）などといって、地域によってそれぞれの個性が違います。

山下：日本のテレビでちらっと舞台を見た印象では、京劇は日本の歌舞伎と同じように色が鮮やかで華麗な感じですね。

孫：　そうなんです。歌舞伎もそうでしょうが、京劇の衣装は正に絢爛豪華で、観劇の見所の一つでもあります。実は衣装は綺麗なだけでなく、人物の身分、地位、年齢などの特徴をしっかりと表しています。衣装に使われている黄、赤、緑、白、黒を「上五色（正五色）」といい、主役の色とされ、また、紫、青、ピンク、薄緑、茶を「下五色（副五色）」といって、脇役の色とされます。

山下：なるほど。衣装の色で主役・脇役を見分けられるわけですね。

孫：　そうです。また、京劇では鞭、旗、銅鑼などを主な道具とし、俳優さんは「唱・念・做・打」の四つの技能をマスターしなければなりません。役柄は、男性役の「生」、女性役の「旦」、顔に隈取りを描く男性役の「浄」、あと道化役の「丑」の四つに大別されます。さらにそのカテゴリーの中で歌を中心に演じるキャラクターと立ち回りを中心に演じるキャラクターがいます。それぞれの役割や年齢の設定などによって、キャラクターの呼び名も色々です。

　　　例えば、男性役の「生」は年配者の「老生」、立ち回りをする「武生」、若い二枚目の「小生」などがあります。女性役の「旦」には、既婚女性で歌を中心に担当する「青衣」、歌って立ち回りをする「武旦」、未婚女性の「花旦」、老女役の「老旦」がいます。男性役の「浄（花脸）」は個性の強いキャラクターで、顔に施した色はそれぞれ意味があり、赤は忠義、黒は実直、青は勇猛、緑は義侠、黄は乱暴、白は腹黒など、隈取りでそのキャラクターの性格を読み取ることができます。そして、ピエロ役が「丑」です。眉毛は短く、短いひげが描かれていることもあり、鼻を中心に白く塗られているのが特徴的です。

山下：面白いですね。後でどんなキャラクターが出てくるかじっくり見てみようかしら。ところで、今晩の演目はなんですか。

孫：　今晩は「覇王別姫」という定番の演目です。ご参考までに物語の内容を簡単にご紹介しますと、秦の始皇帝が死んだあと、各地で無数の英雄が挙兵

し、最後に勝ち残った楚の覇王項羽と漢の王劉邦の二人が天下を争った時の話です。覇王項羽は、劉邦側に追い詰められ、垓下の地で劉邦軍に包囲されました。ある夜、四面の敵陣から楚の歌が聞こえてきました。楚の民がすべて敵軍に降参したのかと項羽は思い込むが、実は劉邦側の謀略でした。日本でも有名な四面楚歌の話ですね。で、いわゆる覇王別姫というのは覇王項羽が自分の最後が近いことを知り、妃の虞姫と別れるという意味です。虞姫は項羽の足手まといにならぬようにと、見事な剣舞いを舞ったあと、項羽の剣を抜き自刎して果てたというのです。

山下：何だか悲しい物語ですね。「四面楚歌」って助けがなくて孤立する意味ですよね。そこから来たのですか。

孫：そうです。「覇王別姫」は有名な京劇俳優梅蘭芳の代表作の一つでもあります。また、1990年代、レスリチャンやコンリーなどが出演し、京劇役者を描いた「覇王別姫—さらばわが愛」という映画が大ヒットしました。ご存知の方もいらっしゃるかと思いますが。

山下：梅蘭芳は女形で名高く、「四大名旦」の1人でしょ？

孫：よくご存知ですね。

山下：実は中国に来る前に、チェン・カイコー監督の新作『花の生涯—梅蘭芳』という映画を見てきました。それで知りました。梅蘭芳を演じたレオン・ライはとてもかっこよかったんですもの。

孫：山下さんったら。梅蘭芳本人もとてもかっこいい人でしたよ。さあ、皆さん、長安大戯院に着きました。それでは、今晩の京劇の饗宴「覇王別姫」を存分にお楽しみ下さい。帰りのバスの中でもまたご感想をお聞かせ下さいね。

三、老舎茶館へようこそ！

　「老舎茶館」は有名な作家・老舎の名前とその有名な作品・戯曲『茶館』にちなんで名付けられたティールームです。店内は昔ながらの雰囲気を残し、ノスタルジックな気分を味わうことができます。

　明清時代の調度品、天井からぶら下がっている宮廷で使われた専用の提灯、壁に飾られた書や絵などを見ていると、まるで北京の民俗博物館のようです。

　「老舎茶館」では、お茶と宮廷のお菓子や旬の軽食などを味わいながら中国の伝統芸術を楽しむことができるのです。毎晩寄席演芸、伝統演劇など各分野の名優たちの

すばらしい演技を楽しむことができます。プログラムの中で外国人観光客に特に好評な「変面」についてご紹介しましょう。

「変面」とは、四川の演劇「川劇」の技の一つです。川劇は四川省において300年以上の歴史を持つと言われており、中国八大地方劇の1つに数えられています。川劇で特に有名なのは、瞬時に顔が変わる「変面」です。目にも止まらぬ速さで、手を触れずに顔を振るだけでマスクを次々と変えていくという凄技です。次々と変えていくという凄技です。「変面」は映画「変面―この櫂に手をそえて」が紹介された事によって、日本でも注目を集めるようになりました。

老舎茶館は1988年に営業が始まって以来、有名な漫才師・馬三立や現代劇の名俳優・于是之、京韻大鼓（曲芸の一つ）の駱玉笙などもここで公演を行ったことがあり、今でも毎日、「京韻大鼓」、「単弦（三味線の一種）」など伝統的な演目が上演されています。また伝承が途絶えそうな、口の中でロウソクを燃やしながら歌う「含燈大鼓」や、2人の芸人のうち1人がその後ろに隠れて声を出す「双簧」など珍しい民間芸術も観賞でき、ほかに茶芸の実演や中国カンフーの演出、琴の演奏などもあります。老舎茶館は今では内外に名を馳せる中国文化サロンとなっています。

【関連単語】（扩展词语）

1. 教育（教育）

学分（単位）　　　　　　　必修课（必修科目）
选修课（選択科目）　　　　口试（口頭試験）
笔试（筆記試験）　　　　　学士（学士）
硕士学位（修士、マスター）　博士（博士、ドクター）
本科生（学部生）　　　　　研究生（大学院生）
进修生（研究生）　　　　　旁听生（聴講生）
双学位（ダブルメジャー、ダブルディグリー）
自学考试（独学者を対象とした学位認定試験）
广播大学（放送大学）　　　函授教育（通信教育）
终身教育（生涯教育）　　　成人教育（成人教育）
英才教育（エリート教育）

2. 芸術（芸術）

传统舞蹈（伝統舞踊）　　　芭蕾（バレエ）
二胡（二胡）　　　　　　　琵琶（琵琶）

吉他（ギター）	小提琴（バイオリン）
中提琴（ビオラ）	大提琴（チェロ）
电子琴（電子オルガン）	萨克斯（サックス）
口琴（ハーモニカ）	小号（トランペット）
交响乐（交響楽）	爵士乐（ジャズ）
小夜曲（セレナーデ、小夜曲）	华尔兹（ワルツ）
摇滚（ロック）	歌剧（オペラ、歌劇）
音乐剧（ミュージカル）	话剧（新劇、現代劇）
古典音乐（クラシック音楽）	现代音乐（ポピュラー音楽）
合唱（合唱、コーラス）	和声（ハーモニー）
相声（漫才）	

練　　習

一、将下面的中文翻译成日文。

1. 今天我们转了不少地方了，您觉得怎么样？
2. 今天非常感谢您抽出宝贵时间带我们参观。
3. 谢谢您细致周到的介绍，内容完全明白了。
4. 还有，能不能再给我们介绍一下留学生教学方面的事情。
5. 我个人对贵校的同声传译教学很感兴趣，能否请您介绍一下？

二、将下面的日文翻译成中文。

1. 獅子舞は中国の代表的な民間芸能として1700年ほどの歴史をもっており、お祭りや祝い事には欠かせないものです。
2. 女子十二楽坊の演奏は中国の伝統的な楽器：二胡、揚琴などの音色に、西洋のポピュラーミュージックを融合させた、全く新しい演奏スタイルです。
3. 孔雀はタイ族の人々にとって縁起のいい鳥で、神聖であり幸運の象徴とされています。ヤンリーピンの孔雀の舞いは孔雀の気高さと美しさを生き生きと表現しました。

学習の窓

1. 高木は風に折らる

树大招风。人怕出名猪怕壮。类似的表达还有"出る釘は打たれる"，好出风头

的人挨整治。

  例:「高木は風に折らる」とは、高い地位にいる人は、何かと人の妬みを受けやすいという意味です。

  译文: 树大招风，说的就是地位高的人容易遭人嫉妒。

2. 手前味噌を並べる

陈列自家酿造的豆酱，进行炫耀。自吹自擂，自我吹嘘。老王卖瓜，自卖自夸。

  例:長々と手前味噌を並べたようではずかしい次第ですが、私の体験した事をそのまま書きました。

  译文: 写得又长又像是在自吹自擂，很是难为情，我只是将自己的亲身体验如实记下罢了。

3. 立て板に水

口若悬河。

  例:上方漫才の人は立て板に水のようにしゃべるね。

  译文: 京阪地区的相声演员真是口齿伶俐、口若悬河啊。

4. 能ある鷹は爪を隠す

能人不逞强。真人不露相。

  例:「能ある鷹は爪を隠す」なんて、もったいないね。能があるならどんどん出せばいいと思うけど。

  译文: 都说"能人不逞强"，有这个必要吗？我觉得，有本事就该大大方方展现出来。

5. あとの祭り

事后诸葛亮。马后炮。雨后送伞。

  例:若いころにもっとまじめに英語を勉強しておくべきだったと、今更悔やんでも後の祭りか。

  译文: 年轻时应该多好好学学英语，不过现在后悔也晚了啊。

ユニット5　中国最新事情1
──ショッピングとファッション篇

一、北京の銀座（ぎんざ）：王府井（ワンフーチン）

孫：　それでは、今日は北京で最も有名な繁華街（はんかがい）、王府井と西単（シータン）をご案内しましょう。午前中は王府井を散策（さんさく）して、午後は西単へ行きましょう。

山下：いいですね。楽しみだわ。よろしくね。

孫：　この通り（とお）は王府井大通り（おおどお）です。「北京の銀座」、「北京のシャンゼリゼー通り」などと呼ばれるくらい、北京最大の繁華街で、流行（りゅうこう）とファッションの最先端（さいせんたん）です。

山下：きれいでおしゃれな通りですね。あ、ここがあの有名な北京飯店（はんてん）ですね。

孫：　そうです。北京飯店は一世紀前（いっせいきまえ）に創業（そうぎょう）した歴史あるホテルです。北京を代表する老舗（しにせ）ホテルと言えるでしょう。

山下：場所もいいですね。天安門（てんあんもん）や王府井のすぐそばだから、観光もショッピングも便利でしょう。

孫：　便利といえば、このすぐ向かい側（むかいがわ）のオリエンタルプラザの中に、数年前にホテルグランドハイアットもオープンしました。北京飯店とは対照的（たいしょうてき）で、とても近代的な建物ですが、やはり王府井にあってアクセスがいいから、かなり人気があるそうです。

山下：そうですか。ところで、「オリエンタルプラザ」って何ですか。

孫：　ああ、それはですね、ホテルやオフィスビル、ショッピングモールなどを持つ複合施設（ふくごうしせつ）の名前です。

山下：あ、ここってあの「東方新天地（とうほうしんてんち）」ですか。

孫：　知ってますか。

山下：はい、実はこの間、王府井について王さんにいろいろと教えてもらいました。そのときに名前が出ました。

孫：　ここは2000年にオープンしたショッピングモールです。いまはもはや王府井のランドマークになりました。中は広々としてて、洋服や化粧品、アクセサリー、工芸品などのお店が軒を連ねていて、高級ブランドから一般大衆向けのものまでさまざまな商品が揃っています。

山下：じゃ、中に入ってみましょうか。ウィンドーショッピングも楽しいですもの。目の保養になりますから。

孫：　行きましょう。

山下：わあ、広い。さすが中国ですね。スケールが違います。

孫：　いや、これはまだ最大ではありませんよ。何年か前に北京の西のほうに「金源ショッピングセンター」という巨大なモールがオープンして、世界最大とか言われています。徒歩でモール全体をまわるのに3、4日かかるとか。

山下：へええ、すごい！しかし、こういうのを見ると、日本のデパートやショッピングセンターとはまったく変わりませんね。テレビとかでよく見る自由市場で値段交渉をしてものを買うという中国のイメージは未だに日本人には強いんですけど、今は自由市場とかもう見られないでしょうか。

孫：　いいえ、そんなことはありませんよ。デパートや大手スーパーがある一方で、市場は依然として人気がありますよ。なんと言っても安いんですからね。朝市に出かけて、新鮮な野菜や果物を安い値段で求める人も少なくありません。野菜などの食料品だけじゃなく、衣料品、日用品、骨董品、生花などそれぞれの専門市場などもありますよ。そうだ、「藩家園市場」って知ってますか。

山下：いいえ、有名な市場ですか。

孫：　はい、北京で一番有名な骨董品市場です。骨董品のほかに、家具や、文房具、アクセサリー、陶磁器、古本などいろいろあります。土日は青空マーケットも出店するので、とても楽しいですよ。掘り出し物もいっぱい。

山下：楽しそう。行ってみたいわ。

孫：　じゃ、日を改めてまた案内しますよ。

山下：一ヶ月って長いと思ってましたけど、北京に来たら、ここも行きたい、そこも行きたいって欲張っちゃうから、一ヶ月って足りないかも知れませんね。ところで、「王府井」ってどういう意味ですか。

孫：　「王府」というのは皇族の邸宅という意味です。ここはかつて明の時代に十大皇族の邸宅が立ち並んでいたところだそうです。「井」っていうのは井戸

のことで、この通りにいい水の出る井戸があったことから、「王府井」と呼ばれるようになったそうです。

山下：そうなんですか。その井戸って今もありますかね。

孫：　ありますよ。この王府井大通りともう一つの東安門大通りの交差点付近にあります。今は蓋をしてありますけど、あとで見に行きましょうか。

山下：お願いします。ああ、あれが「小喫街(シャオチージェー)」なんだ。この間王さんに紹介してもらって、ぜひ食べてみようと思ってたんです。

孫：　じゃ、大通りを一回りしてから行きましょうか。そしたら、ちょうどお昼の時間になって、お昼の代わりにいろいろと食べてみましょう。

山下：そうしましょう。しかし、今日は平日なのにこんなに人出が多くて、土日だと、もっと混雑が激しいでしょう。

孫：　そうですね。地元の人、地方からの観光客、そして外国人観光客が集まるところですからね。

山下：あそこの建物に「新東安市場」と書いてありますが、市場なんですか。

孫：　いいえ、あれはデパートです。昔は「東安市場」という名前で、解放前に建てられた由緒あるデパートでした。再開発で一度取り壊されましたけど、昔の東安市場の敷地に新しく建てられたものだから「新東安市場」と名付けられました。

山下：この辺は立派なデパートや高級専門店が集中していますね。道理で「北京の銀座」と言われるわけですね。

孫：　昔、北京は上海に比べたら田舎だと言われました。しかし、ここ数年都市開発が急速に進んで、大手デパートやショッピングモールなどが次々とできあがりました。いまや十分すぎるほどのショッピング施設が市内のあちこちにあって、上海にはちっとも引けを取らないですよ。

山下：あ、あれ、面白いモニュメントですね。人力車を引いている。

孫：　あそこは王府井の新しい記念撮影スポットですよ。写真を撮りましょうか。

二、若者天国：西単

山下：あ、もうこんな時間。そろそろ西単へ行きましょうか。西単は地元の若者に人気な街ですよね。凄く楽しみです。

孫：　そうですね。王府井と比べると、西単に来る外国人は少ないかもしれません

ね。そもそも地元の北京っ子が遊ぶ街です。地下鉄で行きましょうか。
（西単に着く）

山下：この広場、なかなかファッショナブルで素敵ですね。

孫：　ここは西単文化広場です。買い物客の憩いの場所となっています。夜になると、コンサートとかいろんなイベントが行われることもあります。

孫：　そうそう、あそこの大きい建物は北京図書大厦です。先ほどの王府井書店と並んで、中国で最も規模の大きい書店のひとつです。

山下：この通りは西単通りですか。

孫：　そうです。あそこに立っているのは中友デパートで、通りをはさんで向かい合っているのは君太デパート（グランド・パシフィック）です。西単エリアにはほかにも「西単デパート」や「西単友誼商城」など大きなデパートが沢山あります。

山下：平日なわりに凄く混んでますね。ここは今バーゲン中ですか。

孫：　あそこに「買200返80」と書いてあるでしょう。つまり、200元分買えば80元の商品券が戻ってくるというサービスです。このような特別セールは年中やってます。

山下：しかし、みんなおしゃれな服を着てますね。いかにもファッションに気を使っているって感じ。若い子の格好は日本と全く変わらないですね。

孫：　今では中国の若者たちも世界の流行に敏感になって、自己主張のあるファッションを追い求めるようになりました。それに、最近、日本のファッション雑誌と提携して、日本と同じ写真や記事を使って、同時期に発行するファッション雑誌も増えていますよ。若者たちの服やコーディネートの情報源となっています。

山下：しかし、若者の街というだけあって、歩いているのは若者ばかりですね。

孫：　西単エリアは東京の渋谷とか原宿にも例えられてますからね。ここで売られているファッションやアクセサリーなどはデザインが豊富で、価格も割りと低いので、若者に人気があります。だから、中国でいま何が流行っているかを知りたければ、ここに来るのが一番速いです。

山下：皆おしゃれでスタイルもよくて、羨ましい！

孫：　今は若者だけじゃなく、多くの人は身だしなみを気にして、ファッショナブルで個性的な服を求めるようになっています。昔のように一着を2、3季連続で着ることはめったにないでしょう。時と場合にあわせて、スーツなどフォーマ

ルな着こなしと、カジュアルでスポーティーな装いなどを着分ける人は増えています。

山下：ブランド品を愛用する人も増えたでしょう。

孫：そうですね。ブランド品は昔はごく一部のお金持ちが香港や海外へ旅行した時に購入するケースがほとんどでした。今や、グッチ、プラダ、ルイヴィトン、シャネルなどイタリアやフランスのブランド名がすっかり浸透して、海外へ行かなくても、中国でも簡単に手に入れることができます。

山下：まあ、ブランドもいいんですけど、服選びはやはり自分に合うことが一番大事ですもんね。でも、これだけファッショナブルな服飾が揃っていますから、十分オシャレを楽しむことができますよね。

孫：あ、ここは「大悦城(JOY CITY)」という2008年に新しくできたショッピングセンターです。今若者の中で大変人気が集まっているところなんですよ。中へ入ってみましょうか。

（大悦城に入る）

山下：明るくて広々としてますね。あ、無印良品もあるんですか。

孫：はい、これは無印良品の北京一号店ですよ。あと、3階にはユニクロもあります。

山下：さっそくチェックしてみましょう。品揃えも値段も日本とほぼ同じくらいですね。中国では少し割高な感じがするでしょう。

孫：そうですね。でも、日本のファッション誌などの影響で、日本のブランドにもどんどん人気が集まってきているようです。

山下：あ、少し疲れました。喫茶店で一休みしましょうか。

孫：この中にお薦めのカフェがありますよ。とてもおしゃれで、午後にはお得なケーキセットもあるし。そこで一休みしましょう。

三、おしゃれ通信

1. 現在中国でも注目されている日本の若い女性のファッションについて、日本に行ってきた中国人の女子大生は次のように話しています。

私が見た限りでは、やはり上品な感じのファッションは一番人気が高いようです。渋谷とか原宿はともかくとして、新宿、池袋、吉祥寺などの繁華街では、高級ブディックでも一般のお店でも、売っている洋服の多くはエレガントで上品な感じ

がします。雑誌でも紹介されたように、今年のファッションは白やナチュナル感、大人へのシフトチェンジ、女らしさなどがキーワードになっています。一方では、ミックス風は依然として主流で、例えば、チュニック+ショーパンや、ワンピ+レギンスなどの組み合わせはやはり王道スタイルです。可愛すぎるとダメ！暗すぎるのもダメ！というのが原則らしい。最高のモテモテスタイルは甘めアイテムに上手く辛めアイテムを取り入れたミックスコーディネートです。一口で言えば、バランスがポイントです。カラーでも、スタイルでも。

　日本へ行って驚きましたのは、日本人はみんなおしゃれに気を使っていることです。若者に限らず、中年の男女も年配の方もみんなそうで、年齢や場にふさわしい格好をしているのです。おしゃれは定着していて、人々のライフスタイルになっているようです。思っていたよりも日本人はおしゃれだなあと感心しました。

2. 中国のファッション雑誌

　ここ十数年、外国の情報に触れる機会の増加にともない、北京、上海などの大都市では、世界最先端のファッション情報を随時手に入れることができる若い女性のファッションは驚異的な変化を見せています。

　そんな若い女性たちにとっての重要な情報源の一つは、中国語に翻訳されて安く売られている欧米や日本のファッション雑誌です。よく見る『瑞麗』(Ray)という女性誌では、ページを開くと日本スタイルのファッションや日本人の名前があふれ、これを見る限り、日本はまるで「おしゃれ」の代名詞になったかのようです。『瑞麗』は中国と日本の会社が共同で発行する、おしゃれに敏感な若い女性をターゲットにした雑誌です。

　一方、欧米系ファッション雑誌の影響力も見逃せません。最近、あるファッション雑誌に連載される「アメリカのセレブ芸能人」の記事の影響から、ゴージャスでワイルドなスタイルは人気が高まっています。また、いわゆるチープアンドラグジュアリー、つまり激安品と高価なブランド品を自分の感覚でミックスするというスタイルも注目されるようになりました。中国の場合、国産の激安品の中でもよく探せば、スタイリングに取り入れられそうなものは沢山あります。それを高価なアイテムとコーディネートし、そのギャップを楽しむのだそうです。身に付ける安いアイテムと高価なアイテムとの価格差が1000倍なんて事もあるとか。

【関連単語】（拡展詞語）
1. 时装（ファッション）

牛仔装（デニム）　　　　　　　　百褶裙（プリーツスカート）

开襟羊毛上衣（カーディガン）　　及膝裙（ひざ丈スカート）
V字领针织衫（Vニット）　　　　格纹裤（チェック柄パンツ）
凉鞋（サンダル）　　　　　　　　长靴（ロングブーツ）
高跟鞋（ハイヒール）　　　　　　针织围巾（ニットマフラー）
贝雷帽（ベレー帽）　　　　　　　泡泡袜（ルーズソックス）
丝袜（ストッキング）　　　　　　双肩后背包（リュック）
单肩包、拎包（トートバッグ）　　手提包（女式）（ハンドバッグ）

2. 美容（ビューティー）

睫毛膏（マスカラ）　　　　　　　　粉底、粉饼（ファンデーション）
粉底液（リキッドファンデーション）　粉底霜（クリームファンデーション）
腮红（チーク、頬紅）　　　　　　　护唇膏（リップクリーム）
口红（口紅、リップスティック）　　指甲油（マニキュア）
洗面乳（洗顔フォーム）　　　　　　化妆水（化粧水、ローション）
乳液（乳液）　　　　　　　　　　　保湿乳霜（モイストクリーム）
防晒乳（日焼け止め）　　　　　　　干燥（かさかさ）
光滑（つるつる）　　　　　　　　　双眼皮（二重まぶた）
马尾（ポニーテール）　　　　　　　离子烫直发（ストレートパーマ）

練　習

一、将下面的中文翻译成日文。
1. 请问这条连衣裙还有其他颜色的吗？
2. —请问刘海要怎么处理呢？—请帮我削薄。
3. 这是卖得最好的哦！
4. 能再便宜一点吗？
5. 这是前几天在这里买的衣服，尺寸有些不太合适，我想退货可以吗？

二、将下面的日文翻译成中文。
1. メーカーが、売れ残ったり傷ついたりした自社製品を、安い値段で売るために作った直営店をアウトレット店という。
2. 日本のストリートファッションは、いまや世界のトップデザイナー達が注目するなど、独自の進化を遂げています。

3. 国内外の有能なデザイナーを発掘し、世界の新進デザイナーの登竜門を目指して新設されたコンテストで選ばれた5人のデザイナーによるショーは23日に行われる。

 学習の窓

1. 気がきく

机灵、有眼力见儿

例：課長(外から戻って)：ああ、疲れた。今日は暑いね。
　　社員：課長、良かったら冷たい麦茶をどうぞ。
　　課長：気が利くね。ありがとう。
译文：课长（从外面回来）：啊，累死了。今天可真够热的。
　　　职员：课长，来杯冰镇大麦茶吧。
　　　课长：挺有眼力见儿的嘛，谢谢！

2. 気が合う

气味相投、合得来

例：この間、高松君と飲みに行ったよ。
　　―あ、そう。高松君と気が合うね。
译文：前两天我和高松君去喝酒来着。
　　　是吗，你和高松挺合得来嘛。

3. 気が変わる

改变主意

例：―今日浴衣着てくるって言わなかった？
　　―だって、気が変わったんだもん。
译文：你不是说今天要穿浴衣（夏季和服）来的吗？
　　　我改变主意了嘛。

4. 気を晴らす、気晴らし

散心、消遣、消愁解闷

例：―気晴らしに映画でも見にいこうか。
　　―ごめん。今そんな気にならない。
译文：看场电影什么的散散心如何？
　　　抱歉。现在没那心情。

5. 気を悪くする

生气、不高兴

例：―私ったら。あんなひどいことを言ってしまって…彼女は気を悪くしたのだろうか。
　　―気にするな。大丈夫だって。
译文：我也真是的，竟然说了那么过分的话。她是不是生气了呢？
　　　别放在心上。没事儿的。

ユニット6　中国最新事情2
——食事篇

一、家庭料理のお店

孫：　この学生街には、安くておいしいお店が沢山あります。今日のお昼は、中国の家庭料理が食べられるお店に行きましょうか。

田中：いいですね。僕、中華料理大好きなんだ。特に天津飯！かに玉のあの甘いタレと具のシャキシャキ感がたまらないですね。

山下：私はチャーハンが好きです。あと、プリプリのえびチリも大好きです！あっ、それと、酢豚も歯ごたえがあっておいしいですね。

王：　ところで、天津飯って何ですか。聞いたことありませんね。

田中：ええ、知らないですか。中華料理の定番かと思いましたけど。日本の中華料理屋さんへ行けば必ずあるっていうくらいですよ。かに玉をご飯に載せたドンブリなんですけど。

王：　初耳ですね。

田中：じゃ、日本生まれの中華料理かもしれませんね。

孫：　さっき山下さんが言ったエビチリとか酢豚とかも中華料理ですけど、中国ではどこのお店に行ってもあるようなポピュラーなメニューでもないですよ。

山下：日本の中華料理は本場のと結構違うかもしれませんね。日本人向けに味付けや調理法などを変えているのでしょうから。

王：　そうでしょうね。今日は本場の家庭料理というか、大衆向けの料理をぜひ食べてみてください。小さいお店ですけど、お料理は安くてボリュームがあるから、学生の間で結構人気があるんだ。

山下：楽しみです！

王：　着きました。さあ、入りましょう。

店員：いらっしゃいませ。4名様ですね。どうぞ、こちらへ。メニューはこちらでございます。

王：まずは飲み物を頼みましょう。田中さん、ビール飲みますよね。あ、まだ20歳になってないから、だめか。(笑)冗談、冗談。じゃ、とりあえずビールを2本。山下さんたちは？オレンジジュースでいいですか。はい。じゃあ、オレンジジュースもお願いします。

店員：かしこまりました。では、ご注文がお決まりでしたら、お呼びください。

王：メニュー、見てみますか。

田中：はい。あ、よかった。写真が付いてるから分かりますね。これ、おいしそうですね。

孫：トマトと卵の炒めものです。典型的な家庭料理です。

山下：本当、おいしそう。これにしましょう！あっ、これ、チンジャオロースじゃないですか。これも頼みましょうか。わあ、卵スープもあるんだ。どれもおいしそう！孫さん、何かお勧めのものはありませんか。

孫：ええと、麻婆豆腐はどうですか。たぶん皆さんが日本で食べたものより辛いと思いますけど、このお店の看板料理ですから。

王：そうですね。日本の麻婆豆腐は日本人の舌に合わせて、辛さを手加減してますもんね。でも、麻婆豆腐は代表的な四川料理でしょう。四川料理は辛さが勝負だから、やっぱり辛くないと美味しくないよ。

田中：確かに日本で食べた麻婆豆腐、あまり辛くなかったんだ。僕、辛いもの大丈夫ですから、本場の麻婆豆腐、食べてみたいんです。山下さんはどう？

山下：わたしも食べてみたいです。辛くても平気ですよ。

孫：はい、わかりました。それから、主食はどうしましょうか。水餃子はいかがですか。

田中：水餃子ですか。面白い。日本の中華料理屋はほとんど焼き餃子だからね。

孫：そうなんですか。中国は餃子と言えば茹でて食べる水餃子が主流ですよ。焼き餃子もありますけど、ふつう家庭ではだいたい水餃子が残ったら次の日焼いて食べるんです。

王：じゃ、とりあえずこのぐらいにして、足りなかったらまた追加しましょうね。

山下：はい。しかし、こうしていろいろ話してると、同じ中華料理でも日本と中国とでずいぶん違いますね。

孫：そうですね。ここみたいな大衆向けで一般的な中華料理店は街中沢山あり

ますけど、本当は中華料理といっても、北京料理、四川料理、広東料理、上海料理など、いろいろな種類がありますよ。

田中：ちょっと待ってよ、さっきの麻婆豆腐は四川料理でしょ。北京ダックは北京料理ですよね。上海料理は上海蟹でしょ。あと、広東料理は何があるんだ。あ、わかった。チャーシュー。そうでしょう。

王：　まあ、大体そんなとこですね。よく知ってるじゃないですか。

山下：ところで、王さんと孫さんは日本料理が好きですか。

王：　大好きですよ。いま中国ではバイキング方式で日本料理も気軽に食べられるようになっています。まあ、学生にとってはまだちょっと高いですけど、たまに友だちと食べに行きます。

孫：　私も大好きです。去年王さんと一緒に日本に行ったときも、本場の日本料理を思う存分楽しみました。日本料理は目で楽しむ料理とよく言われますけど、本当にそのとおりだと思いました。お料理の盛り付けから色合い、器の形まで凝っていますね。

王：　そうですね。僕もそう思いました。ただ一つだけ、ちょっと量が少なくてですね、なかなかお腹がいっぱいにならなかったですよ。

孫：　王さんは大食いですからね。日本料理はバイキングじゃないと物足りないですって。

全員：ハハハ。

孫：　あ、麻婆豆腐が来ました。いただきましょう。

山下：じゃ、食べてみよっと。あ、辛くて美味しい。この舌が痺れるような感じって何とも言えないですね。

王：　それが「麻」という味覚ですよ。山椒が効いていますからね。

田中：僕も食べてみよう。あ、このピリピリ感って気に入った。日本で食べたマーボーとは全然違うね。ピリピリマーボー、最高！

二、「全聚徳」の北京ダック

上杉：北京ダックのお店ってどこが一番美味しいでしょうか。

張：　そうですね。いろいろありますけど、やはり「全聚徳」でしょうか。なんと言っても創業100年以上の老舗ですからね。

上杉：「全聚徳」なら知っています。日本でも有名ですよ。確か銀座とか新宿にもお店を出してます。

張：そうですか。うちの大学の近くにも数年前に「全聚徳」のお店ができて、もう凄い繁盛ぶり。予約しなかったら、最低でも30分は待たされますよ。せっかくですから、明日そこで皆さんを招待しましょう。今日中に予約しておきますから。

上杉：いや、それはそれは。嬉しいですね。日本じゃ高くてなかなか食べられませんから。

張：実は今の季節は北京ダックを食べるのにぴったりなんですよ。秋はアヒルの肉が柔らかくて、温度と湿度も北京ダック作りに一番適しているそうです。

上杉：そうなんですか。皆さん、ほんとにラッキーですね。

田中：張先生、僕、日本にいたときからずっと本場の北京ダックが食べたかったんです。いよいよ明日夢が叶うのか、うれしい！

山下：ちょっと大げさですよ、田中さん。

（翌日）

上杉：凄いですね。こんなに広いお店なのに、お客さんがいっぱい。

張：いつ来てもこんな感じですよ。今日は個室を予約して正解でした。さあ、皆さん、どうぞ座って下さい。

張：では、まずビールで乾杯しましょうか。ビールを飲まない人はお茶とかソフトドリンクなど適当に頼んでください。

張：それでは、皆さんのご健康のために乾杯！

上杉：乾杯！

田中、山下、王、孫：私たちの友情のために乾杯！

田中：北京ダックのために、乾杯！

張：さて、前菜が来ましたよ。こちらは「芥末鴨掌」といって、アヒルの水掻きの辛し和えです。これはアヒルの心臓をお酒につけて焼いたもの（「火燎鴨心」）、そして、これはアヒルの肝臓の塩漬け（「塩水鴨肝」）です。

上杉：アヒルずくめですね。珍しいものばかりですけど、どれもおいしそうで、どこからお箸をつければいいんだか。

張：それじゃ、まずこの水掻きを召し上がってみてください。北京ダックの前菜として定番で、とても美味しいですよ。皆さんもどうぞ食べてくださいね。

上杉：うまい！さっぱりした味に辛子が効いていて、コリっとした食感がいいです

　　　　ね。それから、このハツも歯ごたえがあって、お酒の効いた醤油味でしょうか、絶妙にうまいですね。

張：　上杉先生、お酒のほうはいかがですか。せっかくですから、中国の白いお酒でも召し上がってみませんか。有名なマオタイ酒もありますよ。

上杉：や、どうも。白酒ですか。アルコール度数は4、50度もあるでしょう。僕はそんなに飲めませんから。

張：　ええっ、そうなんですか。上杉先生は酒豪だと学生が言っていましたよ。

上杉：いやいや、そりゃ日本酒みたいな度数の低いものはまあまあいけますけどね。

張：　そしたら、中国ワインとかは？赤ワインは中華料理には結構合いますよ。

上杉：いいですね。じゃ、赤ワインを頂きましょうかね。

（赤ワインを注文）

張：　これは「長城」という中国ワインの代表的なブランドです。

上杉：渋味がやや控えめで飲みやすいですね。香りも口当たりもいいし、なかなかのものですね。

張：　皆さんもどうぞ飲んでみてください。

王、田中：いただきます。

山下：じゃ、少しでお願いします。味見程度で。

孫：　私は飲めませんから、結構です。

王：　あ、アヒルの丸焼きが出てきましたよ。ほら。

山下：うわ、運ばれてきた！おいしそうに焼けてる。

（シェフが目の前で切り分ける）

田中：コックさんが目の前でスライスしてくれるんですね。

山下：北京ダックは皮だけ食べると思ってたんですけど、肉も一緒に切り分けるんですね。

王：　皮だけでもいいですけど、香ばしい皮と柔らかい肉のバランスがまたいいですよ。

田中：こちらの皿には皮だけですよ。

張：　それはね、脂身の多い胸の皮。一羽から少ししか取れないんです。食べ方があって、こうしてお砂糖をちょっとかけて食べるとうまいんですよ。

田中：ええ、砂糖をかけるんですか。僕、甘いのはちょっと。

張：　まあまあまあまあ、食べてごらん。うまいんだから。

田中：ええ、なにこれ。全然甘くない、というか、口の中でとろけるような…
張：　これは昔宮廷の女性に流行っていた食べ方だとか。
山下：本当だ。甘さとともに脂身が口の中でじゅわっと溶けて、美味しい！これはやみつきになりそう。
張：　さあ、皆さん、ダックを包むクレープとつけるタレも揃いました。いよいよ北京ダックを食べる本番ですよ。
上杉：張先生にまず食べ方のお手本を一つやってもらいましょうか。
張：　では、やってみますね。まず、この薄くて平たい皮を一枚取って取り皿に載せます。皮は小麦粉ととうもろこし粉の二種類あります。あとは皮代わりにサニーレタスで包んだり、ゴマ付きパイに挟んで食べてもいいですよ。まあ、お好みでお好きなのを選んでください。小皿にあるのは「甜面醤」と呼ばれる甘味噌です。ダックの皮や肉をこうして甘味噌にたっぷりつけてから載せます。それから、白葱やキューリも軽くつけて一緒に載せます。そうすると、さっぱりとして、脂っこさがなくなります。あとはこうやって包み込みます。はみ出さないように片方の端を折り曲げるようにします。はい、出来上がりです。上杉先生、これをどうぞ。
上杉：ありがとうございます。じゃ、お先に頂きます。
張：　皆さんも自分でやってみてください。
山下：私は、あのゴマパイが気になってしょうがないんだ。どうやって挟めばいいですか。
孫：　同じように甘味噌につけてから挟むといいでしょう。
王：　まあ、美味しけりゃやり方は何だっていいですよ。自己流でいいですよ。
山下：わあ、香ばしい。パリッとした皮とジューシーなお肉、それから香ばしいゴマ、それぞれ違う食感が口の中でマッチして、絶妙な味に変わっていく…
王：　山下さんは今日料理評論家みたいですね。
田中：いや、せいぜい料理番組のレポーターですよ。
（一同笑う）
山下：しかし、こんなにおいしいものに出会えるなんて、感動です。
王：　いやいや、まだ終わってませんよ。
山下：まだあるんですか。
田中：わかった。ダックスープですか。

王　　：当たり！ダックを切ったあとのガラを使って煮込んだスープです。とてもおいしいし、栄養価の高いスープですよ。
山下：味付けは塩だけみたいですね。脂っこくなくておいしい。
孫　　：冷めたらおいしくないので、先生も熱いうちに召し上がってください。
上杉：ありがとう。
張　　：さあ、皆さん、もう少しお上がり下さい。
田中：僕はもう一巻き食べようかな。
王　　：じゃ、僕はスープをもう一杯飲みます。
孫、山下：私たちはもうおなかいっぱいです。
上杉：しかし、全聚徳は老舗だけあって、本当においしかったですね。張先生、今日はどうもご馳走さまでした。
張　　：いいえ、たいしたおもてなしもできず、失礼しました。

三、学生街の日本料理居酒屋

　30年ぐらい前のヒット曲に「学生街の喫茶店」というのがありました。金はなくとも、若さと自由を謳歌することが出来た時代の気分をよく表しています。当時、喫茶店と並んで、学生街に不可欠だったのは、安くてボリュームのあるメニューを出す食堂と、これまた安く飲める居酒屋でした。北京の各地にある日本料理店はどこも高級感があってちょっと近寄りにくい感じがするところが多いようですが、そんな中、北京の学生街といえる場所に、居酒屋風の日本料理店を見つけました。学生に限らず、仕事帰りの日本人サラリーマンならちょっと寄り道してみたくなる、そんな店です。
　日本料理居酒屋「加藤屋」は、北京の大学で教えていた加藤さんという人が12年前に開店したそうです。路地の入り口にある小ぢんまりした店は、周りの小さな食堂や串焼きの店などに紛れて、「日本料理」と書かれた看板が意外に感じられるほどです。ほの暗い店内には小さなカウンターと、4人用テーブルが5、6個、隣には小上がりもあるようで、若者たちの談笑する声が聞こえてきます。この日も、日本語、中国語、英語などの若い声が響いていました。
　加藤さんから経営を引き継いで3年になるのは、内蒙古出身の若い老板（マスター）、巴達日胡（バダルフ）さんと妹の美栄（メイロン）さんです。二人は、馴染みの客からそれぞれ、包ちゃん、幸っちゃんと呼ばれ、親しまれています。幸っちゃんは上手なイ

ントネーションで「いらっしゃいませ」「ありがとうございました」と客に声をかけます。二人とも日本語がなかなか達者ですが、学校で日本語を学んだことはなく、大部分はこの店でお客さんたちから教わったということでした。

　さて、気になるメニューは、若者たちが多いだけに、看板はトンカツやカレーライスのようです。刺身や寿司は置いていません。それ以外の日本料理は一通り揃っています。ウナギ蒲焼、トンカツ各種、カレーライス各種、そば、ヤキトリ、唐揚げ、ポテトサラダ、ニラ玉、揚げ出し豆腐、冷奴、たこ焼きなどなど。

　包ちゃんの一番のお勧めは揚げ物、トンカツということでしたが、開店当時のオーナーだった加藤さんのこだわりを引き継いで、どれも、日本人好みの良い味に仕上がっています。値段も手頃で、トンカツ各種、カレーライス各種20元前後、ご飯、味噌汁、漬物のセット5元、ヤキトリ1本3元、冷奴5元といったところです。カレーライスやトンカツライスなど、単品の食事を楽しむ若者たちも結構いる様子でした。

　カウンターの椅子に座って、壁に並んだ日本酒のボトルなどを眺めながら冷奴やヤキトリを肴にちびちびやっていますと、かつて日本で仕事帰りに立ち寄った居酒屋と変わらない、落ち着いた気分になってきます。日々の中華料理に食傷気味になったら、一人でふらっと寄り道できる、そんな気楽な場所になりそうです。

【関連単語】（扩展词汇）

1. 日本料理菜名（日本料理名）

饭团（おにぎり）	大碗盖浇饭（丼）
牛肉盖饭（牛丼）	咸梅干（梅干し）
乌冬面（うどん）	关东煮、好炖（おでん）
涮涮锅（しゃぶしゃぶ）	天妇罗（天ぷら）
牛肉火锅（すき焼き）	土豆炖肉（肉じゃが）
蒸鸡蛋羹（茶碗蒸し）	烤鸡肉串（焼き鳥）
醋拌凉菜（酢の物）	酱汤（みそ汁）
牛排（ステーキ）	泡菜、咸菜（香の物）
甜点（デザート）	

2. 口感（味觉、口当り）

清淡（あっさり）	滑溜溜（つるつる）
味道浓厚、油腻（こってり）	耐嚼，劲道（しこしこ）

松脆(サクサク)	硬脆、酥脆(かりかり)
脆生生(こりこり)	醇厚、圆润(まろやか)
粘乎乎的(とろりと)	结实、劲道(腰がある)
有弹性(弾力がある)	回味、余味(後を引く、後味)
风味温和(ソフトな味わい)	口感浓郁、醇厚(深みがある味)

練　習

一、将下面的中文翻译成日文。

1. 中国菜和日本料理、西餐相比，其特点是使用强火炒的炒菜较多，而且很多菜油也用得比较多。
2. 八角或花椒风味的烤翅超好吃，跟那种在超市里卖的完全不一样。
3. 请问您是要在店里用餐，还是要外带？
4. 服务员，买单。
5. 不知是否合您口味。

二、将下面的日文翻译成中文。

1. 会席料理は宴席に供される上等な料理である。その献立は、一汁三菜(吸い物・刺身・焼き物・煮物)が基本で、さらにお通し・揚げ物・蒸し物・和え物・酢の物などの酒肴が加えられ、最後にご飯・味噌汁・香の物、水菓子となる。
2. 幕の内弁当とはもともと芝居の幕間・幕の内に観客が食べるものなので、いつしか「幕の内弁当」と呼ばれるようになったとされる。白ご飯に黒ゴマを散らし、焼き魚・玉子焼き・蒲鉾・揚げ物・煮物・漬物などのおかずを詰め合わせたものが一般的である。

3. 平安神宮の畔に、東山の移りゆく四季を借景に、静かにたたずむ京料理「味ま野」。季節は毎年同じようで同じではありません。旬も素材も変化するものです。「味ま野」は季と器と機を見すえ、新たな趣向を加えながら、多彩な京料理でおもてなしいたします。

 学習の窓

1. 鮑の片思い

鲍鱼的贝壳只有一片，叫做"片貝"。字面意思是鲍鱼想念它的另一片贝壳。意为单相思。剃头挑子一头热。

例：自分だけが思い募っていて、相手は何とも思っていない。そんな切ない様子を表した「鮑の片思い」ということわざがあるのだ。

译文：落花有意、流水无情，谚语"鲍鱼的单相思"，就表现了这种让人难过的状况。

2. 瓜の蔓に茄子は生らぬ

瓜蔓生不出茄子。老鼠的孩子会打洞。平凡的父母生不出龙凤来。"蛙の子は蛙"意思也相同。

例：うちの子は、私によく似ていて、スポーツが全くだめなの。瓜の蔓に茄子はならぬだね。

译文：我家孩子，像极了我，完全没有体育细胞。果然是基因使然。

3. 瓜二つ

就像一个瓜分成两半一样，形容长得一模一样、非常相似。

例：お父さんと瓜二つの顔になってきたな。

译文：长相越来越像你爸爸了。

4. 雀の涙

意为一丁点儿。因为麻雀很小，流出来的眼泪也只有一丁点儿。

例：今年のボーナスは雀の涙ほどのものだった。

译文：今年的奖金像麻雀的眼泪一样，少得可怜。

5. 俎上の魚

放在砧板上的鱼已经无法掌握自己的命运了。意为任人宰割。相同意思的还有"俎板の鯉"。

例：どんなに強がろうとも、俎上の魚であることには変わりがないのだ。

译文：无论再怎么逞强，也改变不了任人宰割的现实。

ユニット7　中国最新事情3
——住宅篇

一、張先生の新居

（ピンポーン）

張先生の奥様：はーい。

上杉：桜咲大学の上杉です。

奥様：はい、ちょっとお待ち下さい。今開けます。

全員：こんにちは。お邪魔します。

張：　皆さん、よく来てくれましたね。どうぞ、お入りください。

奥様：こんにちは。お待ちしておりました。

上杉：奥様も日本語をお話しになりますか。初めまして、上杉と申します。

奥様：初めまして、何と申します。よろしくお願い致します。

張：　家内も大学で日本語を教えております。

上杉：そうなんですか。お二人とも日本語の先生ですか。きっと共通の話題がいっぱいあっていいですね。

奥様：まあ、どうでしょうね（笑）。玄関で立ち話もなんですから、どうぞ奥のほうへ。

上杉：はい。

山下：これ、つまらないものですけど、ほんの気持ちです。よかったらどうぞ。

張：　気を使わなくてもいいのに。皆さんが来てくれただけで嬉しいんです。

奥様：どうもありがとう。あ、鳩サブレーですか。これ、主人の大好物なんですよ。

山下：よかったです。ぜひお召し上がり下さい。

張：　皆さん、どうぞお掛けください。

奥様：お茶をどうぞ。中国のジャスミン茶です。このお菓子もよかったらどうぞ。

全員：ありがとうございます。

上杉：どうぞおかまいなく。
田中：張先生、本当に立派なお家ですね。広々としてて。
張：いえいえ、とんでもありません。実は先月引っ越してきたばっかりで、片づけもまだ終わっていないです。
上杉：そうなんですか。しかし、ここ十年くらい、中国はすさまじい勢いで発展しているでしょう。不動産ブームも凄いですってね。
張：そうですね。昔はみんな職場から住居を支給されていましたが、今やマイホーム購入はすっかり身近なことになりました。
奥様：うちも大学から支給された教員宿舎に娘と三人でずっと住んでましたよ。先月まで。古い建物の中の狭い部屋でした。
上杉：そうですか。一般的にマイホームが買えるようになったのはだいたいいつ頃からでしょうか。
張：そうですね。90年代半ばくらいからでしょうか。市民の生活レベルの向上に伴って、住まいに対する要求も徐々に高まりました。政府は劣悪な住宅事情を改善するため、大都市を中心に「持ち家政策」を進めました。それで、誰でもお金を出せば買える、いわゆる「商品住宅」（分譲住宅）が売り出されたのです。
上杉：しかし、商品住宅って高いでしょう。お金持ちならともかくとして、一般の市民でも買えるものでしょうか。
張：おっしゃる通りです。所得から言えば、一般市民にとって、マンションを買うのは決して容易なことではありません。しかも、中国のほとんどの都市では不動産価格は軒並み上がり続けて来ました。私たちのこのマンションも3年前買った時は1平米6000元くらいでしたが、今年はその倍となっています。
上杉：それじゃ、低所得の人はますます買えないでしょう。商品住宅が買えない人たちはどうしているんでしょうか。
奥様：そうですね。職場から「払い下げ住宅」を買う人が結構いますね。
上杉：払い下げ住宅？
奥様：つまり、今まで職場から与えられた部屋を安い価格で買うことができるんです。市場価格の1、2割程度で。
上杉：それは安いですね。
奥様：もちろん、勤続年数など一定の条件を満たさなければなりませんが。
張：あとは「経済適用房」（エコノミー住宅）を買うこともできます。

上杉：「経済適用房」(エコノミー住宅)？

張：　つまり、低所得者向けの格安住宅のことです。これは政府の財政資金で補助されている、いわゆる政策分譲住宅です。

上杉：なるほど、日本で言うと、都市公団の分譲マンションに相当するものですね。

張：　そうですね。しかし、本当は住宅状況の悪い低所得者向けのエコノミー住宅ですけど、実際、高所得者が年収など購入資格を偽って申請して、許可を得て買っているケースも多いそうです。

奥様：一般庶民の住宅難問題を解決するにはまだまだ時間と対策が必要ですね。

田中：そういえば、王さんはこの間、卒業してから五年以内にマイホームを購入したいって言ってました。最近、マイホームのない男とは結婚したくないという女の子が多いから、マイホームを買わないと結婚もできないとか。

山下：王さんはもう結婚のことを考えてるんですか。しっかりしてますね。

全員：（笑）

奥様：今日はよかったらうちで夕飯を召し上がってください。いま支度しますから。

上杉：すみません。じゃ、お言葉に甘えて。

山下：ありがとうございます。私もお手伝いします。

奥様：ありがとう。じゃ、台所へ行きましょうか。

田中：僕にも手伝わせて下さい。

山下：田中君はいいのよ。テレビでも見てたら。

張：　私の書斎を案内しましょうか。面白い本は沢山ありますから。紹介しましょう。

田中：えっ、あ、そうですか。

二、四合院の見学

王：　今日はお待ちかねの胡同巡りと四合院の見学ですよ。

山下：やったー！

王：　胡同巡りをするには什刹海周辺が一番です。胡同が網の目のように張りめぐらされていて、しかもほぼ昔のままの姿を残しています。

山下：「什刹海」とはどういう意味ですか。「海」って海のことですか。

王： いや、海ではなく、池です。明と清の時代、北京城には北海、中海、南海、前海、後海、西海という六つの池があり、人々は前海、後海、西海の三つを合わせて「什刹海」と呼んでいました。北海と中海、南海は皇帝の専有で、宮廷ならではの威風を備えていますが、什刹海は親しみやすい庶民的な雰囲気を漂わせています。

田中： 僕、あれに乗ってみたいなあ。ほら、よくテレビとかで見る輪タクってやつ。

王： わかりました。三輪車の胡同巡りコースがありますから。最近外国人だけでなく、中国人の間でも人気ですよ。それで行きましょう。途中で四合院の見学もできます。

山下： 楽しみです！

（什刹海の三輪車乗り場に到着）

山下： ああ、三輪車がいっぱい止まっている。これが例の輪タクですか。

王： そうです。一台に二人しか乗れないから分乗しましょう。僕と山下さんが一台。田中さんは一人で一台ね。

田中： ええ？僕、中国語が下手だから、話がわからないんだもん。

王： 僕たちの後についてくるように車夫さんに頼んでおきますから、大丈夫ですよ。さあ、乗りましょう。

山下： 走り出すと鈴が鳴りますね。なんだか楽しくなるわ。

王： 山下さん、知っていますか。北京には昔「名のある胡同3600、名のない胡同、牛の毛のごとし」という言い方がありました。胡同の歴史は元の時代にまで遡れますが、一番多いときには6000もあったそうです。後ろの田中さん、聞こえてますか。

田中： 聞こえませんよ。僕は車夫さんとおしゃべりしてますから、邪魔しないで。

山下： おしゃべりだなんて、中国語がお上手ですね。（笑）

王： 今では多くの胡同が壊され、住民もマンションに引っ越しました。しかし、市街区では実は今でも3分の1の住民が胡同の中で暮らしているんですって。

山下： へえ、今でもそんなに沢山の人が胡同で暮らしているんですか。

王： ほら、この両側にある民家はいわゆる四合院ですよ。門を見るだけでその家の格式や職業などがわかるそうです。門の両側に飾り石が置かれているでしょう。丸い「太鼓」の形なら昔は武官の家で、四角い「ハンコ」の形をした石像なら、文官だったってことがわかるんですって。さあ、降りましょう。この家

を見学します。

田中：ええ、降りるんですか。

山下：なかなか古風で趣のある門ですね。映画に出てきそうな。

田中：門に入っていきなり壁ですか。この壁は何？

王：　これは「影壁」といって、外から中が見えないように建てられたものです。プライバシーを守ることができ、また、魔よけの意味もあって、四合院なら必ずあるそうです。

（中庭に入る）

山下：素敵な中庭ですね。静かでのんびりとして。あそこに鳥かごも吊るされていますよ。

田中：インコかな。

王：　そうみたいですね。さて、ご紹介しましょう。四合院の意味って分かりますか。だいたい、四合院の「四」の字は、東西南北の四面を表し、「合」は取り囲む、「院」は庭という意味です。今私たちが立っているこの中庭は正に四つの方面にある家屋に囲まれているでしょう。

山下：本当だ。「四合院」だ。面白い！

王：　いま正面（北側）にあるのは「正房」（母屋）と呼ばれる一家の家長が住む部屋です。南向きの部屋だから冬は暖かくて、夏は涼しい、年配の方の部屋にはぴったりです。東と西にあるのは廂房（脇部屋）で、ほかの家族が住むところです。

山下：じゃ、この南側の部屋は？

王：　「倒座」と言って、書斎や客間として使われることが多いそうです。

山下：今でも沢山の人が四合院の中で暮らしているんでしょ。すごいですね。

王：　そうなんですけど、ただ、その暮らし方は中庭でお茶を飲みながら夕涼みをするようなのんびりしたものではありませんよ。昔は一つの四合院は一つの家族あるいは親族が住んでいたのですが、今では複数の家族が雑居する「大雑院」に変わったのです。トイレは共同だし、乱雑に物が置かれているし、中庭だって増築のためになくなってしまい、居住環境は極めて悪いんです。

山下：へええ、そうなんですか。じゃ、四合院がどんどん壊されたのは住民の居住環境を改善するためでしょうか。

王：　まあ、それもそうですね。都市開発の一環として、四合院をなくし、高層ビル

を建てるための土地がどうしても必要ですからね。

山下：四合院、なくならないでほしいなあ。

三、マイホーム

1. 三種の神器も身近に

　いま、中国の三種の神器は「マイホーム」「マイカー」そして「海外旅行」といわれています。つまり「住」と「行」に関係しています。

　都市化の進展や所得向上などで、この新しい「三種の神器」は、庶民にとって、もはや「高嶺の花」ではなくなりました。しかし昨年、不動産、鉄鋼、セメント、アルミなど関連業界が、マクロコントロールの主たる対象とされたので、「三種の神器」をいつ買うべきか、今が買い時か、待つべきか、消費者の心理は大いに揺れ動いています。

　マイホームについて。

　中国では景気過熱に伴う住宅建設などに対し、投資規制が続いています。その一方で、超豪華別荘ブームが進行中といわれます。昨年の中国の「豪邸ベスト10」の最高価格は4億6000万元（約60億円）とのことです。

　北京では、新聞などのチラシで一番多いのはマイホーム関連であり、人々の最大関心事の一つがマイホームの入手にあることは間違いありません。昨年上半期の平均商品住宅販売価格は1平方メートル当たり4500元で、この価格で159平方メートルの住宅を買うとすると、67万5000元（約870万円）となります。

　これを単純に、北京の一人当りのGDP（2003年は3819ドル）で割ると、約21年分となります。すなわち、三人家族の場合、全収入の半分をつぎ込めば、ほぼ14年間の支払いとなる計算です。もちろん、家庭により収入も違いますし、銀行ローンなどもあり、単純に計算できませんが、マイホームがますます手の届く買い物になったことだけは確かなようです。

　政府は2020年までに「小康社会」（いくらかゆとりのある社会）の実現を公約しています。「住」は「小康社会」の柱であり、高度成長を維持し、人々の所得を向上させ、「住」の確保を保障したいところでしょう。

　昨年はマクロコントロールにより、不動産投資のペースがスローダウンし、住宅価格の上昇率が次第に下がる傾向にありました。今後は都市化の進展で、都市人口が増える

一方、所得向上も期待できることから、マイホームへの需要は高まる状況といえます。

2. 中国人と日本人で違うマイホーム意識

　マイホームを選ぶのに日本人は「一戸建て派」が多いのに対し、中国人は「マンション派」という調査結果が出ました。日本では子供の誕生をきっかけにマンションや一戸建ての家を購入しますが、中国では結婚をきっかけにマンションを買う人が多いのです。

　このほど、日本のリサーチ会社は日本全国の男女500人と、中国の北京、上海、広州の男女240人を対象に、不動産に関するインターネット調査を実施しました。その調査結果によりますと、両国で共通していたのは、持ち家思考が強いということでしたが、住居の形では中国ではマンション、日本では一戸建てに圧倒的な人気が集まったとのことです。不動産に対する両国の意識の違いは浮き彫りとなっています。賃貸住宅より、マンションか一戸建てのどちらかを持つのが安心です。この思いは両国の共通しているところだといえるでしょう。

　一戸建ては中国で富裕層が住んでいるところというイメージが強いです。中国は国土面積が広いにもかかわらず、人口が世界一ですから、一人当たりの居住面積が少なくなります。中国の人口が多いため、国民の住宅問題は厳しい課題です。このことから、政府は一軒家の建設より、一般庶民の居住環境を改善するための保障性住宅、いわゆる低所得層の生活を保障する住宅や分譲住宅などの建設を重視しているようです。

　そして、「居住地域の5年後の不動産価格はどうなっているか」との質問には、日本では約5割が「変わらない」と答えたのに対し、中国では約7割が「上昇している」と答えました。現在、「不動産は買いどきか」という質問には、日本では約6割が「わからない」、「しばらく様子を見たい」と答えたのに対し、中国では約5割がはっきりと「買いどきではない」と答えました。

　現在、不動産は買いどきではないと考えている人にその理由を聞いたところ、日本では「更なる不動産価格の下落が予想されるからだ」、中国では「不動産価格がまだまだ割高であると思うからだ」、がそれぞれトップでした。中国では2003年から不動産価格は倍以上上がってきました。これからは下がるか上がるかさっぱりわかりません。しかも、買うのが70年間の使用権ですから、迷う人はかなりいるようです。日本みたいに契約を結んで、数年間でも賃貸できる住宅は中国にあまりないようです。賃貸住宅を探す

場合、不動産仲介の会社を通して部屋の持ち主と連絡を取ります。それから、持ち主と相談して、賃料が納得できたら住むことができます。しかし、ほとんど書面的な契約はなく、いつまで住むことができるか誰もわかりません。ですから、中国人の考えでは、できればマンションを買って結婚するのが安心です。

　中国人は結婚イコール持ち家と考える傾向にありますが、日本人は結婚してお金を貯めてからと考える傾向にあるようです。両国の人々の生活観や文化の違いがかなり大きいことを感じます。

【関連単語】（拡展词语）

1. 房地产常用词汇（不動産関連用語）

楼市（不動産取引市場）　　　　二手房（中古住宅）
限价房（価格制限住宅）　　　　廉租房（格安賃貸住宅）
商品房（分譲住宅）　　　　　　住房公积金（住宅公共積立金）
房屋中介（仲介会社）　　　　　中介手续费（仲介手数料）
房管局（住宅管理局）　　　　　房贷（住宅ローン）
首付（頭金）　　　　　　　　　定金、预付款（手付金）
物业费(管理费)　　　　　　　　预售房（売建住宅、青田売り）
样板间（モデルルーム）　　　　户型（間取り）
独家住宅（一戸建て）　　　　　三室一厅（3LDK）
两代同住的住宅（二世帯住宅）　两户共用一层（2戸1階段）
跃层（スキップフロア）　　　　豆腐渣工程（手抜き工事）

2. 居住相关词汇（居住関連用語）

停车区（駐車場、カースペース）　自行车存车处（駐輪場）
中央空调（セントラルエアコン）　客厅（応接間）
起居室（居間、リビングルーム）　书房（書斎）
卧室（寝室、ベッドルーム）　　　餐厅（ダイニングルーム）
厨房（台所、キッチン）　　　　　卫生间（バスルーム）
阳台（ベランダ）　　　　　　　　木地板（フローリング）
地砖（床タイル）　　　　　　　　储藏室（納戸）
采光照明（採光）　　　　　　　　隔热材料（断熱材）
地下供暖（床暖房）　　　　　　　雨水管（雨どい）

折叠门（折戸、アコーディオンドア）　　火灾防报器（火災警報器）

下推式窗户（くり出し窓）　　　　　　自動锁（オートロック）

室内装修（内装、インテリア）

装修污染引发的不良反应（シックハウス症候群）

舒适,多指住宅居住性好（アメニティー）

練習

一、将下面的中文翻译成日文。

1. 不要客气，就跟在自己家里一样。

2. 时间不早，我差不多该走了。今天真的很开心。谢谢您的盛情款待。

3. 哪天有空再来玩。也代我向你家里人问好。

4. 这房子是3室一厅，是标准的户型。不算很大。工薪阶层要想买大房子可不是件容易的事儿啊。

5. 恭王府是北京保存最好，等级最高的清代王府，也是世界上最大的一座四合院。

二、将下面的日文翻译成中文。

1. 北京の胡同は基本的に東西南北の碁盤の目に作られており、斜めに通っている道は「斜めの街」と書いて、「斜街」と名前が付いている。迷ってもしばらく歩いているうちに大通りに当たるだろう。

2. 700年近く続いてきたその親しみやすい路地と中庭を囲む平屋住宅群は、今や中国を席巻する再開発と経済発展の荒波に飲まれて容赦なく取り壊されている。

3. 一戸建て住宅によくある玄関ホールに階段があり、2階の個室に直行できる間取り。またはマンションの中廊下スタイルで玄関脇の左右に個室がある間取り。どちらも玄関から子供部屋が直結していて、子供が外から帰ってきても家にいるお母さんが知らないなんてこともある。

学習の窓

1. 三日坊主

形容做事没长性、三天打鱼两天晒网的人。

例：日記を書こうと思っても、いつも三日坊主です。

译文:想要写写日记吧,也是坚持不了多久就放弃了。

2. 石の上にも三年

在石头上连坐三年,就能让它变热。只要功夫深,铁杵磨成针。功到自然成。

例:石の上にも三年という諺の通り、仕事もようやく一人前にこなせるようになってきた。

译文:正如老话"功到自然成"所说的那样,现在我在工作上也终于能够独挡一面了。

3. 二度あることは三度ある(一度あることは二度ある)

有二必有三。一而再、再而三。祸不单行。

例:また盗まれたの?二度あることは三度あるって言うから、用心してよ。

译文:又被偷啦?都说有第一次就会有第二次,你可得小心啊!

4. 三人寄れば文殊の知恵

三个臭皮匠赛过诸葛亮。

例:三人寄れば文殊の知恵だ。みんなで考えれば何かよい案が浮かぶかもしれないね。

译文:正所谓"三个臭皮匠赛过诸葛亮",大家一起想,没准儿就会想出什么好主意。

5. 仏の顔も三度まで

性格再温和的人,也会动怒。容忍有度,事不过三。

例:今度またいたずらしたらもう許さないわよ。仏の顔も三度までだから。

译文:人的忍耐都是有限度的,下次再使坏就不原谅你了。

ユニット8　中国最新事情4
——交通篇

一、北京の交通事情——市民の足

孫：　今日は中関村にある大型スーパー、カルフールへ案内しますよ。近いから、バスで行きましょうか。

山下：ぜひぜひ。北京のバスに乗ってみたいです。

　　　（バス停にて）

田中：バスの路線板がいっぱいありますね。これじゃ、外国人には難しくて乗れないよ。

王：　そんなことありませんよ。ほら、現在のバス停と停車するバス停が全部書いてあるでしょ。慣れればそんなに難しくないですよ。

孫：　例えば、私たちの行き先は中関村でしょ。ほら、「中関村」で探せば、101と333と718、どれも行きますよ。

田中：乗る時、乗車券はどうやって買いますか。

孫：　今はみんなICカードを使います。乗車するときにカードリーダーにかざすだけで済みます。前は車掌さんから切符を買わなければならなかったから、車内が混んでいるときは大変でした。

山下：ICカードを持っていない人はどうすればいいでしょうか。

孫：　車掌さんがいれば車掌さんから買えばいいですけど、最近は運転手しかいないバスが増えてます。そしたら、直接乗車賃を運賃箱に入れればいいです。運賃箱はだいたいカードリーダーと一体化して設置されていますから。

山下：運賃はいくらですか。

孫：　路線によって違います。1元均一の場合が多いですけど、12キロまでが一元でそれ以降加算されていく場合もあります。でも、ICカードを利用すれば、1元の6割引の0.4元となるんですよ。

山下：ええ、そんなに違うの？6割引って大きいですね。

孫：　そうなんですよ。特に毎日乗る人にとっては便利でお得なんです。ですから、ICカードはあっという間に北京市民に普及したのです。

田中：そのICカードって僕たちも買えますか。

王：　誰でも買えますよ。20元の預かり金（デポジット）がかかりますけどね。地下鉄の駅やバスの始発停留所などで売ってます。

孫：　一枚持ってると、一々切符を買う手間を省けて便利ですよ。あと、地下鉄もタクシーも使えますし。

王：　バスが来た。乗りましょう。田中さんたちはとりあえず1元ずつ払って下さいね。

田中、山下：了解！

　　　　（バスの中）

孫：　空いてますね。座りましょうか。

山下：このバス、新しいですね。テレビもついてますよ。

王：　最近、北京のバスは本当によくなりました。前はエアコンがついていないのが多かったんですけど、夏は本当に大変でした。今はエアコンバスがどんどん増え、北京オリンピックの前に、天然ガスを使う環境にやさしいバスも導入されました。今いっぱい走ってますよ。

孫：　それだけじゃなくて、前よりだいぶ乗りやすくなったんですよ。昔、路線も車両も少なかったから、バスを待つのは大変だったんです。特に雨や風など悪天候の日なんかは散々でした。やっとバスが来ても、中がいっぱいで乗ろうとしても乗れなくて、皆乗り口に立ちふさがってて、ドアがしまらずバスが動こうにも動けないっていう感じでした。今では、路線も車両も増えて、バスを待つ時間がだいぶ短くなりましたし、昔ほど混雑しなくなりました。

王：　今北京を走るバスは450路線もあるそうですよ。市内のどこへ出かけても、目的地にたどり着くまでは大体1、2回乗り換えるだけで済むようになっています。

山下：東京なんかは電車や地下鉄が主な通勤、通学手段ですけど、北京はやはりバスなんでしょうか。

孫： そうですね。地下鉄の通らない目的地への移動はやはりバスが一番リーズナブルで便利ですね。

王： 着きました。降りましょう。

（カルフールで買い物）

王： ああ、いっぱい買っちゃいましたね。

田中：荷物が多いから、タクシーで帰ろうか。

孫： そうしましょう。

田中：ああ、タクシーがいっぱい待ってますね。

（タクシーの中）

山下：北京のタクシーはみんな黄色と緑か、黄色と青のようなツートンカラーでわかりやすいですね。

王： 2006年あたりからこういうのに変わりました。昔からある赤いタクシーもまだ少しは走ってますけどね。

山下：料金は違いますか。

王： いや、同じです。一律初乗り10元です。どうせ同じだから、古いタクシーをやり過ごして、新しいのを待つ人の姿もよく見かけます。

田中：10元か、日本の感覚で言うと安いんですけど、さっきのバスの0.4元と比べたら結構高いですよね。

王： そうですね。でも、やっぱり便利だから、利用する人が多いですよ。特に天気の悪い日とか朝晩の通勤ラッシュの時など、なかなかつかまらないくらい。

孫： 市内でしたらどこでも大体2、30元、多くて3、40元で行けますので、最近タクシーで通勤する人も増えているそうです。

田中：だからみんな自転車に乗らなくなったんですか。日本では中国は「自転車王国」と言われていますけど、実際に北京に来てみたらそんなに多くもないと思いますけど。

孫： 確かにその通りです。10数年前に比べれば、自転車を利用する人はだいぶ減ってきました。それは、地下鉄やバスが利用しやすくなって、あと自家用車も増えたからだと思います。それに、北京の都市規模もどんどん拡大していて、三環、四環、さらに五環路の外に住む人も急増しました。住む場所と働く場所が遠くなったので、通勤距離も長くなって、自転車の通勤も無理になったのです。

田中:なるほど。そういうことですか。日本の場合、近所へ買い物に行ったり最寄りのバス停や駅に行ったりするときには自転車に乗ります。後は休日にサイクリングを楽しむくらいですかね。北京もそういうふうになっているんでしょうか。

孫:そうですね。自転車で駅まで行って地下鉄を利用する人が多いんですよ。だから、どの地下鉄の駅にも必ず大きな駐輪場があります。それと、勤め先から自宅までの距離がもし近ければ、やはり自転車通勤を選ぶ人が多いようです。そうすれば交通費が節約できるし、ついでに買い物や子供の送り迎えもできます。それに、渋滞しなくて済むわけだし。私の故郷の天津の場合、今でも毎朝通勤ラッシュの時、道路は自転車の海になってしまうんですよ。

田中:ああ、もう着いたか。速い！
（翌日、「城鉄（シティーレール）」駅構内）

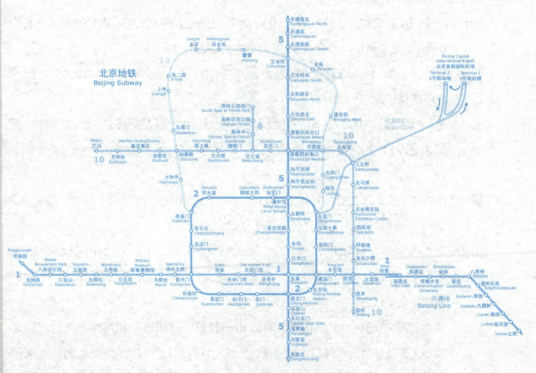

山下:ICカードも買えたし、さっそく乗ってみようと。ここから天安門まではいくらですか。

孫:北京の地下鉄とシティーレールは一律料金でどこまで乗っても2元ですよ。

ユニット8　中国最新事情4——交通篇

山下：へええ、安い！ところで、天安門まではどう行けばいいですか。
孫：（地下鉄路線図を指して）ほら、今は五道口駅でしょう。これから13号線に乗って西直門まで行きます。西直門で2号線に乗り換えて復興門まで行って、復興門でもう一回乗り換えで、1号線で天安門までは行けます。
山下：二回乗り換えですね。わかりました。北京の地下鉄は何本くらいありますか。
孫：地下鉄というか、都市鉄道は8本あります。本当はこの13号線は地上と高架橋を走る路線で、「城鉄」と呼ばれています。まあ、日本の電車みたいなものです。普段はまとめて「地下鉄」と呼ぶことが多いですけどね。
山下：どれどれ、ちょっと数えてみようかしら。
孫：ほら、黄色は13号線で北京の北側を走ってるでしょう。青の2号線は市内中心部を回る環状線、赤は東西を走る1号線、そのさらに東側にある延伸線は八通線、それから、紫は南北を走る5号線、水色は北西から南東に走る10号線、後は北京オリンピックに合わせて作られた緑のオリンピック支線と灰色の空港線です。
山下：点線となっているのは？
孫：あれは建設中あるいは計画中のものです。これからもどんどん開通しますから、ますます便利になるでしょう。さあ、入りましょうか。
山下：駅のホームもきれいですね。
孫：13号線は何年も前にできたものですけど、新しくできた10号線や5号線のホームへ行くと、もっときれいですよ。ホームドアも設置されていて、とても近代的な感じがして、しかも安全です。さあ、乗りましょう。
山下：日本では車内は携帯電話を使っちゃいけないことになっています、中国は大丈夫みたいですね。
孫：そうですね。地下鉄でもバスでも通話の制限は全くないです。
山下：中国のほうがもっと便利かもね。どこでも使えますから。

二、北京、週1のノーカーデー

　2008年の北京オリンピックとパラリンピック期間中、自動車ナンバーによる運行規制が実施されました。即ち、ナンバー末尾の数字によって、偶数日は偶数、奇数日は奇数の車のみそれぞれ通行可能だとして厳しく規制するものです。

オリンピック終了後も、激しい道路渋滞を防ぎ、大気汚染を緩和させる目的で、交通規制が継続されました。それは、平日に市内中心部の五環路以内を走る車に対して、ナンバーの末尾による週1のノーカーデーを設けたものです。例えば、月曜は末尾が1と6、火曜は2と7といった車の通行を抑え、違反車両には罰金を科すことになっています。

さらに、利用者の負担を均等化するために、ナンバー規制の曜日が月ごとに変更されたのです。つまり、先月は月曜に1と6を規制したのに対して、今月は火曜に1と6を規制する……など。この週1回の自動車交通規制は2010年4月10日まで継続されることになったのです。

北京市当局は、自動車税の減税措置などをとって、マイカー族に協力を求めてきましたが、複雑な規制には一部で不満も高まっていたようです。

「うちの子どもの場合、通学のためのスクールバスも直通バスもないので週1日はどうしてもタクシーを使わざるを得なかった。使った費用もバカにならないし面倒なので、2台目のマイカーを買うつもりよ！」と、強い覚悟を決めたお母さんもいるようです。

北京の自動車保有台数は2009年2月末時点で、五輪当時を約30万台上回る356万台となりました。増えつづける自動車と激しさを増す渋滞に、週1ノーカーデーという規制が根本から役に立つのかどうか？信号制御など交通システムの見直しや、交通マナーの改善などにも鋭いメスを入れるべきではないか？今後、このような交通規制を長期的に継続していくことをめぐって、市民の間でも大きな議論を巻き起こしました。

いずれにしても、これも都市生活者に課せられたノルマと責任なのかもしれません。北京のマイカー族の我慢と辛抱は、今しばらく続きそうです。

三、中国の旅客輸送専用線建設
——12万キロに延びる故郷への思い

中国では毎年、春節前後には、数億という人々が里帰りしたり、勤め先に戻ったりして、鉄道は大混雑である。「故郷に帰って年越しをする」という観念は、中国人にとって変えがたいものである。しかし、短期間に多くの人々が移動することは、鉄道にとって大きな負担になる。「切符が買えない」という現象が続き、鉄道管理部門の頭を痛ませてきた。

2004年から、政府は鉄道建設に大規模な投資を始め、旅客輸送専用線の建設を開始した。2008年11月には、鉄道部は「中長期鉄道網調整計画」を発表した。2008年から2020年までに、総額5兆元以上を投資して約4万キロの新路線を建設することになった。建設が完成すれば、中国の鉄道は12万キロ以上になる。こうした大規模な鉄道建設と投資は、中国の鉄道建設史上初めてのことである。

　現在、最高時速350キロの北京―天津城際鉄道や世界の屋根を走る西寧―ラサ鉄道などはすでに開通し、北京―上海高速鉄道、北京―広州旅客専用線、蘭州―重慶鉄道など多くのプロジェクトも進んでいる。

　鉄道部の陸福東副部長は、次のように述べている。

　「中国では、鉄道はもっとも不足し、もっとも発展の必要があるインフラです。だから鉄道への投資を増やしても、重複したり、無駄遣いになったりするという問題はありません。計画では、3年から5年で、中国の鉄道区間は旅客と貨物の分流が実現し、高速鉄道と都市間を結ぶ鉄道を主とする旅客輸送網が形成されるでしょう。その時には、列車は3分から5分間隔で運行され、切符が買えないという現象は大いに改善されるでしょう」。

　広西チワン族自治区出身の杜さんは、数年前から広州に出稼ぎに来ているが、2008年11月に建設が始まった広州―南寧間の鉄道に大きく期待している。

　「今は、汽車で南寧に帰るのに13、4時間かかります。車でも8、9時間、本当に大変です。広州―南寧の鉄道が開通すれば、3時間しかかからなくなります。これはすごい変化です」と杜さんは言う。同様に、貴陽―広州の鉄道も、開通すれば、現在の22時間が4時間に短縮される。

【関連単語】（扩展词语）

1. 汽车（自動車）

奥托（オットー）	皇冠（クラウン）
花冠（カローラ）	公爵（セドリック）
奥迪（アウディ）	卡迪拉克（キャデラック）
雪弗莱（シボレー）	大众（フォルクスワーゲン）
桑塔纳（サンタナ）	标致（プジョー）
雪铁龙（シトロエン）	野马（ムスタング）
保时捷（ポルシェ）	法拉利（フェラーリ）
夏利（シャレード）	马自达（マツダ）
捷达（ジェッタ）	

2. 交通（交通）

立交桥（立体交差橋）　　　　主干道（幹線道路）
步行街（歩行者天国）　　　　单行道（一方通行路）
隔离带（分離帯）　　　　　　太阳能汽车（ソーラーカー）
混合动力车（ハイブリッド車）　柴油车（ディーゼル車）
单轨列车（モノレール）　　　磁悬浮列车（リニアモーターカー）
二手车（中古車）　　　　　　无人售票车（ワンマンバス）
路边停车（路上駐車）　　　　酒后驾车（飲酒運転）
起步价（初乗り料金）　　　　牌照费（ナンバープレート代）
倒车（バック）　　　　　　　掉头（Uターン）
超车（追い越し）　　　　　　靠右行驶（右側通行）
靠左行驶（左側通行）

練　　習

一、将下面的中文翻译成日文。

1. 日本最早的铁路是在英国工程师指导下，于1872年开通的东京新桥与横滨之间的铁路。

2. 中国的机动车保有量在2010年已经达到7000万辆，由此也造成了交通堵塞、空气污染、噪音等多种问题。

3. 北京市政府出台缓解交通拥堵的新方案：2011年限量上牌，上牌数平均每月两万台，车辆上牌需通过摇号。

4. "三通"实施以来，邮件无须像以前那样通过第三地中转，而是通过空运或海运直航方式运抵中国大陆。

5. 长安街和东二环路都是北京的主干道，而建国门立交桥则是北京的交通枢纽。

二、将下面的日文翻译成中文。

1. バスや地下鉄では乗り換えもあって、それだけで2時間以上かかり、会社に着く前に疲れてしまいます。

2. ガソリンの値段が上がるとともに、多くの人はガソリン代を稼ぐために、マイカーを利用して車体広告をやりはじめました。

3. 新しい地下鉄は騒音も少なく、揺れも小さく、エアコンがついており、乗客の背の高さ

に合わせて手すりが設置されるなど、人に優しい作りになっています。

学習の窓

1. 犬猿の仲

水火不相容。类似的说法还有"水と油"。

例：あの二人は犬猿の仲だから、コンビを組ませたら大変なことになっちゃうよ。

　　译文：那两人一向水火不相容，要让他们俩搭档那可不得了了。

2. 豚に真珠

对牛弹琴。类似的说法还有"猫に小判"、"犬に論語"、"馬の耳に念仏"等。"豚に真珠"、"猫に小判"主要强调不懂事物的价值，不起作用，而"犬に論語"、"馬の耳に念仏"则指听不进去、听不懂。虽然都是没有效果的意思，但侧重点不同。

例：せっかく会社からパソコンを支給されても、PC音痴の僕にはしょせん豚に真珠だよ。

　　口を酸っぱくして言っても、全然聞く耳を持たない。まさに馬の耳に念仏だ。

　　译文：虽说公司给发了电脑，可对电脑一窍不通的我拿着也毫无意义。

　　　　我费尽了唇舌，可人家根本就不听。简直就是对牛弹琴嘛。

3. 馬脚を現す

露马脚。

例：わざと経験者のように振舞っていたのだが、初歩的なミスばかりして、馬脚を現してしまった。

　　译文：故意表现得像是很有经验，但是出了很多低级错误，露了马脚。

4. さばをよむ

打马虎眼。"さば"是青花鱼的意思。过去鱼市场数青花鱼时，数得很快便可以在数量上打马虎眼。后来便用于在数量上捣鬼，打马虎眼的意思。

例：あの女優さんは自身のブログで「実際の年齢より、8歳のさばをよんでいた」と告白し、話題を呼んでいる。

　　译文：那位女演员在自己的博客上坦白曾经虚报年龄，比真实年龄少说了8岁，这事成了坊间的热议话题。

5. 取らぬ狸の皮算用

没捕到狸子先算皮价。打如意算盘。

例：買ったばかりの宝くじを手にして、あれやこれやと取らぬ狸の皮算用をする。

　　译文：手里拿着刚买的彩票，心里就开始盘算起中奖后钱怎么用了。

ユニット9　政治と中日関係

張：皆さん、こんにちは。京華大学と桜咲大学の学生合同フォーラムは本日より一週間掛けて七回行うことになっております。本日はその第一回目で、「中日関係」というテーマを取り上げます。

　まず最初に、本日のスペシャルゲストをご紹介します。中国社会科学院日本研究所の研究員、日本問題、中日関係問題の専門家でいらっしゃる馮先生にお越しいただきました。馮先生のご講演のテーマは「中日関係の未来と課題」です。

　それでは、馮先生、よろしくお願い致します。

一、基調講演：中日関係の未来と課題

　皆さん、こんにちは。本日はこのフォーラムに招かれ、ここでお話できることを大変光栄に存じ、楽しみにして参りました。

　先日、麻生首相は訪中期間中、次のようなことをおっしゃいました。

　「日中両国ともそれぞれの国益を踏まえた外交を展開します。また、両国にはそれぞれの歴史、文化、伝統があるため、時には摩擦が生じることもあり、関係が密なゆえに今後も様々な話題や課題、問題が出てくることもあると思います。しかし、私は日中関係の将来に極めて楽観的です。将来にわたり日中の共益を実現することが両国の発展と平和を後押しし、アジアや世界の平和と繁栄につながると確信しているからです。」

　では、中日関係の将来について、楽観的な見通しとしてどんなものがあるでしょうか。次のことが挙げられます。

　（1）中日関係については、今は「和すれば双方に有利、敵対すれば双方とも傷つく」状況と言えるでしょう。両国関係を発展させることが中日両国それぞれの国益に合致

するものだという認識は、両国民の大多数の人々の間で共通認識となり常識となっています。

（2）現在、全世界が3つの危機——金融危機、環境危機、疫病危機に直面するなか、「一衣帯水」の隣国である中日両国にとって、「協力が必要かどうか」はすでに問題ではなく、「どのように協力を強化するか」ということが問題になっているのです。周恩来元総理が提起した「小異を残して大同につく」という主張の中で、「大同につく」ことが両国関係にとってますます重くなってきています。

（3）ブッシュ政権からオバマ政権に至るまで、中米関係は好ましい発展傾向を見せています。今後長い時期において、日米の同盟関係に大きな変化が生じることはないと見られる一方、中米関係の改善は中日関係のさらなる改善を促進する可能性があると思われます。

（4）長い間、歴史問題と台湾問題は中日関係の2つの障害となっています。ところが、ここ数年の両岸関係の発展は中日関係にもプラスの影響をもたらすことになるでしょう。

（5）米国のサブプライムローンが引き起こした世界的な金融危機と経済衰退をきっかけに、人々は、特定の国だけでなく、すべての地域に適用できる21世紀に向かう「アジアの持続可能な発展モデル」を模索する必要があると実感しています。

今後、アジアの振興に貢献するという共同目標を前に、中日両国は「主導権を争うライバル」から「協力し合うパートナー」へと転換していくことでしょう。われわれは中日関係の今後の発展について楽観的であるのと同時に、両国関係の発展に影響を及ぼすさまざまなマイナス要因にも眼を向けないわけにはいきません。これらのマイナス要因をどのように克服していくかを両国の共同課題とする必要があります。

第一に、歴史問題においてわれわれは以前のような「歴史問題を解決することによってのみ、中日関係を発展させることができる」という「前提論」を改め、「歴史問題を真剣に解決する必要もあれば、中日関係の発展を推進する必要もある」という「同時進行」政策を取りました。われわれも日本政府があの侵略戦争について何度も中国に謝ったことに気づいてはいますが、これは中日両国が「歴史的和解」を実現したことを意味するものではありません。両国（もちろん、中日両国だけの問題ではありません）が歴史的和解を実現していない状況のもとでは、中国人にとっての歴史問題のこうした「敏感さ」や「連動性」を変えるのは難しいです。そして、あの戦争を経験したことがない日本人にとっても、なぜ中国人が歴史問題にこれほど敏感になり、ほかの問題と連動するのかが理解しにくく、「中国が『歴史カード』を出す」といった奇怪な論調までもが現われるに至

っています。

　第二に、中国の平和的発展は「平和的振興」とも言われています。中国の「振興」にどのように対応するのか、「振興した」中国とどのように付き合うのかは、明治維新以来、日本がぶつかったことのない課題です。日本のメディアから見る限り、中国の「振興」に対する日本人の心理的反応は複雑かつ多元的なものです。麻生首相は今回の訪中期間中、講演の中で次のようなこともおっしゃいました。

　「中国は、近年、急速な発展を遂げました。私は、中国の発展は、国際社会にチャンスをもたらし、それは、日本にとっても好機であると考えます。しかし、一部には、中国の経済発展が、将来の軍事大国化につながるのではないかと不安視する向きがあるのも事実です。私たちは、中国が近年、「平和的発展」という戦略を標榜し、恒久の平和と共同の繁栄をもたらす世界の構築に貢献していく決意であると承知しています。そして、中国が、そのような決意にふさわしい行動をとっていくことにより、地域や世界に不安や懸念を生じさせないことを期待しています。

　今後とも、日中両国が、軍事大国にはならず、また、互いに脅威となることなく、平和的な発展に向けて協力してゆく。それこそが日中両国が国際的に期待されていることだと確信しています」。

　一部の日本人は中国の急速な発展をよく思えず、恐怖感さえ感じる人もいるそうです。また、中国の発展の中で出てきた問題、例えば環境の悪化、貧富の二極化、地域差や都市と農村の格差の拡大化、腐敗問題などについても理解できないのが事実です。

　第三に、まさに日本のある外交官が指摘しているように、「民族主義」を抑制し、それが両国関係発展の障害とならないよう防止する必要があります。今後、中日両国は「民族主義によって民族主義が刺激される」という悪循環の発生を防止する必要があるでしょう。

　第四に、釣魚島の主権帰属問題と東海ガス田の開発問題はさらにエスカレートし、両国の関係に影響を与える主な障害になる可能性があります。海洋資源の開発という差し迫った必要性と、主権をめぐる係争との間の鋭い矛盾を解決できる現実的かつ互恵共益の措置をどのように見つけ出すかが、中日両国の知恵が試されるところです。

　　　張：馮先生、素晴らしいご講演、どうも有難うございました。それでは、続きまして、質疑応答の時間に入りたいと思います。質問のある方はお名前と御所属をおっしゃってから質問して下さい。

二、質疑応答

食品安全問題

田中：桜咲大学中国語学科の田中と申します。2008年の「ギョウザ事件」以来、日本に輸入された中国製の食品は「安全でなく」、極端な場合は「有毒だ」というイメージを持つようになりました。このことが中日関係に与えた影響、それから、今後このようなことをどのように防げばいいのか、ということをお伺いしたいと思います。

馮：「ギョウザ事件」は、中日両国民の間に相互理解度が不足し、感情面で脆い一面があることを反映した典型的な事件です。日本では、「ギョウザ事件」はメディアの過熱報道によって、中国製食品は全て不安全を意味するものとなってしまい、「ギョウザ事件」は、中国に好感を持つ日本人の比率の低下を招く主な原因となりました。

しかし、日本の厚生労働省が統計した輸入食品の不合格率を見ると、中国は上位10カ国のリストにも入っておらず、不合格率はアメリカよりも低いのです。多くの日本人専門家は日本向けの輸出食品を作る中国食品メーカーを見学した結果、衛生状況の良さを認めています。ただ、中国からの輸入食品の量が非常に大きいため、絶対数から見れば食品に関わる事件も比較的多くなっています。これはまた中日の食品貿易関係の緊密さを表わすものでもあります。いずれにしても、両国関係と両国国民の感情に影響を与える突発的事件を防止するメカニズムを構築することは、当面両国が直面しなければならない課題となっていることは確かです。

三、福田元総理大臣訪中演説

新年を迎えるにあたり、"福"田が来ました。

本日、由緒あるここ北京大学において、中国の次の世代を担う皆さんの前でお話ができることを大変楽しみにしてきました。

北京大学は、中国における最高学府として、その教育水準は国際的にも高い評価を受けています。北京大学では数多くの日本からの留学生も学んでおり、また私の母校である早稲田大学と北京大学との間でも、長年にわたり活発な交流が行われていると聞き、大変嬉しく思います。

それでは、これから少々お時間をいただいて、日本と中国との関係について、日頃私が考えていることをお話ししたいと思います。

　皆さんは、海を隔てた隣人であり、また、2千年の長きに及ぶ交流の歴史がある日本と中国の関係についてどのようにお考えでしょうか。温家宝総理は、本年4月の訪日の折、わが国の国会において、「歴史を鑑とすることを強調するのは、恨みを抱え続けるためではなく、歴史の教訓を銘記してよりよい未来を切り開いていくためだ」とおっしゃいました。私は、この温総理の発言を厳粛な気持ちで受け止めました。長い歴史の中で、このように不幸な時期があっても、これをしっかりと直視して、子孫に伝えていくことがわれわれの責務であると考えています。戦後、自由と民主の国として再生したわが国は、一貫して平和国家としての道を歩み、国際社会に協力してきたことを誇りに思っています。しかし、そうした誇りは、自らの過ちに対する反省と、被害者の気持ちを慮る謙虚さを伴ったものでなくてはならないと思います。過去をきちんと見据え、反省すべき点は反省する勇気と英知があって、はじめて将来に誤り無きを期すことが可能になると考えます。

　同時に、日中の長い歴史を俯瞰するとき、より長い、実り多い豊かな交流があったことを忘れてはならないと思います。

　さて、歴史的な国交正常化から既に一世代が過ぎた日中両国の関係は、両国を取り巻く国際情勢の変化とも相俟って、大きな変貌を遂げております。そのような中、私たちは互いの関係をどのように捉え、どのように構築していくべきなのでしょうか。

　中国では、1978年に改革開放政策に踏み出し、国内制度の大胆な改革と対外開放を積極的に推進してきました。2001年にはWTO加盟も実現し、今や世界第4位のGDP、世界第3位の貿易額を有する、国際経済の枢要なプレイヤーとなっています。その飛躍的な経済発展は、日本はもちろん、アジアや世界に大きな利益をもたらしています。また政治面においても、中国は国際社会において、従来以上にその存在感と影響力を高めており、地域や国際社会の諸課題に関心を持ち、行動し、発言をされています。

　一方、我が国は、経済発展及び民生の向上に努力し、成果を挙げてきました。その過程において、長期にわたる経済成長期とバブル経済の崩壊を経験しましたが、日本経済の基礎には強固なものがあり、依然として米国に次ぐ経済規模を誇っています。また政治的にも、これまで以上に国際社会に対して自らの考えをはっきりと主張し、国際協力をより積極的に行っております。

　このように、日中両国がアジアや世界の安定と発展に貢献できる能力を持つに至ったことは、両国にとって大きなチャンスです。両国が多くの問題について共通の利益を有し、共有する目標、共通のルールが増えつつあることも、そのチャンスを活かす上で

重要な変化と言えます。WTOのような国際経済のルールは言うまでもなく、透明性向上や説明責任遂行といった、いずれの政府にも課された国際的な義務を共に履行していければ、対話や協力は一層深まっていくはずです。

　一方で、両国間には依然として克服すべき課題も存在しています。日中という大国同士の間において、全ての問題で考え方や立場が一致することはあり得ません。そうした相違点を冷静に議論し、共に対応していくことが不可欠です。しかし、現実には相互理解や相互信頼がまだまだ足りないことから、「何故相手は自分の気持ちを理解できないのか」と不満に思った経験を持つ方々は、日本にも中国にも数多くおられるでしょう。日中関係の歴史や様々な経緯、さらには、私たちを取り巻く国際情勢の大きな流れに思いを致さない大局観の欠如、或いは、折々の感情に流されて事を進める危険性についても、指摘しておかなければなりません。

　こうした課題に直面して大切なことは、互いに真摯に話し合い、相互理解を深めつつ、違いは違いとして認め合いながら、ありのままの相手を理解するよう努めることです。「知るを知ると為し、知らざるを知らずと為す。これ知るなり」です。その上で両国に跨る共通の利益に目を向け、これを広げていくということではないでしょうか。双方が共有する目標を見失うことなく、共に解決の途を探っていく姿勢が重要だと思います。

　私は、日中関係を世界の潮流・大義に沿って方向付け、未来を創造していくという姿勢が大切だと思っています。日中両国が国際社会に責任を持つ大国として、世界の大局を見据え、世界の期待に応えながら、「互恵協力」及び「国際貢献」に努めるならば、互いの立場の違いを乗り越え、「相互理解・相互信頼」を築くことは可能であり、そうすることで、アジアと世界の良き未来を共に創造していける、創造的パートナーたり得ると確信します。創造的な仕事を日中両国が共同で行うことにより、世界中から頼りにされる関係を築き上げていく、そう考えると、大きな希望が湧き起こりませんか？　違いをあげつらうのではなく、共に同じ目標に向かって、世界のために手を携えていく、日中両国はそんな真の友人でありたいと、心から願っております。

【関連単語】（扩展词语）

1. 外交（外交）

联合国（国連）	联合国安理会（国連安保理）
正式访问（公式訪問）	联合公报（共同コミュニケ）
联合声明（共同声明）	共同宣言（共同宣言）
双边协定（二国間協定）	单边主义（単独行動主義、ユニラテラリズム）
双边主义（二国間主義、バイラテラリズム）	多边主义（多国間主義、マルチラテラリズム）

条款（条項（じょうこう））　　　　　　备忘录（覚書（おぼえがき））
谈判（交渉（こうしょう））　　　　　　协商（協議（きょうぎ））
招待会（レセプション）　　　　　　贺电（祝電（しゅくでん））
亲笔信（親書（しんしょ））　　　　　　唁电（弔電（ちょうでん））
书面讲话（ステートメント）　　　　　　口信（メッセージ）

2. 中日关系与时事政治（中日関係と時事問題）
正视历史（歴史（れきし）を直視する）
以史为鉴，共创未来（歴史（れきし）を鑑（かがみ）とし、ともに未来（みらい）を創（つく）る）
一衣带水的邻邦（一衣帯水（いちいたいすい）の隣国（りんこく））　　修改宪法、修宪（憲法改正（けんぽうかいせい）、改憲（かいけん））
吸取经验教训（経験（けいけん）を生かし、教訓を汲み取る）
人员往来（人的往来（じんてきおうらい））　　贸易伙伴（貿易相手（ぼうえきあいて））
求同存异（小異（しょうい）を残して、大同（だいどう）に就（つ）く）
取长补短（人の長所を取り入れて、自分の短所を補う）
互通有无（相互補完（そうごほかん））　　悬而未决的问题（懸案事項（けんあんじこう））
原子弹爆炸（原爆（げんばく））　　绑架日本人问题（日本人拉致問題（にほんじんらちもんだい））
朝鲜半岛无核化（朝鮮半島非核化（ちょうせんはんとうひかくか））　　弹道导弹（弾道（だんどう）ミサイル）
恐怖主义（テロリズム）　　恐怖主义分子（テロリスト）
塔利班（タリバン）　　反恐（反（はん）テロリズム、反（はん）テロリスト）
双赢、共赢（ウィンウィン、共栄（きょうえい））

練　　習

一、将下面的中文翻译成日文。
1. 我们一致认为，为了扩大共同的战略利益，要在联合国改革、东亚地区合作、能源环境等领域加强合作。
2. 中国真诚希望同日本发展长期稳定的睦邻友好合作关系。
3. 中日两国之间稳固的合作关系，对亚洲乃至世界的和平与发展都是不可缺少的重要因素。
4. 中国坚持走和平发展的道路，奉行独立自主的和平外交政策，积极发展同世界各国的友好合作。
5. 让我们紧密团结在以胡锦涛总书记为核心的党中央周围，高举邓小平理论和"三个代表"重要思想的伟大旗帜，创造无愧于时代的辉煌业绩。

二、将下面的日文翻译成中文。
1. 日本政府は今般の原子力事故及び地震から得た教訓を、国際社会と共有することを約束した。今回の会議で、我々は中国側とともに、防災や原子力安全分野に関する日中間協力の重要性を再確認し、協力を推進していくことを決定した。
2. 菅直人首相は6日、中国問題に関する有識者懇談会の初会合で、「2011年の辛亥革命100年と2012年の日中国交正常化40周年に向けて、文化、経済、政治などの面で日中関係を重層的に再構築したい」との考えを示した。
3. 中国と日本は一衣帯水（いちいたいすい）の隣国であり、両国民（りょうこくみん）は2千年（せんねん）あまりにわたる交流の中で深い友情を作り、両国民の友好往来は両国の政治、経済および文化の発展を大（おお）いに促進（そくしん）してきました。

学習の窓

1. 鼻にかける

    自吹自擂。炫耀。

    例：あいつは留学経験を鼻にかけて、僕たち英語のできない人間を馬鹿にしてるよ。大した実力もないくせに。

    译文：那家伙觉得有过留学经历就了不起了，瞧不起我们这些不会说英语的人。我看他也没什么不得了的实力。

2. 鼻が高い

    骄傲。得意。

    例：もし自分が東大に入っていれば、親も鼻が高かっただろうなあ。

    译文：要是我考上了东大的话，父母脸上也有光啊。

3. 鼻につく

    讨厌。腻味。

    例：いくら好きな食べ物だって毎日出されたら鼻につくわよ。

    译文：再喜欢吃的东西天天让你吃也得腻了呀。

4. 歯に衣を着せぬ

    直言不讳。

    例：彼女の歯に衣を着せぬトークが受けて、いまバラエティー番組に引っ張りだこだ。

    译文：她泼辣直爽的说话风格很受欢迎，如今成了综艺节目的大红人。

5. 歯が立たない

    字面意思为"咬不动"。由此引申为"比不上，敌不过"。

    例：この課題は難しくて歯が立たないよ。

    译文：这个任务太难了，非我力所能及啊。

ユニット10　経済発展と金融

上杉：皆さん、おはようございます。本日は第二回目のフォーラムで、経済発展と金融の話題を取り上げます。本日の内容は第一部と第二部からなっておりまして、第一部は経済、第二部は金融というふうに予定しております。今回はスペシャルゲストとして、日本21世紀経済研究センターの豊田会長にお越し頂きました。豊田会長には第一部で「21世紀の日本企業のあり方と対中経済協力」と題する基調講演をして頂きます。その後、第二部におきましては、金融分野での専門家で京華大学経済学院の林教授にお話を伺い、世界が巻き込まれている金融危機をめぐって活発な討論を行って参りたいと思います。それでは、さっそくですが、第一部を始めさせて頂きます。豊田会長、どうぞよろしくお願い致します。

一、基調講演：21世紀の日本企業のあり方と対中経済協力

皆様、こんにちは。本日は、このフォーラムにお招き頂き、お話する機会を頂戴致しましたことを、誠に光栄に存じております。

本日こうしてお話しさせていただくことになりましたのは、私が会長を務めております21世紀経済研究センターが、去年の10月に、ここ京華大学でシンポジウムを共催させて頂きましたが、その記念パーティーの場で、張国華先生から、親しくお誘いを受けたことがきっかけでございます。

本日は一時間余りのお時間を頂戴して、「日本の現状と日本企業のあり方」および「今後の対中経済協力の展望」について、私が日頃考えていること、感じていることなどを、いくつかお話しさせて頂きます。

（一）日本経済の現状

　さて、いま日本経済が長い低迷を続けていることは皆さんご存知のことと思います。わが国は第二次世界大戦後の国土の荒廃から立ち直り、経済先進国へのキャッチアップに成功し、米国に次ぐ経済大国となりましたが、90年代に入ってからは、バブル経済の後遺症に悩まされ、「グローバル社会」、「高度情報通信ネットワーク社会」などの新しいうねりに対応できず、経済・社会システムの十分な変革を成し遂げることができないまま、現在に至ってしまいました。そのため、メガ・コンペティションの時代にあって、先行きに対する閉塞感、不安感が、いやおうなく強まっております。

　その一方で、国民感情的には、現状の生活だけを見れば、必ずしもそう悪くはない、という面もあります。今のままで、ずっとうまくいくことはないだろうとは思いながら、出来れば、問題は先送りにして、なんとなく現状に甘んじていたい、そういう雰囲気が蔓延しているのではないかと、感じております。

　このような、閉塞感と安住感が入り混じった状況のまま、ずるずると問題を先送りにしてきたわけですが、既に現在の色々なシステムには行き詰まりが見られますし、さらに、これから、わが国は本格的な少子・高齢化時代を迎えるわけでありまして、これ以上、問題を先送りして、現状に安住することは、日本にとってだけではなく、アジア経済、世界経済への影響・貢献の観点から見ても、許されないのではないかと思っております。

（二）将来のビジョン

　いま、こうした閉塞感と安住感を打ち破るために、わが国が最も必要としているのは、目指すべき経済社会の明確なビジョンではないかと思います。目標とすべき理想像を描き、それに向かって一歩一歩努力する、そうしたビジョンが必要なのであります。

　私は、経団連の会長を務めておりました1996年の3月に、「魅力ある日本の創造」と題しまして、21世紀の日本が進むべき方向のビジョンを提案いたしました。これは、私が経団連会長としてのさまざまな活動を通じまして、これからのわが国のあるべき姿と、それを達成するための官民の取り組みにつきまして、いろいろと考えて参りましたことを、まとめ上げたものであります。

　その内容について、いちいち申し上げる時間もありませんが、あえて端的に申し上げるならば、規制緩和と市場原理の活用により、真の意味での民間主導の経済を構築すること、行政は民間の活力を引き出す環境づくりに徹し、小さくて効率的な政府を目指すこと、未来を拓く技術開発を推進し、将来に向けた技術立国の体制を固めること、などを提言いたしました。

これらのビジョンは、行政・金融・国有企業の三大改革や市場メカニズムに沿ったマクロ経済調整などの構造改革を進めておられる、貴国の政策課題や戦略とも、ある程度相通ずるものがあるのではないかという気がいたします。

(三) 過去のツケの清算は早めに

さて、新世紀の日本が活力をとりもどし、これまで以上に世界に貢献できるような経済社会を実現するためには、どうすれば良いのでしょうか。

先ほども申し上げましたように、わが国では問題がずるずる先送りされ、例えば、金融機関の不良債権ですとか、巨額の財政赤字、少子高齢化を背景とした、年金、医療、介護といった分野での適切な制度設計の問題など、外科的手法が伴うような構造改革問題が山積みであります。

こういった、ある意味では、過去のツケとも言える問題については、その処理のために、倒産の拡大とか、雇用不安とかいった非常に辛い局面が予想されますが、政治のリーダーシップのもとに、出来るだけ早期に、かつ、セーフティ・ネット構築などによりなるべく痛みを和らげる形での処理が、望まれるのは当然のことと思います。

(四) 今後の対中経済協力の展望

さて、続きまして、「今後の対中経済協力の展望」について、私の日頃感じていることを、若干お話ししたいと思います。

日中関係は、世界の中でも最も重要な二国間関係の一つであり、仮に関係悪化などということになりますと、日本、中国にとってだけではなく、世界に大きな影響を及ぼしかねません。日中関係の健全な発展は、世界の繁栄にとって欠かすことができないものなのであります。

私は、先に述べましたように、今後のわが国は、21世紀に適合した技術創造立国の道を歩むべきであると考えているわけですが、そうした方向性に立てば、今後の対中経済協力は、日本の技術力や製造業の経験を生かし、環境問題なども視野に入れたものになっていくのではないかという気がしております。

より具体的には、大きく三つのポイントがあるのではないかと考えております。

その第一は、長期的視野に立った産業技術面での協力を一層促進するということであります。具体的には、技術移転や中国投資事業の現地化を積極的に推進することであります。このことを通じて、中国企業の総合力が高められることになりましょう。

第二には、農業開発への協力であります。膨大な人口を有する貴国にとって、食糧自給は大きな課題であり、人口の七割を占める農村経済の活性化は、避けて通れないテーマであろうと思います。従って、食糧の加工、備蓄、流通整備等農業開発方面にも

注力することが、中国経済の安定化に寄与することになるのではないでしょうか。

　第三には、環境保護対策への協力であります。環境への配慮を前提とした持続可能な経済発展こそが、今後目指すべき方向であろうかと思います。貴国も高度成長を続ける過程で、環境問題は年々深刻さを増していると伺っております。

　これまでわが国は、環境・公害問題では、一時深刻な事態に陥りましたが、法整備、省エネルギー、環境設備産業など、官民が一体となり努力した結果、日本の生活環境は大きく改善致しました。また、循環型経済社会への転換に向けての取り組みも始まっております。これらの面で日本経済界の経験や技術が大いに役立つのではないでしょうか。

　さらに、これら三つのポイントに加えて、貴国の重要政策である「西部大開発戦略」への協力も、視野に置く必要はあろうかと考えております。しかし、西部地域は、面積が広大で基礎インフラが極めて少なく、投資環境、自然環境ともに大変厳しいものがあります。貴国政府による、インフラ整備、思い切った優遇条件や、支援体制が確立されれば、日本の民間企業も、資源・エネルギー開発や、基幹産業分野での大型・重要プロジェクトなどで、日本の技術的強みを生かす形での、積極的な協力も可能になるかも知れません。

（五）終わりに

　さて、最後になりましたが、今回の講演にあたり、京華大学の皆様からは、「トヨタの成功の秘訣も紹介してほしい」とのお話があったとお聞きしております。

　率直に申しまして、グローバル競争の中で、トヨタは現在、生き残りをかけた不断の努力を続けているというのが実情でございまして、成功の秘訣などと言われますと面映い限りでありますが、何とか現在までやってこられましたのは、「お客様第一主義」で、常に市場の動きに応え、真面目に「良い品」をつくることに徹してきた賜物ではなかったかと思います。

　それが市場に潜むニーズの発見につながり、フロンティア創造のシーズとなってきただろうと思います。

　さらに、関連する部品メーカーや材料メーカー、及び販売店などとの、一致団結した協力関係が果たした役割も、忘れてはならないと考えます。

　トヨタ自身は、製品の付加価値から見れば、一部をつくっているだけとも言えるわけでございまして、部品メーカーや材料メーカーとの協力関係に負うところが大であります。また、販売の前線で、お客様の声を聞き、的確にニーズを伝えていただける販売店のご協力がなければ、市場に即した開発も成り立たなかったと申せましょう。

またまた手前味噌になりますが、トヨタは中国市場においても、天津の乗用車生産事業、部品生産事業、四川省成都での中型バス生産事業など、お客様の近くで、直にお客様の声を聞きながら、ご要望に応えていきたいと願っております。

まだまだ不十分なところが多いかと思いますが、皆様の叱咤激励をお願いして、私の講演を終えさせていただきます。

長い時間に渡りまして、ご清聴、どうもありがとうございました。

二、討論：金融危機における世界と中国

1. 今回の金融危機の影響を受けて、これからの世界経済の動きはどうなるのでしょうか。

林：金融機構は信用によって存在するものです。人々は金融派生商品のリスクがよく分からなかったため、金融機構が危機に陥ってはじめて、警戒心を持ち始めました。こうして、金融機構の資金の流れがとまったわけです。一つの銀行が倒れると、多くの銀行の破産を招く。信頼感を持てない人々がいつでも貯金を下ろせるように銀行はいつも予備金を用意しなければなりません。従って、金があっても貸付に回せず、投資もそれにつれて低下するのです。

不動産バブルの崩壊によって、人々は経済への信頼を失いました。株式市場の下落によって、投資者の資産が損失をこうむり、消費が減少する。このような事態のもとで、先進国は不可避的に経済の衰退期に入ることになります。これはすでに民間機構や公的機関の共通認識となっています。予測によると、米国や欧州、日本などの先進国は2009年は、経済成長率はゼロ、あるいはマイナス成長になると予測されています。

2. 中国はどのように今回の金融危機に対応するのですか。

林：今回の金融危機の中で、中国にとってもっとも大切なのは金融発展の速い速度を保つことです。現在、中国は2兆ドルの外貨準備を使って金融市場を救うべきだという見方があります。しかし、この2兆ドルの外貨準備のすべてが現金ではなく、その大部分で米国国債を購入しています。もし投売りして現金化すれば、別の危機を招く可能性が高いでしょう。

金融危機は間違いなく中国にも影響を及ぼします。われわれは早く過ぎ去ってくれるよう望んでいます。総体的に言えば、中国は自身の経済が順調

で、マクロ的な側面も比較的良好だし、様々な対外口座も比較的よいため、私は中国が今回の危機をうまくやり過ごし、速度の速い経済成長を続けるだけの能力があると信じています。

中国には金融危機に対する「処方箋」があります。それは内需を刺激することです。中国にとって、内需を高める余地がまだまだかなりあります。例えば、さらなるインフラ投資、医療や社会保障に対する支出、そしてもっとも大事なのは農村という大きな市場を無視できないということです。農村の発展環境を改善し、農民の収入を増やし、農村の需要を掘り起こさなければなりません。

2009年は、強い消費支出と固定資産投資が引き続き中国の経済発展の牽引力となるでしょう。過去何年間の2桁の成長率と比べて、2%〜3%ほどの調整があることは確かですが、今年の中国の経済成長率は8%〜9%の間と予測できます。全世界から見れば依然として中国は経済成長の速い国だと言えるでしょう。中国経済の高速な発展こそが、今回の金融危機に対する中国が成し得る最大の貢献です。

3. 金融危機が全世界を巻き込んでいる今、中国が経済を開放し過ぎないよう警告する学者もいますが、経済開放とその安全性との関係について、どのようにお考えでしょうか。

林：中国では、「因噎廃食（一度食べ物がのどにつかえたからといって、食事までとらない。つまり、小さな障害のために肝要なことまでやめる）」という諺がありますが、「因噎廃食」ではいけません。一国で起こった問題が他の国に影響を及ぼすというのは、グローバル化の代償です。しかし、グローバル化によって、世界がさらに細かく分業化すれば、各国は一層自国の優位性を発揮し、資源の有効活用、技術移転の強化、産業と技術のレベルアップのためのコストを引き下げることができます。つまり、全体から見れば、マイナス面よりはるかにプラス面が大きい。われわれはこの問題を正確に総括しなければなりません。食べるときにちょっと気をつけて小骨を取り出せばのどにつかえることはない。もし改革や開放をしないで計画経済に戻っていれば、今よりももっと大変だったのではないでしょうか。

改革開放前、輸出入貿易が国内総生産（GDP）に占める割合は、9.5％くらいで、まだ外資が入ってきていなかったため、中国は海外からのいかなる衝撃も受けることがありませんでした。だからわれわれは「憂いのない」状態

であったと言えるかも知れません。しかし決して「枕を高くして寝る」立場ではなかったのです。なぜなら当時の中国国民の可処分所得はまだ一人当たり150ドルにも達していなかったからです。現在、グローバル化が進み、輸出入は総生産の70％近くを占め、外資の流入もかなり多い。今回は、国内はある程度影響を受けています。輸出は明らかに減少し、株式市場や不動産市場も下落しました。しかし、我々市民の可処分所得は一人当たり2000ドルくらいに達しています。これはグローバル化の賜物です。従って、これからもグローバル化の方向に進むべきだと思います。

【関連単語】（扩展词语）

1. 经济（経済）

宏观调控（マクロコントロール）　　基础设施（インフラ）
亏损（赤字）　　盈余（黒字）
GDP、国内生产总值（ＧＤＰ、国内総生産）　　经济萧条（経済の不況、不景気）
经济复苏（経済の回復）　　通货膨胀（インフレ）
通货紧缩（デフレ）　　参股（資本参加する、出資する）
承包（請負）　　成交量（出来高）
并购（合併・買収、Ｍ＆Ａ）　　裁员（人員削減、リストラ）
承运人（運送人）　　重组（再編）
创汇（外貨獲得）　　经济软着陆（経済のソフトランディング）

2. 金融（金融）

外汇行情（外国為替相場）　　人民币升值（人民元の切り上げ）
人民币贬值（人民元の切り下げ）　　美元升值／贬值（ドル高／ドル安）
日元升值／贬值（円高／円安）　　Ａ股（Ａ株）
Ｂ股（Ｂ株）　　理财（財テク）
涨停（ストップ高）　　跌停（ストップ安）
道德风险（モラル・ハザード）　　拍卖（競売）
跌幅（下げ幅）　　涨幅（上げ幅）
牛市（ブルマーケット、上がり相場、堅調）　　熊市（ベアマーケット、軟調）
暴涨（暴騰）　　暴跌（暴落）
开盘价（始値）　　收盘价（終値）

瓶颈（ボトルネック）　　　　　　対冲基金（ヘッジファンド）
股东大会（株主総会^{かぶぬしそうかい}）　　　　　　分红（配当金^{はいとうきん}）

練習

一、将下面的中文翻译成日文。

1. 这一点我们先放一放吧。等你们研究出个结果之后再谈如何？
2. 这次的事情给贵公司添了麻烦，我们深表歉意，今后我们会给予足够的重视，还望贵公司继续给予支持。
3. 今年年初，中国政府以"防止经济过热和通货膨胀"为主要政策，加强了宏观经济调控。
4. 欧美的金融危机已经开始影响全球实体经济，这场危机未来还将进一步恶化。
5. 当然，美国经济迟早会复苏，继续作为世界最大的经济大国发挥重要作用。

二、将下面的日文翻译成中文。

1. 近年、多くの中国企業が「外に出よう」というスローガンを合言葉（あいことば）に、国際化戦略を推し進めています。輸出事業に力を入れるだけでなく、対外直接投資にも目を向けているのです。
2. 2009年における中国の対外貿易総額は前年比13.9％減の2兆2072億ドルとなった。輸出は15.9％減の1兆2020億ドル、減少したものの、世界全体に比べて減少率が小幅であったことから、ドイツを抜き世界一となった。
3. 世界金融危機は一時過熱（いちじかねつ）だった「株ブーム」を冷（さ）まし、大きな損失をこうむった個人投資者は新しい財テク（ざい）手段を模索（もさく）し始めています。

学習の窓

1. 会うは別れの始め

源自白居易诗《和梦游春诗一百韵》中的一节。合者离之始。天下没有不散的宴席。

例：「会うは別れの始め」というように、人生は出会いと別れの繰り返しです。

　　译文：古语说得好："合者离之始。"人生便是相逢又相别啊。

2. 悪事千里を走る

出自《北梦琐言》。坏事传千里。

例：悪事千里を走る。その噂はきっとたちまち世間に知れ渡るだろう。

译文：坏事传千里，不消多久，肯定会传得世人皆知。

3. 麻の中の蓬

出自《荀子・劝学》。蓬生麻中，不扶自直。

例：「麻の中の蓬」ということわざがあるように、人は善人に交われればその感化を受けて自然に善人になるのです。

译文：正如"蓬生麻中，不扶自直"所说的那样，多与好人交往，自然会受其感化变成好人。

4. 相手のない喧嘩はできぬ

一个巴掌拍不响。孤掌难鸣。

例：相手のない喧嘩はできぬ。喧嘩を売られても相手にするな。

译文：一个巴掌拍不响，就算遭人故意挑衅也别去理他。

5. 盗人に追い銭

意为被小偷偷了还要再追着给他钱。赔了夫人又折兵。

例：問題企業を税金で救済することは「盗人に追い銭」に等しい！

译文：用纳税人的钱去救有问题的企业，简直就是拿着更多的钱去喂小偷。

ユニット11　ITと情報社会

田中：本日のテーマはITと情報社会です。インターネットとパソコン、携帯電話（けいたいでんわ）など情報社会に欠（か）かせないものについて皆で考えてみたいと思います。本日のテーマ発表は桜咲大学情報工学科（こうがっか）の佐藤（さとう）さんにお願いしました。それでは、佐藤さん、よろしくお願いします。

一、テーマ発表：インターネットの普及（ふきゅう）と利用

　皆さん、インターネットはなぜこんなにも人気を呼び、急激（きゅうげき）に普及したのでしょうか。インターネットがメールの送受信（そうじゅしん）を可能にし、人々のコミュニケーションをより効率化（こうりつか）させたからでしょうか。それとも、ハイパーテキストという概念（がいねん）に基（もと）づいた検索（けんさく）エンジンの導入（どうにゅう）によって、情報や知識の伝達（でんたつ）と吸収（きゅうしゅう）が一層（いっそう）便利になったからでしょうか。本日はインターネットが急速（きゅうそく）に普及した原因について日頃考えていることをお話しして、その上日本における利用状況をご紹介したいと思います。

1. 自己表現（じこひょうげん）の舞台（ぶたい）

　人間には誰でも自己表現という基本的な欲求（よっきゅう）があると思います。物事（ものごと）に対する自分の考え方、ある状況における行動（こうどう）のとり方、そして自分の心的活動（しんてきかつどう）を公（おおやけ）の場（ば）で表現して人に見せたいという欲求、要するに人と違う自分を見せたい、自分の個性（こせい）を表（あらわ）したいわけです。例えば、自分の言いたいことを新聞に投書（とうしょ）したり、考えていることを本に書いて出版（しゅっぱん）したりするという行為（こうい）はまさにこの種（しゅ）の欲求の反映（はんえい）だと言えるでしょう。本の出版や投書の採用（さいよう）はそう簡単ではありません。しかも本や新聞は発行部数（はっこうぶすう）と発行地域（はっこうちいき）などの制限（せいげん）があり、世界中の誰にでも伝えられるわけではないんです。しかしインターネットは、これら全ての制限を越え、人間の自己表現欲を満（み）たしてくれるんです。

身近な例を挙げましょう。今、大学生を始めとする若者の多くは、SNS（ソーシャル・ネットワーキング・サービス）を利用しています。個人情報を登録したら、多くの利用者とネット上で知り合い、友達になり、さまざまな形でコミュニケーションをすることができるんです。つまり、ネット上で社会的ネットワークを構築するということです。この種類のサイトで一番有名なのは恐らくアメリカのFacebook（フェースブック）でしょうね。日本の若者の間に大変流行っているmixi（ミクシィ）もそうで、僕も僕の友達もみんな利用しています。中国でも主に学生を対象とする「人人網」というのがあるようですね。使っていない大学生がいないというくらい人気のサイトだって聞きました。このようなサイトを利用すれば、誰でも気軽に自分の意見や考えを日誌などの形で発表できます。それだけでなく、写真、ビデオなどをアップロードすることで、世界に対する認識をマルチメディアで表現することができるんです。そして、他の人が発表したものに対して簡単にコメントをつけることもできます。そういうやり取りを楽しみながら、互いへの理解も深まっていくんです。こうして、新しい自己表現の仕方が次々と生まれ、SNSは大きな影響力を持つようになっているんです。

2. 集合知

アメリカ人が書いた、皆が知恵を出し合う「集合知」について解説した本があります。その中に、牛の体重を推測してもらう実験が出てきます。普通の参加者が何人か集まったグループと、牛の専門家に何回も推測してもらいました。すると、専門家よりも、普通の参加者のグループが答えた体重の方が、より正確でした。その本は、「何人か集まったグループは、専門家よりもより正確な予測ができる」ということを示しました。このようなことはインターネット上でも起こっています。検索エンジンはまさにこのような集合知で成り立っているといえましょう。ウェブ上の集合知を生かして、ありとあらゆる面の情報を調べることができ、しかも数秒間で最適な検索結果を出すことができます。

我々の調査では、インターネットを利用する時に、ほとんどの人が検索エンジンを使っていることがわかりました。

3. 利用状況

それでは、インターネットは実際どのように利用されているんでしょうか。近年、メディアをめぐる情勢は大きく変化し、特にインターネットの利用は、携帯電話の機能向上、地上デジタル放送の展開などで、急激に拡大しています。桜咲大学情報工学科は、昨年3月に新聞、テレビ、ラジオ、雑誌とインターネットという5つの情報源から生活者がどのように情報を収集しているかを調査しましたが、今日はその調査概要をご紹介します。

「インターネット利用に関するアンケート」調査結果概要

調査期間：××年11月1日～11月13日

有効回答数：2,068人（有効回答率：68.9％）

調査方法：インターネット

1. 生活者のインターネットの利用状況は、仕事、学業では4人のうち1人が利用していないのに対し、個人目的では、ほぼ全員が利用している。

仕事、学業でインターネットを利用する、平均的な1日の利用時間は「2時間以上」が22％と最も多い。続いて「30分～1時間未満」が17％となっているが、「15分～30分未満」(13％)、「15分未満」(12％)、「1時間～2時間未満」(12％)も、1割台となっている。

一方、個人目的でインターネットを利用する、平均的な1日の利用時間は「30分～1時間未満」との回答が28％と最も多い。続いて「1時間～2時間未満」(22％)、「15分～30分未満」(20％)で2割台となっている。

2. 仕事、学業でのインターネット利用状況は、ここ2、3年で「変わらない」が29％と最も多いが、「大幅に／多少増えた」を合わせると42％となっている。

一方で、「大幅に／多少減った」は6％程度で、仕事、学業でのインターネット利用は増加傾向にある。

また、個人目的でのインターネット利用状況は、「増えた（大幅に／多少）」が60％となっている。

3. (1) メールを送受信するためにインターネット（携帯電話・パソコン）を利用するとの回答は、「携帯電話」では「ほぼ毎日」が53％。それ以外の利用頻度は、いずれも1割程度と変わりがない。一方で、「利用していない」との回答が16％となり、主に通話に利用している人もいる。

「パソコン」利用では、「ほぼ毎日」が72％となり、それ以外の利用頻度は、いずれも1割程度になっている。

(2) 情報収集のためにインターネット（携帯電話・パソコン）を利用するとの回答は、「携帯電話」で「ほぼ毎日」が15％である。「週1回以下」の利用まで、すべてを合わせても「携帯電話」の利用は54％と半数程度に留まっている。一方、「パソコン」を利用するとの回答は、「ほぼ毎日」が68％となり、「携帯電話」と「パソコン」で利用の仕方に大きな差が見られる。

(3) 商品購入のためにインターネット（携帯電話・パソコン）を利用するとの回答は、「携帯電話」では18％に留まっているが、「パソコン」では85％に達している。さらに、現在「利用していない」との回答のうち、33％が今後「利用したい」と回答している。

(4) ネットバンキング、オンライントレードをするためにインターネット（携帯電話・パソコン）を利用するとの回答は、「携帯電話」では10％に留まるが、「パソコン」では49％となり、半数程度が、預金、口座振込み、金融商品の売買などで、ネットバンキング、オンライントレードを利用している。

　(5) 他人とのコミュニケーション（SNS、Q＆Aサイト利用など）のためにインターネット（携帯電話・パソコン）を利用するとの回答は、「携帯電話」が27％、「パソコン」が56％となっている。

　4. インターネットを利用して企業情報を収集する項目は、「商品・サービスの内容（価格含む）」(84％)と「企業の事業内容など」(80％)が8割以上で、続いて「商品・サービスの評価やイメージ」(60％)となっている。企業が提供する商品・サービスおよびその事業内容と商品・サービスの評価などの情報収集については「インターネット」が有効に利用されている。

　また、「株主等への企業情報など」(43％)と「企業が発行する報告書」(37％)は4割程度インターネットが利用されている。

　今後のインターネットの利用に関しては、携帯電話などのモバイルが「いま、すぐ」必要な情報にアクセスしたいという欲求を満たすものとして、ますます重要性を増すでしょう。インターネットは我々の生活になくてはならないものになってきています。

二、ディスカッション——3Gを迎えて

孫：　佐藤さんの発表はすばらしかったですね。

山下：そうですね。孫さんはインターネットをどのように使っていますか。

孫：　そうですね。まず、電子メールは使うでしょう。それから調べたいことがあるときは検索エンジンを使いますね。後はソフトのダウンロードとか、チャットとかもします。たまにネットショッピングもします。

山下：私もそんな感じで使ってます。今はインターネットがないと勉強にならない、仕事にならない、遊びにもならないといってもいいくらいですね。

孫：　ところで、佐藤さん、一つ質問してもいいですか。

佐藤：はい、僕の答えられることなら。

孫：　さきほどのお話の中で、携帯電話は外出先からでもすぐに情報にアクセスできるという利点があるから、今後ますます重要になっていくとおっしゃいましたけど、今携帯電話は3Gの時代だとよく言われますね。3Gとはいったい

どういう意味ですか。

佐藤：あ、それは携帯電話システムの名前です。「3G」の「G」は英語の「generation」の頭文字で、簡単に言えば「第3世代」という意味です。「3G携帯電話」というのは、第3世代の通信技術に基づいたサービスに対応する携帯電話のことです。もっと詳しく言えば、実はITU（国際電気通信連合）という組織がありまして、「IMT-2000」という規格を定めたんですが、その規格に準拠したデジタル携帯電話は3Gと呼ばれています。

孫：では、第1世代と第2世代とはどう違いますか。

佐藤：そうですね。用いられている技術の機能が違います。第1世代の携帯電話はアナログ方式で、音声通話しかできないんです。この世代の携帯電話はほとんど淘汰されました。第2世代はデジタル方式で、データ通信機能が加わりました。具体的に言えば、携帯電話でメールの送受信をしたり、ウェブページを読んだりすることができるようになりました。これは現在中国でも広く使われている携帯電話のタイプです。で、第3世代は第2世代よりデータ通信の速度が大幅に高まりました。それだけでなく、マルチメディア機能も改善され、画像や音楽、動画などさまざまな情報処理から、電話会議、電子商取引などのサービスまで利用できるようになったんです。

孫：なるほど。まるで手のひらに載せるコンピューターのようですね。ところで、桜咲大学の皆さんが持っているのは3G携帯ですか。

山下：そうです。日本は世界で一番早く3Gを利用し始めた国ですよ。

佐藤：正確に言えば、一番早く商用サービスとして普及した国です。日本では3Gという技術の開発は1990年代にすでに完成されましたが、当時アメリカはまだ2Gの全盛で、ヨーロッパでもごく一部の地域でしかサービスを開始していませんでした。現在、日本における3G携帯のユーザー数は約8,180万件余りで、移動体通信全体の80%を超えています。3Gは名実ともに日本の携帯電話の主力となっています。ところで、中国でも3Gを導入し、先日3Gのライセンスを発給したそうですが、中国の3Gの状況についてはどなたか詳しい方に教えて頂きたいんですが。

趙：京華大学情報工学科で教員をしております、趙です。中国の3Gについて説明させて頂きます。中国工業・情報化部は3つの会社：チャイナ・モバイル、チャイナ・テレコム、チャイナ・ユニコムに3Gのライセンスを発給しました。3社はそれぞれ違う通信規格を使っています。チャイナ・モバイルは

「TD-SCDMA」で、チャイナ・テレコムは「CDMA2000」、そしてチャイナ・ユニコムは「WCDMA」を使っているんです。そのうち「TD-SCDMA」は中国が自主開発したもので、大きな関心を集めています。大手キャリアの3G業務が相継いで市場に登場していますが、国内市場で3Gが普及するにはあと数年はかかる見込みです。専門家の予測によると、3Gが移動情報通信サービスの本当の主役になるのは5年後だというのです。

佐藤：それはなぜでしょうか。

趙：そうですね。どんな市場であれ、全面的に動き出すにはそれなりの下準備が必要でしょう。例えば、VCDの場合、中国国内市場で誕生してから爆発的に人気を集めるまでに10年かかりました。また、ＭＰ3やデジタルカメラも普及までに5年かかりました。3Gの普及はどんなに早くても3年もしくはそれ以上かかるでしょう。現在の状況からみて、約1年間の商業利用テストを経ても利用者は50万件ぐらいにしかならなかった、2G利用者の約6億件とは大きな開きがあります。

佐藤：それじゃ、日本みたいに熾烈な利用者争奪戦が繰り広げられているような状況にはまだなっていないわけですね。

趙：そうですね。中国の3G市場の潜在力は大きいものの、消費者の多くは現在、3Gの通信費が高すぎると感じ、様子見をしているのです。ですから、現在の3G市場で繰り広げられている競争は、広告競争であって真の利用者争奪戦ではありません。通信キャリアはどこも広告競争を通じてミドル・ハイエンドユーザーを3Gに移行させようと狙っているんです。

佐藤：よくわかりました。ありがとうございます。

山下：難しい話ですけど、いい勉強になりました。

三、中国のノートパソコン事情

1. 日本のノートパソコンはなぜ中国で人気がないのか

中国のIT系ポータルサイト「中関村在線」は、中国における欧米、日韓、中国のノートパソコンメーカーの人気についての調査結果を発表しました。

この調査によると、今年上半期において地域別では、「中国（56.8%）」メーカーが最も人気が高く、次に「欧米（30.8%）」で、「日韓（9.7%）」は最も人気がないという結果となり

ました。具体的には、中国メーカーでは「アースーステック・コンピューター(17.5%)」「レノボ(13.1%)」「レノボThinkPad(8.5%)」「エイサー(7.0%)」などが人気です。また、欧米メーカーでは「ヒューレット・パッカード(20.3%)」「デル(9.0%)」、日韓メーカーでは「ソニー(5.0%)」「サムスン(3.0%)」「東芝(1.7%)」などに人気が集まっているそうです。

IDC(IT専門マーケティングリサーチ企業)の資料によると、全世界のノートパソコン市場のシェアは、2001年でアメリカ系メーカーが41.4%、日本系メーカーが31.9%、中国系メーカーが4.1%。同様に2005年ではアメリカ系が36.3%、日本系が24.9%、中国系が20.7%となっています。つまり、全世界での市場と比べると、中国においては極端に日本メーカーのノートパソコンは人気がないことになります。

なぜ日本メーカーのノートは中国市場で弱いのか。中関村在線は「富士通、東芝、ソニーなど、それぞれが特徴を持ったノートをリリースしている。しかし、中国のノートの平均価格が下がるなか、日本メーカーのノートはいかんせん価格が高すぎる。また、代理店が少ないのでそもそも製品が市場に出回らず、買いたくても買えない」と分析しています。

2. 超低価格ノートパソコン登場、中国ノートパソコン市場へ衝撃

2008年3月10日、ASUSTeK(台湾PC・PCパーツ・周辺機器メーカー)の超低価格ノートPC、Eee PCの販売量は既に35万台を突破し、第1四半期の販売量は100万台を超えると見込まれています。

「価格がわずか299ドル(約2126元)のEee PCはノートパソコン市場を完全に改変するかもしれない」と、ソニーIT製品部門シニア副総裁、マイク・アバリー氏はコメントしました。

IDC(IT専門マーケティングリサーチ企業)の予測によると、2008年、世界ノートパソコン生産量は1億2000万台に達するというのです。しかし、超低価格パソコンの売り上げは全体のわずか2〜3%で、市場潜在力は未開拓状態です。Eee PCの好調な売れ行きによって、中国国内の多くのPCメーカーがローエンド市場への進出を開始すると見られています。

この超低価格パソコン市場では、安価、低コストの面だけでなく、製品ターゲットの消費者の「選択」も大切だそうです。例えば、Eee PCは主に学生や、ビジネスマン向けのノートパソコンです。

消費者にマッチングする機能と価格の製品を開発してこそ、この競争の激しい低価格ノートパソコン市場での生存が可能になるといえましょう。

【関連単語】（扩展词语）

1. IT（IT）

电脑周边外设（パソコン周辺機器）　U盘（フラッシュディスク）
移动硬盘（移動式ハードディスク）　声卡（サウンドカード）
显卡（ディスプレーカード）　　　　摄像头（カメラ）
苹果机（マッキントッシュ）　　　　台式电脑（デスクトップパソコン）
手提电脑（ノートパソコン）　　　　激光打印机（レーザー・プリンター）
喷墨打印机（インクジェット・プリンター）　打印（プリントアウト）
复印（コピー）　　　　　　　　　　视频投影机（プロジェクター）
音响（オーディオ）　　　　　　　　扫描仪（スキャナー）
网站（ウェブサイト）　　　　　　　网页（ホームページ、ウェブページ）
网关（ゲートウェイ）　　　　　　　升级（アップグレード）
界面、接口（インターフェース）　　在线（オンライン）
脱机（オフライン）　　　　　　　　注册、登录（ログイン）
注销、退出（ログアウト）　　　　　访问（アクセス）
点击（クリック）　　　　　　　　　双击（ダブルクリック）
链接（リンク）　　　　　　　　　　电子商务（電子商ビジネス）
网络银行（ネットバンキング）　　　网络拍卖、网上竞标（ネットオークション）
网络服务商（プロバイダー）　　　　信息安全（情報セキュリティ）

2. 手机（携帯電話）

呼叫转移（着信転送）　　　　　加密（暗号化）
来电显示（着信番号通知）　　　乱码（文字化け）
漫游（ローミング）　　　　　　彩屏（カラー液晶）
卸载（アンインストール）　　　待机画面（待ち受け画面）
墙纸（壁紙）　　　　　　　　　通讯录（電話帳）
像素（画素）　　　　　　　　　短信（ショートメール）
彩铃（着メロ）　　　　　　　　静音（マナーモード）
翻盖（ストレート式）　　　　　直板（フラップ式）
未接来电（未応答着信）

一、将下面的中文翻译成日文。
1. 重量约90克，一次充电能保证连续通话七小时，待机时间长达一个月。
2. 本课程面向IT用户，旨在培养综合掌握安全知识的信息安全专家。
3. 尼康开发了一种很简单就可以无线传送数码相机照片的新技术，已动员业界将其作为行业标准。
4. 任天堂DS(NDS)的口袋妖怪新作《天空探险队》能够与《时光探险队》《黑夜探险队》联机，但不能与除此以外的其他"口袋妖怪"系列作品联机游戏。
5. 单击选择壁纸大小，图像将在新窗口显示。右键单击显示的图像，在菜单中选择"设为背景"。

二、将下面的日文翻译成中文。
1. U-Japan政策とは2010年までに「いつでも、どこでも、誰でも」ネットワークに簡単につながるユビキタスネット社会の実現に向けて、日本政府が進めている政策である。「u」は「ubiquitous（ユビキタス）」というラテン語の頭文字で「遍在（至る所に存在する）」という意味を表す。
2. 悪質化(あくしつか)しつつあるインターネットウィルスに対し、企業側はアンチウィルスソフトの導入だけでは不十分で、トータルな対策が必要となっています。
3. スマートフォンを購入するにあたり最初に検討しなければならないことは、アップルのスマートフォン「iPhone」と、グーグルが開発するOS「Android」を搭載したスマートフォンの、どちらを選ぶか、である。

汉语名言日译：
1. 一叶落知天下秋
　　一葉落(いちようお)ちて天下(てんか)の秋(あき)を知(し)る
　　例：「一葉落ちて天下の秋を知る」は、わずかなことから物事(ものごと)の大勢(たいせい)を察知(さっち)する時のたとえに使われます。
　　译文："一叶知秋"用来比喻从微小的迹象推知事物发展变化的趋势。

2. 以德报怨

　　徳を以って怨みに報いる

　　例：老子の説く「徳を以って怨みに報いる」は、高い理想であって、それだけに実行が難しいかもしれない。

　　　　译文：老子提倡的"以德报怨"是非常高尚的理想，因此也许很难做到。

3. 岁月不待人

　　歳月人を待たず

　　例：歳月人を待たず。人生は思っているよりずっと短い。

　　　　译文：岁月不待人，人的一生比我们想象的要短得多。

4. 不入虎穴焉得虎子

　　虎穴に入らずんば、虎児を得ず

　　例：思い切った投資をするのは、虎穴に入らずんば虎児を得ず、だからです。

　　　　译文：之所以义无反顾地进行投资，是因为不入虎穴焉得虎子啊。

5. 唇亡齿寒

　　唇滅びて歯寒し

　　例：中国と日本はお互いに助け合ってこの経済危機を乗り切って行くしかない。まさに「唇滅びて歯寒し」の関係です。

　　　　译文：中国和日本只能互相帮助，共渡经济危机，两国正处于一种"唇亡齿寒"的利害关系中。

ユニット12　環境問題と環境保全

山下：皆さん、こんにちは。本日の進行役をつとめさせて頂きます、山下です。本日の基調講演は桜咲大学政策情報学部の三橋教授にお願いしました。ご講演のテーマは「環境再生と日本経済——循環型社会への道しるべ」です。それでは、三橋先生、どうぞよろしくお願い致します。

一、基調講演：「環境再生と日本経済　　　　　——循環型社会への道しるべ」

　現在、環境問題が非常に深刻になっていますが、環境問題がなぜ起こってしまったのか、ということは実は皆さんもおわかりでしょう。従って環境問題をどのように解決していけばよいのかということの大きな方向性も、皆さんおわかりかと思います。しかしながら原因がわかり、解決の手段・方法がわかっていて、なぜそれができないのか、というところが問われています。なぜできないのかといえば、それは豊かな生活を築きあげてきた過去の成功体験を、簡単に捨て去ることができないからです。そういったことが大きな問題ではないでしょうか。

　例えば今24時間営業する店舗が増えており、私たちにとっては非常に便利です。しかし、1日24時間、営業し続ければ、それだけエネルギーを消費します。「では、24時間ではなくて、もっと営業時間を短縮するのはどうだろうか」ということが解決策になります。しかし、そうすれば競争に負けてしまいます。

　エネルギーを使えば使うほど、私たちの生活はもっと利便性が高くなり、楽な生活ができます。エネルギーを使うことによって起こってくるさまざまな環境破壊や資源枯渇の問題がなければ、ますます電気を使うことができ、使えば使うほど豊かな生活—最近では24時間いつでも入れるお風呂もあるそうですね—ができます。しかし、そういった夢

のような生活を送ることにより、有限な地球は何処かで破綻が来てしまいます。従って私たちが過去の成功体験に引きずられないで、生まれ変わることができれば、環境問題を解決するための取組を簡単に始めることができます。一方で、現実には豊かな生活、利便性の高い生活を手放したくはありません。そのために環境問題の対策が非常に上手くいっていないのが現状です。

〈自然界と人間社会の循環〉

　人間社会は大きな自然界の中にあり、そのごく一部に経済活動があります。そして経済活動を行うために、自然界からさまざまな資源を取り込んでそれを加工し、さまざまな人工物を生産・消費し、それらが廃棄物になると自然界に戻す、という循環があります。従って自然の生産力に見合う形で経済活動が行われていれば、資源が枯渇することもなく、またその資源を使ってさまざまな製品を作ることで、生活の利便性が高くなります。しかし、そういった製品はやがて廃棄物になります。そうするとその廃棄物になったものを、自然界に放出します。その場合に自然の浄化能力というか復元力といったものが機能している範囲で廃棄物が自然界に捨てられている限りは、自然全体は上手く循環しています。しかしながら、私たちは生活の利便性を追い求めてきた結果、ある時点から、大量の資源を使うようになり、自然界が浄化することができないほど、多くの有害廃棄物を自然界に放出するようになってしまっています。従って、過剰な資源の消費や廃棄物の排出ということを抑制することができれば、環境問題は実は起こらずに済んだわけです。そのことをまず大前提として認識することが必要です。

〈人口増加と経済成長〉

　では、どうして自然界の許容範囲を超え、人間社会が過剰な生産・消費を行い、そして有害廃棄物をますます放出するようになってしまったのでしょう。それについては、20世紀における2つの非常に大きな特徴、ある変化があげられます。ひとつは人口増加の問題です。20世紀は人口爆発の世紀ともいわれています。今からおよそ100年前になる1900年の世界人口は、およそ16億5000万人といわれていますが、現在の人口はおよそ65億人です。さらに国連の予測によれば、2050年の世界人口は91億人に達するといわれています。この100年間で世界の人口が、およそ4倍も増えており、しかもまだ今後30億人近く増え続けるのですから、人口増加が環境破壊に非常に大きな加担をして

いることになるでしょう。

　20世紀の大きな変化のもう1つは経済成長です。豊かさを求めて各国とも経済成長を目指してきましたが、経済活動の拡大が豊かな生活をつくり出した反面、結果的にさまざまな環境破壊を引き起こしてしまった、というのが現実です。人口爆発と飽くなき経済拡大の結果、温暖化、酸性雨、オゾン層の破壊、大気・土壌・水質汚染などさまざまな環境破壊の諸現象が起こってきました。この中でも特に21世紀最大の環境破壊といわれているのが、地球温暖化の問題です。温暖化によって、世界の大気の流れ、海流の流れが影響を受け、その結果、今までの穀倉地帯が乾燥し食糧が収穫できなくなってしまったり、海面水位が上昇し沿岸地域の人たちが生活できなくなってしまうなど、さまざまな問題が発生してきます。（後略）

（三橋規宏講演「環境再生と日本経済――循環型社会への道しるべ」冒頭より）

二、グループ討論：ごみ問題

山下：それでは、続きまして、グループ討論の時間に移らせて頂きたいと思います。本日のテーマはごみ問題です。つまり、生活や産業において発生したごみ、廃棄物に関する問題のことです。それでは、皆さんのご意見、ご感想などを自由にご発表下さい。よろしくお願い致します。

王：じゃ、一言述べさせて頂きます。私は、そもそも「ごみ」とはいったい何を指して言うのか、という「背景」をまず明らかにする必要があると思います。「ごみ」を「ごみ」として処することに、社会や個々人の価値観が反映されていると言っても過言ではないでしょう。時代、社会、または個人によって、同じものでも「ごみ」として捨てる場合もあれば、価値のあるものとして生かしている場合もあります。

三橋：なるほど、なかなか特別な視点ですね。「ごみ」はなぜ「ごみ」なのか、まるで禅問答のようですけど、この問いかけを突き詰め、考えていくことは、「ごみ」を生み出す現代社会の価値観、人と環境との関わり方を見直すことにもつながります。

王：もう一つ付け加えたいのは、ごみの中身と量のことです。もともと生物・非生物を含めた物質が過不足なく循環している時代や社会では、「ごみ問題」は発生しないでしょう。しかし、私たちが暮らす社会で、なぜこれほどまでに

ごみの問題が深刻化してきているんでしょうか。自然循環の中で対処しきれない膨大な量のものが安易に廃棄されていること、しかもその中身がプラスチックなど、もともと自然界にはなかったもの、つまり自然の循環システムに入らないものだという問題を抜きにして考えることはできないと思います。

田中：その通りですね。私もごみ問題の現状についてちょっと調べてきました。日本のごみ年間排出量を見てみると、昭和61年度には4296万トンだったものが、平成10年度には5160万トンになっています。ごみが増えた原因はいろいろ考えられますが、量だけでなく、実は種類も生活の多様化に伴って増え続けています。不用になった大型家庭用品など適正処理の困難なごみが今問題になっているようです。

三橋：ごみが増えた原因として、耐久消費財の頻繁な買換え、使い捨て型の商品や容器の普及、またはオフィスのOA化に伴う紙ごみの増加などいろいろとあげられるでしょう。

孫：ごみを減らすために、我々は普段からできるだけ使い捨ての製品を買わない、使わないように心がけたほうがいいでしょうね。たとえば、買い物をする時、お買い物バッグを持参して、レジ袋を使わないことはそんなに難しくないと思います。日本では、レジ袋削減キャンペーンを実施しているスーパーやコンビニが多いようです。中国でも今やレジ袋有料化を実施していて、生活ごみの削減に取り組んでいます。やはり私たちは身近でできることから実行しなければならないと思います。

三橋：おっしゃる通りです。環境保全は社会や政府の責任だと思い込んだら大間違いで、我々一人一人の工夫や努力がとても大切です。だから、自分たちに何ができるかということをきちんと考えなければなりません。さきほど孫さんはレジ袋の例を挙げましたが、他にも皆さんのお考えをぜひお聞かせ下さい。

山下：そうですね。私たちの身近には、さまざまな紙製品があるでしょう。たとえばティッシュペーパーやトイレットペーパー、紙バッグ、新聞、雑誌、本など。調べたところ、日本では、紙製品は年間およそ3000万トンにも達していて、木造住宅300万軒分に相当する木材が使われているという計算になります。凄いですよね。紙を減らすために、私たちにできることは何でしょうか。無駄な印刷、コピーをしないこと、コピー用紙の裏も使うこととかでしょうか。

孫：それから、ティッシュは出来るだけ使わず、その代用品としてハンカチや布

巾などを使うことも考えられるでしょう。トイレットペーパーの使用量も減らそうと思えば減らせるでしょう。

山下：簡単なことのようですけど、ティッシュを使わない生活って正直ちょっと考えられないかもしれません。三橋先生のご講演の中にもありましたように、利便性の高い生活を手放すことはなかなか容易なことではありません。でも、今のままだったら問題はますます厳しくなっていくので、やはり一人一人が少しずつ努力していかなければならないでしょうね。

田中：それから、リサイクルも大事ですね。例えば、牛乳パックのリサイクル。ある資料によりますと、日本では毎日2000万本の牛乳パックが利用されていますが、そのリサイクル率は全体のわずか20％だそうです。そのほとんどが使い捨てられているのが現状です。

孫：それにしても、日本の資源ごみのリサイクルは進んでいると思います。特に容器包装の分別回収の話を聞いて、感心しました。ペットボトル、プラスチック製のもの、紙、ガラス瓶などに分別して、回収しているそうですね。中国の場合、例えば不用になった家具や家電などは、状態の良いものなら修理、クリーニングなどを経て中古品として売られる、というようなリユース（再利用）はしています。しかし、日本みたいに各家庭と個人で容器包装を細かく分別することはやっていないですね。

王：それと、ごみの出し方について面白いなあと思ったのは、中国では、廃家電などの不用品は回収業者に売ることができます。もちろん、僅かな金額ですけど。それに対して、日本では、大型ごみを出す場合、逆に手数料がかかるんです。手数料は大きさや種類によって異なります。私が京都に住んでいた時、一度要らないパソコンを出したんですけど、確か1500円もかかりました。

張：ごみの分別と回収に関しては、中国はまだまだ遅れていて、日本に見習うところが多いと思います。例えば、北京の場合、最近多くのコミュニティで分別式のごみ箱が設置されるようになりました。「資源ごみ（リサイクル可能ごみ）」、「生ごみ」、「その他のごみ（リサイクル不可能ごみ）」など。私が住んでいるところではさらに「紙ごみ」、「プラごみ」と分けられています。しかし実際にはごみ箱の設置だけで終わってしまって、ごみ箱に出されたあとの分別収集・運搬がなされていないんです。たとえ住民がちゃんと分別しても、収集段階では結局全部一緒にされてしまうから、それじゃ、分別する意味

がないじゃないかということで、住民もやる気をなくしてしまいます。やはりゴミ箱の設置だけに止まらず、きちんと分別収集のシステムを構築すること、それから社会全体の意識の向上などが今後の課題でしょう。

三橋：とてもいいことをおっしゃいましたね。私たちは毎日たくさんの「モノ」に囲まれて暮らしています。モノを作り、モノを使い、モノを捨てることによって豊かで便利な暮らしを手に入れてきました。しかし、この暮らしは、環境に大きな負荷を与えてきました。今後我々が直面する最重要課題は、モノを大量に生産し、大量に消費し、大量に廃棄するという「一方通行の社会」からいかに「循環型社会」に移行していくことでしょう。そのためにはまず日常的にごみを「減らし」(reduce)、「再利用」し(reuse)、そしてリサイクル(recycle)する、いわゆる3Rに取り組むことは極めて大切です。

三、環境のため私たちにできること

皆さんは、みそ汁やラーメンの汁を、何気なく流しに捨てていませんか。もしもラーメンの汁200mlを捨てた場合、魚がすめる水質にするために必要な水の量は、風呂おけ（一杯300l）3.3杯分になります。使用済みの天婦羅油500mlを流したならば、風呂おけ330杯分もの水が必要になります。

お皿や鍋を洗う時も、食べかすや油などがついたまま洗い流してしまえば、水の汚れの大きな原因となります。逆に、使用済みの天婦羅油を古新聞や古雑巾等に吸い込ませてごみとして出したり、お皿や鍋の汚れを紙でふきとってから洗ったりすれば、水の汚れを相当減らすことができます。「台所は海の入口」と言えるんです。

このように、私たちの生活は、環境と非常に密接につながっています。私たち一人一人のちょっとした不注意が、環境をかなり破壊してしまうことがあるし、ほんのわずかな努力や工夫が環境を大きく助けることにもなるんです。地球環境が美しく保たれるかどうかは、私たちの生活のあり方にかかっていると言えるんです。

地球環境の危機という問題は、これまで私たちが行ってきた生活や政策の結果として生じたものです。ということは、逆に言えば私たち自身のなかに、その危機をくいとめる力もあるということです。

私たち一人一人の行動は、それ自体では小さなものであっても、それらの集積が地球を変える大きな力になるんです。では、私たちが具体的にできることは何か考えてみ

ましょう。

　まず第一に、環境にとって有害なものをできるだけ使わない、あるいは環境の中へ出さないようにすることです。例えば、危険な紫外線を吸収してくれるオゾン層を保護するために、フロンガスの入ったスプレー商品を使わないようにすることです。あるいは、酸性雨や温暖化の原因となる排気ガスを減らすために、自動車利用を控えること、海や山など美しい自然にごみを残さないことなども大事です。

　第二に、資源の節約や省エネルギーです。森林資源の浪費につながる紙の無駄遣いをしないこと、テレビや電灯をつけっぱなしにしないで、電気を節約することなど、誰でもその気になれば、すぐに実行できることがたくさんあります。

　第三に、リサイクル（資源の再利用）の推進ということが挙げられます。例えば、紙やアルミ缶のリサイクルはよく知られています。アルミ缶をリサイクルした場合、原料のボーキサイトから缶を作るのに比べて、33分の1のエネルギーで済むんです。またリサイクルはごみの量を減らすうえでも有効です。

　こうした私たちの日常的な実践の積み重ねは、企業や国・地方自治体を動かす大きな力になります。

【関連単語】（扩展词语）

1. 环境（環境）

联合国环境规划署（国連環境計画、UNEP）　　京都议定书（京都議定書）
粮食危机（食糧危機）　　濒临灭绝品种（絶滅危惧種）
臭氧层（オゾン層）　　普通生活垃圾（一般廃棄物）
工业垃圾（産業廃棄物）　　火力发电（火力発電）
高耗能行业（エネルギー多消費業種）　　废气（排出ガス）
怠速（アイドリング）　　温室气体（温室効果ガス）
二氧化碳（二酸化炭素）　　二氧化硫（二酸化硫黄）
酸雨（酸性雨）　　飓风（ハリケーン）
海啸（津波）　　泥石流（土石流）
粉尘（粉塵）　　噪音（騒音）
恶臭（悪臭）　　水污染（水質汚染、水質汚濁）
三废（废气、废水、废渣）:（排ガス、廃水、廃棄物）
环境日（環境の日）　　环境友好型社会（環境配慮型社会）
可持续发展（持続可能な開発）　　节能（省エネルギー）

节能减排（省エネ、排出削減） 植树造林（植林）
环保标志（エコマーク） 环境治理（環境ガバナンス）
再生纸（再生紙） 燃料电池（燃料電池）
生物农药（生物農薬） 清洁能源（クリーンエネルギー）
电动汽车（電気自動車） 食物链（食物連鎖）
花粉（花粉） 过敏（アレルギー）

2. 家电（家電）

空调（エアコン） 加湿器（加湿器）
电风扇（扇風機） 液晶电视（液晶テレビ）
纯平电视（フラットテレビ） 等离子电视（プラズマテレビ）
高清电视（ハイビジョンテレビ） 蓝光光盘（ブルーレーディスク）
家庭影院（ホームシアター） 数码相机（デジカメ）
CD机（CDプレーヤー） 随身听（ウォークマン）
耳机（ヘッドフォン） 音响（オーディオ）
洗衣机（洗濯機） 缝纫机（ミシン）
电冰箱（冷蔵庫） 微波炉（電子レンジ）
电烤炉（トースター） 电暖炉（電気ストーブ）
电饭煲（炊飯器） 电动牙刷（電動歯ブラシ）
按摩器（マッサージ器） 体重计（体重計）
吸尘器（掃除機）

練　　習

一、将下面的中文翻译成日文。

1. 即便是中小企业，也必须积极采取措施保护环境。
2. 所谓沙漠化，就是指曾经有人类居住、有植物生长的地方受到气候变化、人类活动的影响而变成不毛之地。
3. 据说，如果照这样的速度继续消耗下去，世界石油将在大约40年内枯竭，天然气是60年，而煤炭是225年左右。
4. 预计到2025年，随着人口增加，世界上将有2/3的人口会受水资源不足的困扰，而到2050年，整个地球都将陷入水资源不足的危机中。

5. 森林遭到破坏会引起环境破坏的连锁反应，并将大大加快生态系统的破坏和全球变暖。

二、将下面的日文翻译成中文。
1. 『気候変動に関する国連枠組条約』というのは、大気中の温室効果ガス（二酸化炭素、メタン等）の増大が地球温暖化をもたらし、自然の生態系等に悪影響を及ぼすおそれがあることを背景に、大気中の温室効果ガスの濃度を安定化させることを目的として、1992年リオ・デジャネイロで開かれた「環境と開発に関する国連会議」で採択された条約です。
2. 京都議定書は工業先進国等に対し、温室効果ガスを1990年に比べ、2008年～2012年に一定数値（日本6％、米7％、EU8％）を削減することを義務づけています。
3. 世界全体での温室効果ガス排出量は依然として増加傾向にあり、中・長期的な地球温暖化対策の実効性を確保するためには、米国や開発途上国を含む全ての国が排出削減を約束する共通ルールを構築することが重要です。

学習の窓

1. 長い物には巻かれろ

胳膊拧不过大腿。对于有权有势的人，不进行反抗，选择忍耐顺从才是上策。与中文表达"大丈夫能屈能伸"类似。

例：会社の規則は納得いかないが、「長いものには巻かれろ」で、渋々従う。

译文：虽然公司的规则并不能让人接受，但是胳膊拧不过大腿，还是勉强遵从吧。

2. ない袖は振れぬ

江户时代的人们会把钱夹子放在衣服的袖子里，当时袖子象征金钱。没有钱，就拿不出来；没有袖子，就挥不起来。凭空变不出东西来。有时可对应成中文的"巧妇难为无米之炊"。类似的表达有："ない知恵は出せぬ"。

例：お金を貸してやりたいのはやまやまだが、ない袖は振れないよ。

译文：我自己也非常希望能借钱给你，无奈心有余而力不足啊。

3. 火のないところに煙は立たぬ

没有任何事实根据是不会有流言的。无风不起浪。类似的表达还有："煙あれば火あり"（有烟必有火）。

例：火のないところに煙は立たぬというから、あの二人が無関係ということはないだろう。

　　译文：都说无风不起浪，那两个人应该不是一点关系也没有。

4. 猫の手も借りたい

连猫手都想借，比喻人手不够、忙得厉害。有意思的是，是大正时代以后才开始借"猫の手"，以前借的是"犬の手"，据说这是因为大正以前，从江户中期到明治末期，狗比猫更受宠的缘故。

例：店が繁盛してるのはいいけれど、忙しくて猫の手も借りたいほどだ。

　　译文：生意繁荣这是好事，不过实在忙不过来了。

5. 笑う門には福来たる

笑声盈门的家庭里，幸福自然会到来。类似的表达还有："笑って損した人なし"。中文里比较类似的表达是"和气致祥"、"和气生财"。

例：「笑う門には福来たる」って言うでしょう。毎日笑いが絶えないような、明るく幸せな家庭を築いていきたいです。

　　译文：不是说"笑门开幸福来"吗？我的理想是要建立一个每天笑语不断的欢乐幸福的家庭。

ユニット13　中日文化交流

王：皆さん、こんにちは。本日の司会をつとめさせて頂く京華大学の王です。第5回中日学生合同フォーラムのテーマは中日文化交流です。本日の予定はこのようになっております。まず最初に、桜咲大学で多元文化を専攻なさる鈴木俊介さんに日本の伝統文化について紹介して頂き、そのあと、京華大学日本語学科の楊洋さんが中日文化交流について発表します。最後に、カルチャーショックについて日本側と中国側それぞれの学生代表がパネルディスカッションを行います。

一、日本伝統文化のキーワード　——日本の学生から

皆さん、こんにちは。鈴木俊介と申します。本日、日本側の代表として日本の伝統文化について紹介させて頂くことになり、真に光栄です。本日はさまざまな角度から十個のキーワードを取り上げて、豊かな日本文化をご紹介して行きたいと思います。

第一、桜。日本の古典文学では「花といえば桜」を指し、桜の花は古くから日本人に愛されてきました。桜を詠んだ歌が歌集などに数多く残っています。現代でも桜をテーマにした小説や映画、漫画など沢山あります。桜は日本人にとって特別な花として古代から現在まで親しまれてきました。

皆さんは桜前線という言葉を聞いたことがありますか。地形が複雑で細長い日本列島は、桜の開花する日は場所によってだいぶ違います。開花する場所は線状に分布し、その線は南から北に向って進行するので、桜前線といいます。日本では毎年桜の開花時期になりますと、天気予報で毎日桜前線の予報もするんです。寒い冬が終わりを告げ、暖かい春がやってきます。冬の間枝ばかりだった桜の木は、一つ二つと花をつ

けていき、数日のうちに満開を迎えます。咲き誇る華麗な美しさに人々は思わず見とれてしまい、そして、瞬く間に散ってしまうその儚さを惜しみ、心が打たれるのです。短い命だからこその華麗さと儚さ、桜の魅力に日本人は魅了されてやまないのです。

第二、富士山。富士山は、日本の最も高い山で標高3776メートルです。18世紀初めに大噴火がありましたが、それ以後は噴火活動はありません。円錐形で裾野が広く、特に頂上に雪が積もっている姿がとても美しく、古くから日本人にとって心のふるさとであり、精神の源泉、文化の母胎でした。絵画、文学、詩歌、あるいは演劇の舞台となり、数多くの芸術作品を生み出しました。その歴史は、日本文化の歴史そのものでもあります。また富士山は、神のいます場所——信仰の対象でもあります。古くから日本人は、自然の中に人知を超えた崇高なものを見出し信仰の対象としてきたのですが、なかでも富士山は、日本人の心に強く訴えかけ、生活に深く根づいているのです。

第三、神道。神道は日本古来の宗教であり、日本人の自然観と先祖崇拝の念がその中核をなしています。地上の森羅万象は神々によって生み出され、神々の司るところとされ、すべての自然には神が宿るとされます。山や木は御神体となることが多く、鳥居やしめ縄でそこが神域であることを表します。普通は神社を建てそこに神が宿る御神体を安置します。神道は日本人の感性の基礎をなしていますが、現在の日本人は、神道に信仰心を抱くというより文化的アイデンティティーを感じる人が大部分だといえるでしょう。神道は一方で、天皇制を宗教的に支えたものであり、今でも天皇家の宗教として古いしきたりを残しています。

第四、枯山水。枯山水は水を用いず、石と白い砂だけで山水を表現する日本独特の庭園形式です。大小さまざまな石は山や谷を象徴し、白い砂は流れる水や海、あるいは宇宙の姿を表現しています。枯山水は室町時代以降、禅宗の寺院で特に用いられ、禅の精神を取り入れたものとして発達しました。その精神の核は、「無」から「万物」を感じるということです。

第五、着物。日本では一般に、着物は特別な儀式やパーティーなどの際に着ることが多く、日常的にはほとんど洋服を着ます。しかし最近は、着物の美やファッション性が見直されてきています。着物の礼装にはいくつかあります。未婚女性の第一礼装は振袖で、一般の着物より袖が長めです。また、既婚女性の第一礼装は5つ紋の付いた黒留袖ですが、既婚・未婚の区別のない礼装もあります。一方、男性の改まった和装としては、既婚・未婚の別なく、羽織袴を着用します。着物のときは帯を結び、靴下のかわりに足袋をはき、外出時には草履をはくというのが基本です。

第六、茶道。茶道は、来客の際の茶の入れ方や飲み方の伝統的な作法で、茶の湯

ともいわれます。茶道では抹茶といって、日常飲む煎茶とは違うものを主に使用します。茶碗に粉末の抹茶を入れ、湯を注いで茶筅でかき混ぜ、泡立てて飲みます。16世紀に千利休がわび、さびといわれる簡素な趣や「一期一会」の心を取り入れ、茶道を大成しました。「一期一会」とは一生にただ1度の出会いという意味で、主人は出会いを大切にするために、床の間に飾る掛け軸や花、茶碗などの道具を心を込めて用意します。一方、客はそれらのものから主人のもてなしの心を思い、感謝の気持ちを持つのです。

　第七、華道。華道は、16世紀ごろから盛んになった日本の伝統的な芸術の1つです。生け花とも呼ばれ、6世紀に仏教の僧が仏前に花を捧げたのがその起源だといわれています。自然の花を使って天（宇宙）、地（地球）、人の3要素をバランスよく表現する、という考え方が基本です。広口で平たい花器に水を張り、金属板にたくさんの太い針が上向きに並んだもの、剣山といいますが、剣山で花を固定し、盛り上げるように花を生ける、という様式が一般的です。はさみで長短をつけたり、葉の形を修正したり、手で反りを加えたりして、自然の美や心情を表現するのです。現代では芸術の1ジャンルとして、植物を使わない前衛的な生け花も行われています。

　第八、歌舞伎。日本の代表的な伝統演劇の1つで、1603年ごろ出雲大社の巫女・阿国が京都で念仏踊りを興行したのが初めとされています。人気が出ましたが、女性の歌舞伎は風紀を乱すと禁止され、以後は男性のみで演じられるようになりました。その後次第に技芸本位となり、演劇、舞踊、音楽の集大成ともいうべき総合芸術として完成されました。歌舞伎の特徴としては、女性役も男性が演じる、隈取りという派手な舞台化粧をする、舞台装置に独自の工夫がなされているなどが挙げられます。

　第九、相撲。伝統的な格闘技で、日本の国技とされます。古代には農耕儀礼や神事として行われていたため、現在も儀式的な要素を多く含んでいます。相撲の試合では、まわしのみを身に付けた2人の力士が土俵に上がり、一方が土俵から出るか、足の裏以外の体の一部が地面につくまで戦います。日本相撲協会が大相撲の興業を年6回行っており、その模様はテレビやラジオでも中継されます。1960年代からは大相撲の海外巡業もしばしば行われており、『スモウ・ワールド』という英文相撲雑誌も世界各国で愛読されるなど、大相撲人気は国際的なものとなっています。また、近年は外国人力士の活躍も目立っています。

　第十、『源氏物語』。『源氏物語』は平安時代中期に成立した、日本古典文学の最高傑作です。中国の『紅楼夢』に相当する作品と言われています。作者は紫式部で、54巻からなっています。主人公光源氏の誕生、藤壺や紫の上などさまざまな女性と関わり

ながら送った華やかな生涯、死、そして死後残された人々の世界を雄大な構想の中において語っています。さまざまな恋愛と運命的な人生のうちに、貴族社会の苦悩を摘出したところに価値があるとされ、現代では、世界的な文学として広く迎えられています。

二、日本で頭角を現す中国文化の「ソフト・パワー」——中国の学生から

皆さん、こんにちは。楊洋と申します。鈴木さんのご発表を聞いて、大変勉強になりました。鈴木さんは伝統文化という角度からお話しになりましたが、私は中国の現代文化、特に近年の中日文化交流の状況及びその特徴に注目し、お話をしてみたいと思います。

皆さんご存知のように、日本の麻生太郎首相は4月末、中国を訪問されました。訪中時間30時間という超過密スケジュールの中、中国の映画監督・馮小剛氏と懇談し、世間の注目を集めました。麻生首相は懇談中、北海道の美しいシーンが半分にわたって使われた馮監督の最新作「非誠勿擾（邦題：誠実なお付き合いができる方のみ）」に触れ、「日本のPRにもなったし日本旅行のPRにもなった」と称えました。中国文化の一角である中国映画が日本の首相の関心を引くことができたのは、中国の「ソフト・パワー」が日本で頭角を現し始めた証だと言えるでしょう。

文化的な価値の影響力は、一国の「ソフト・パワー」の重要な構成要素です。中国文化はこれまで、多くの分野で日本社会の発展に極めて大きな影響を及ぼしてきました。仏教や儒教は漢字の書物を通して日本に導入されました。中国の稲作技術の導入は日本農業の生産方式の根本的転換を促しました。また、日本の経済界人は「孫子の兵法」をビジネスの秘伝書と見なし、「三国志」や「水滸伝」などの古典も日本で高い人気を誇っています。李白の代表的な詩「静夜思」は中国とは少し違うバージョンで日本でも知られています。これらは全て、中日文化交流の歴史を示す輝かしい事実です。

一方、中日両国の文化的交流はここ数年、急速に深まっています。日本の社会生活と密接に関わるコマーシャルに中国のスターが登場することも、日常茶飯事となりました。例を挙げると、ジャッキー・チェンは、日本の女優・上戸彩がCMキャラクターを務める大塚製薬の健康飲料「オロナミンC」の広告にゲストキャラクターとして出演しています。また、上海に住む香港人歌手カレン・モク（莫文蔚）は、和服に身を包み、日本の某ブランドのフェイスパック（化粧品）CMキャラクターになりました。ケリー・チャン（陳慧琳）

は、日本のスター歌手・浜崎あゆみの後を継ぎ、花王の化粧品「オーブ」のCMキャラクターに起用されました。

　日本中のどこにいても、流行中のどんな小さなものにも、中国の「ソフト・パワー」の痕跡が垣間見られると言っても大げさではありません。過去に中国文化の「ソフト・パワー」が日本に入ったケースは、遣唐使の派遣のように日本人が自ら導入して消化したパターンがほとんどだったのに対し、現在は、中国が積極的かつ能動的に日本に「売り」に出てきています。

　日本の福田康夫元首相が中国を訪問した時、孔子の生誕地を訪問されました。この地は、中国文化の「ソフト・パワー」の発祥地と言われるように、伝統的な雰囲気が濃厚な場所です。麻生首相が今回、北京で馮監督と懇談したことは、中国文化の「ソフト・パワー」のモダンな側面に光をあてることとなったでしょう。中国の伝統的な「ソフト・パワー」は、日本社会の政治、思想、制度などに深い影響を及ぼしたことから、元首相が「百聞は一見に如かず」と自ら現地を見に行かれました。一方、現在の「ソフト・パワー」は、日本の旅行市場、経済回復、人的交流に対して大きな利益をもたらしています。現首相が感謝の意を伝えたのは、このことによります。

　中国人が自らの「ソフト・パワー」に注目し始めたタイミングで、麻生首相と馮監督の懇談が行われたことは、人々にとってもよいヒントになったのです。日本で頭角を現し始めた中国流行文化の「ソフト・パワー」に関して言うならば、適切な方法を模索し、積極的かつ能動的に日本社会に参入し定着し、日本という要素によってこの「ソフト・パワー」に磨きをかけ、これをさらに魅力あるものとすることです。中日関係はこれによってさらに発展していくことでしょう。

三、ディスカッション——カルチャーショック

1. 日本側：中国でのカルチャーショック

（1）水道水が飲めない

　中国に来て最初に戸惑ったのは、水道水が飲めないことです。コップ一杯飲んだだけで、お腹を壊してしまいました。中国では普通は煮沸して飲むんだと後から教えられ、ちゃんと沸かしてから飲むようにしていますが、水がおいしいとは感じません。中国の各家庭に普及しているのが、飲料水専用の給水機で、給水機の上に取り付けてある補給用の飲料水は宅配してもらえますが、それもあまりおいしくないのです。

(2) タバコを勧める

　　中国人はお酒だけでなく、タバコをも勧めます。宴会などでよく、ある人が自分のタバコの箱からタバコを取り出して、円卓に座っている皆に1人1本配り、しばらくすると、今度は別の人が同じように皆に勧めるという光景を見るのです。これは中国式のマナーでしょう。

(3) ケンタッキー、マクドナルドでトレーを片付ける必要はない

　　ケンタッキー（KFC）、マクドナルド（McDonald's）、モスバーガー（MOS BURGER）、ミスタードーナツ（Mister Donut）、日本にあるようなファーストフード店が北京にも点在しています。こちらに来て気付いたことですが、中国のファーストフード店では食事をした後、トレーを自分で片付ける必要はないようです。日本ではファーストフード店イコールセルフサービスみたいな感じで、食べた後は必ずといっていいほど、自分でトレーを下げて片付けます。中国では、そのままにして出て行けば、後は店の人がやってくれます。国が変わればやり方も違うんですね。

2. 中国側：日本でのカルチャーショック

(1) 電車のミニ時刻表

　　日本人は電車やバスのミニ時刻表をお財布に入れて生活しているようです。それは電車やバスは時刻表通りに走っていて、中国では考えられないぐらい正確だからです。皆さんは松本清張の『点と線』という長編推理小説を読んだことがありますか。その話では、東京駅で13番線から15番線のホームを見ることができる（つまりその間に電車がいない）時間というのが、「一日の中で僅か4分間しかない」、ということが、事件の重要なカギとなっているんです。「電車を舞台にした推理小説は、日本にしかない」ということをどこかで読んだことがありますが、それも当然のことでしょう。時刻表を使った、一分一秒を争うようなトリックは、その電車が時刻通り発着するというのが前提です。電車が遅れるのが当たり前の国では、誰も最初からそんなトリックなど思いつかないわけです。

(2) 烏がいっぱい

　　日本に行った最初の頃には、都会の中にカラスが沢山いるとは思いませんでした。毎朝カラスの鳴き声がすごかったですよ。目覚まし代わりになってました。日本に観光に行く中国人も、やはり皆最初はびっくりしているようです。中国にもカラスはいますが、人の少ない田舎とか森や山に暮らしており、都会ではあまり見かけません。中国では昔

からカラスというのは不吉(ふきつ)な鳥だと思われ、もし家の周りにカラスがいたら不祥事(ふしょうじ)が起(お)こるとして、必ず追(お)い出(だ)すでしょう。ですから、日本人がたくさんのカラスに囲(かこ)まれて生活しているのを見て、とても驚(おどろ)きました。

（3）食べ物

日本には中国にない食べ物がたくさんあります。例えば刺身(さしみ)とかお寿司(すし)とかはもちろん中国にはありませんし、生野菜(なまやさい)のサラダなども中国人の食卓(しょくたく)ではあまり見ません。日本人の食卓では本当に和洋中(わようちゅう)問わず何でもありみたいな感じです。中国の場合、一日3食は全部中華料理(ちゅうかりょうり)を食べる人がほとんどです。日本人の場合、月曜日はアメリカンハンバーグだったら火曜日は中華かもしれません。水曜日は印度(いんど)カレーだったら、木曜日はイタリアンパスタ、そして金曜日はレストランでフランス料理を堪能(たんのう)します。一週間(いっしゅう)で世界を一周(いっしゅう)して食べまわっているような感じです。しかも、それらの食べ物は日本人にとって外国の食べ物というよりは、もうすっかり日本の食べ物という感覚(かんかく)のようです。

【関連表現】（相关表达）

1. 日本文化（日本文化）

赏花（花見(はなみ)）　　　　　　　　　　夜樱（夜桜(よざくら)）
彩马扁额（絵馬(えま)）　　　　　　　　　护身符（お守(まも)り）
参拜之路（参道(さんどう)）　　　　　　　神社前净手处（手水舎(てみずや)）
振袖(ふりそで)(长袖)和服(未婚女性穿着)（振袖）
留袖(とめそで)(袖长相对较短的)和服(已婚女性穿着)（留袖）
和服外褂（羽織(はおり)）　　　　　　　　木屐（下駄(げた)）
怀石料理（懐石料理(かいせき)）　　　　　（日式庭院中的）踏脚石（飛(と)び石(いし)）
浓茶（濃茶(こいちゃ)）　　　　　　　　　淡茶（薄茶(うすちゃ)）
生花(插花技术的一种)（生花(いけばな)）　立花(插花技术的一种)（立花(たちばな)）
能乐（能(のう)）　　　　　　　　　　　　狂言（狂言(きょうげん)）
脸谱（隈取(くまどり)）　　　　　　　　　相朴运动员（力士(りきし)）
相朴比赛裁判（行司(ぎょうじ)）　　　　　相朴比赛场（土俵(どひょう)）
俳句（俳句(はいく)）　　　　　　　　　　日本杂俳的一种（川柳(せんりゅう)）
净琉璃（淨瑠璃(じょうるり)）　　　　　　日本相声（落語(らくご)）
日本传统音乐（邦楽(ほうがく)）　　　　　女儿节（ひな祭(まつ)り）
男孩节/端午节（子供の日、端午(たんご)の節句(せっく)）　七夕（七夕(たなばた)）
夏日祭典（夏祭(なつまつ)り）　　　　　　盂兰盆节（お盆(ぼん)）

2. 中国电影（中国映画）

红高粱（『紅いコーリャン』）　　　老井（『古井戸』）
我的父亲母亲（『初恋の来た道』）　千马走单骑（『単騎千里を走る』）
卧虎藏龙（『グリーン・ディスティニー』）　活着（『活きる』）
那山、那人、那狗（『山の郵便配達』）　鬼子来了（『鬼が来た!』）
少林足球（『少林サッカー』）　　　无间道（『インファナル・アフェア』）
甜蜜蜜（『ラブソング』）　　　　　霸王别姬（『さらば、わが愛』）
茉莉花（『ジャスミンの花開く』）　变脸（『變面～この櫂に手をそえて～』）
三峡好人（『長江哀歌』）　　　　　可可西里（『ココシリ』）
赤壁（『レッドクリフ』）　　　　　色戒（『ラストコーション』）
非诚勿扰（『誠実なお付き合いができる方のみ』）
南京！南京（『南京！南京！』）

練　習

一、将下面的中文翻译成日文。

1. 街头日本人都是快步疾走的穿西装的上班族，几乎都是形单影只，鲜有三五成群者，这与喜热闹的中国人形成了鲜明的对比。
2. 住进日式的旅馆，穿上浴衣体验和式晚餐，让我们地地道道地体验了一次日本文化。
3. 日本是个美丽、开放、清洁、有序的国度，在很多方面都是我国的学习榜样。我要将我在日本的见闻与朋友们分享，告诉他们要排队等车，在公共场合要保持安静。
4. 纳豆的料理方式很多样，如在寿司店经常可见的纳豆卷，又如普通家庭也能做纳豆炒饭等等。
5. 今天参观了东京国立博物馆。最大的感受是日本文化和中国文化真的很像。它的文字、建筑、服装、艺术等都和我国古代有着千丝万缕的联系。

二、将下面的日文翻译成中文。

1. 21世紀はアジア時代の幕開けといわれ、これまでの文化交流だけでなく、文化の共有こそが期待される時代になりました。過去・現在・未来を結ぶ日中の伝統芸能のコラボレーションが、両国の互いの文化を知り、そして共有するための一助となることを確信致します。
2. 異文化間で、双方の無知から極端なステレオタイプを生み出す危険性は高い。互い

に固定した概念やイメージでながめてしまった結果、理解が進むどころか、かえって誤解やギャップが生じる例は数多くある。例えば、しばらく前までアメリカは日本を「フジヤマ、ゲイシャ、サクラ」の国という型にはめて眺めていた。

3. 日本文化は単一文化ではなく、様々な要素を含んでおり、古代から中世にいたっては中国を中心としたアジアの近隣諸国、そして明治以降の近現代では欧米からの影響を受け、吸収・取捨選択を繰り返し、様々な手が加えられて独特な展開を遂げている。

学習の窓

1. 腹が立つ

生气

例:年をとると、腹が立つことも多くなってきたのは私だけでしょうか。

译文:年纪一大，令人生气的事也越来越多，难道只有我才会这样吗？

2. 腹が黒い

黑心肠

例:—この政治家、腹が黒いな。

—今すぐやめてもらいたい。

译文:这个政客心肠真黑。

真想让他立马辞职。

3. 腹が減る

肚子饿

例:—ああ、腹減った。

—何か食べに行こう。

译文:哎哟，肚子饿死了。

去吃点什么吧。

4. 腹を割る

推心置腹

例:—お互いの本音を語り合える友だちが一人でもいたら幸せだね。

—じゃあ、腹を割って話そう！

译文:能够互相倾吐真心话的朋友就算只有一个，也很幸福啊。

那咱们就来推心置腹地谈一谈吧！

5. 腹を読む

猜度心思

例：—『Mr. Brain』ですか。このドラマ、最近結構人気ですね。

—ええ、主人公の九十九さんは相手の腹を読むことができる脳科学者という設定で、面白いですよ。

译文：《Mr. Brain》吗？这部电视剧近来挺受欢迎的啊。

是啊。主人公九十九先生是研究大脑的科学家，能够猜出对方的心思，可有意思了。

ユニット14　オリンピックとスポーツ

張：皆さん、こんにちは。本日はオリンピックとスポーツの話題を取り上げます。皆さんご存知のように、2008年オリンピックは大成功しました。オリンピックが終わってだいぶ経った今でも、まだ人々の記憶に鮮明に残っているのです。本日はそのときボランティアとして活躍した京華大学側の学生代表劉英さんと、応援団として日本選手団とともに北京で17日間を過ごした桜咲大学側の学生代表、鈴木博之さんに来て頂きました。中国人と日本人の視点から当時の様子を振り返り、ボランティアや応援団メンバーとしてのご体験と感想などを語って頂きます。

一、北京オリンピック、そしてボランティア——中国の学生から

　皆さん、こんにちは。ご紹介に預かりました、京華大学の劉英と申します。本日、北京オリンピックを振り返り、ボランティアとして、私の目から見たこと、思ったことなどについてお話ししたいと思います。
　第29回夏季オリンピック「北京オリンピック（Games of the XXIX Olympiad Beijing 2008）」は、2008年8月8日から8月24日までの17日間、中国の首都北京で開催されました。アジアで夏季オリンピックが開催されたのは1988年の韓国ソウル大会以来、20年ぶり（5大会ぶり）で3回目です。中国では初開催でした。世界の204の国と地域、約11,000人のアスリートが参加し、28競技302種目が行われました。
　2001年7月13日、国際オリンピック委員会（IOC）の投票で北京が五輪開催地に決定されたその歴史的な一瞬の感動は、今でも全中国人の心の中で響いていることでしょう。

北京オリンピックは、特色として「東西文化の交流」、「緑の五輪」、「発展途上国初の五輪」、「節約型五輪」などを全面的に打ち出しました。北京では、オリンピックの開催に向け、都市計画政策と結びついたオリンピック公園を北京北部に建設しました。オリンピック公園は北京オリンピックの心臓部で、オリンピック運営に関わる施設の大多数がここにあります。面積は約1215ヘクタールで、敷地内には760ヘクタールにわたる緑地があります。中華民族博物館やエキジビションホール、競技スタジアム、オリンピック選手村なども整備されています。

　皆さん、マスコットの「福娃」のことはまだ覚えていますか。五人のちびっ子人形はそれぞれ「ベイベイ」、「ジンジン」、「ファンファン」、「インイン」と「ニイニイ」という名が付いており、これは「北京はあなたを歓迎します」の中国語読み「北京歓迎你」です。実際、2008年オリンピック期間中、北京は世界各国の選手、関係者及びサポーターたちを歓迎し、また、北京と中国の祝福を世界に届けました。

　私にとって、一番印象深いのはやはりなんと言っても開会式ですね。中国時間の2008年8月8日午後8時8分に始まりました。この時間に決めたのは、8が中国で縁起の良い数字とされているからです。午後7時56分に、競技場のスクリーンに古代中国の日時計の映像が現れると、照明は落とされました。その後電飾付きの「缶」と呼ばれる中国古代の打楽器2008台を用いたカウントダウンが始まりました。カウントダウンの「1」が表示された直後に開会を告げる花火が打ち上げられました。美しい花火を見て、喜びと感動が一気に湧き上がって、胸がいっぱいになりました。

　開会式は3時間以上に行われ、中国の悠久の歴史とその中で育まれた「特色ある文化」、「人類史に残る発明」、そして「美しいオリンピック」をテーマにしたアトラクションが豪華絢爛に展開されました。開会式の視聴率が中国では98％に上り、全世界では40億人がテレビでその盛況を見たといわれています。「一つの世界、一つの夢」という北京オリンピックのテーマが表しているように、開会式を通じて、世界中の人々が一つになり、喜びの気持ちを分かち合えたことでしょう。

　次に、私が参加した北京オリンピックのボランティアについてお話をしてみたいと思います。北京オリンピックのボランティアは、「オリンピックボランティアサービス」、「オリンピック組織委員会準備ボランティア」、「大会ボランティア」、「パラリンピックボランティア」の4つからなるものです。

　「オリンピックボランティアサービス」は早くも2004年3月に始まりまして、2008年の大会まで続けられたのです。社会各界で行われるキャンペーンによって、オリンピックの知識を普及させ、ボランティア精神を提唱し、オリンピック大会を迎える社会的ムードを盛り

上げることが主な仕事です。

「オリンピック組織委員会準備ボランティア」は、同じく2004年に活動を開始しました。組織委員会はボランティアを募集し、大会の準備業務に当たらせました。

そして、「大会ボランティア」、「パラリンピックボランティア」は、競技ボランティアとして、ボランティア活動の核心です。オリンピック7万人、パラリンピック3万人、計10万人が集められました。皆さんがテレビとかで見たブルーのTシャツを着た人たちです。でも、それだけでなく、実はほかにも赤と白のTシャツを着た街角ボランティアが沢山いまして、合わせると50万人もの人がボランティアとして北京オリンピックを支えたのです。「2008年オリンピックボランティアの笑顔は北京の最高の名刺だ」というスローガンのもとに、皆一生懸命働きました。

私は幸運にも大会ボランティアに選ばれ、鳥の巣で働くことができました。17日間、ボランティアの一人として初めて自分の国で開催されるオリンピックに携われたことを何より誇りに思っています。

2008北京オリンピックはもう幕を閉じました。しかし、中国人全員の努力、世界の人々の応援、皆で協力し合う姿、そして何より選手たちの素敵な涙と笑顔は、このオリンピックの歴史に永遠に刻まれることでしょう。私も将来、年をとって自分の人生を振り返る時、2008年の北京オリンピックに自分が微力ながら貢献できたことをきっと光栄に思うでしょう。

二、日本の戦績と感動——日本の学生から

皆さん、こんにちは。桜咲大学の鈴木です。劉英さんのお話を伺いまして、大変共感を持ちました。2008北京オリンピックは、中国人だけでなく、日本人やいろんな国の人々にとっても忘れられない出来事だと思います。

僕は日本代表応援団の一員として北京に来て、17日間北京で過ごし、オリンピックの開会式から閉会式まで、日本や、中国そしていろんな国の選手たちが頑張る姿を見守りました。

日本選手団は、金メダル9個、銀メダル6個、銅メダル10個の計25個のメダルと、4位から8位の入賞数52という成績をおさめることができました。

まず、最も感動させられたのは、宿敵アメリカを倒しての女子ソフトボールの金メダルです。主将の上野選手はとても良く投げ、打線も守備も見事でした。試合にはアメリカ

に勝つことだけを考えて臨んだそうです。「人間は気持ちが強い者が勝つ」という上野選手の言葉は非常に印象的でした。続いて、男子水泳のメドレーリレー。これもまた世界の強豪を相手にして堂々と銅メダルを取りました。ゴールした後、北島選手がアメリカチームのハンセン選手の所へ行って、健闘を称えていました。あのシーンは今でも鮮明に覚えています。

　一方、オリンピックの怖さと喜びを味わわせてくれたのが、北島選手の2連覇でした。100m平泳ぎ予選、かねてからのライバル、アメリカのハンセン選手の調子が悪いとわかると、日本チームの雰囲気が明らかに変わりました。北島選手が勝つのは当たり前、どのように勝つかが問題、という空気になっていたのです。ところが、準決勝。予選から好調だったダーレオーエン選手（ノルウェー）が、記録をさらに縮め、世界記録に迫るタイムをたたき出し、北島選手というと記録が伸びませんでした。準決勝を終えた北島選手は追いつめられている様子で、厳しい雰囲気に、集まった報道陣も声がかけられませんでした。そんな北島選手が世界新記録で優勝した瞬間、僕は感極まって泣いてしまったのです。プールから上がった北島選手も言葉に詰まり、涙を流しましたが、北島選手と同じ感覚でいられたのを嬉しく思いました。自分に打ち勝った北島選手の2連覇です。一生忘れない感動を味わうことができたと思います。それから、北島選手が100m平泳ぎで優勝した時も、周りの選手がみんな彼のところへ行って優勝を称えていました。スポーツマンシップというのはまさにこういうことを言っているのだなあとまた感動しました。

　選手の活躍に一喜一憂し、歓喜を味わい、スポーツのすばらしさを改めて実感した北京オリンピックでした。

　さて、競技以外のことについて、一言感想を述べさせていただきたいと思います。観客のマナーはとてもよかったと思います。どの会場も熱心な応援でした。ボランティアの方々をはじめとして、地元北京の人たちは、中国をよく見せよう、中国の文化を世界に知らせようと一生懸命でした。

　皆さんご存じだと思いますが、東京は2016年のオリンピック招致を目指しています。東京にとって、北京がオリンピックを活用して、文化を発信する姿勢は大いに参考になるでしょう。

　2001年7月13日にオリンピック開催が決まってから7年間、「北京オリンピック」に向かって中国は走り続けてきました。オリンピックが終わった今、中国はどのように変化したのか、今後またどのように変化していくのか、人にも街にも注目していきたいと思っています。偉そうなことを言ってますけど、個人的には、現地でのオリンピック、とても楽しかっ

たというのが一番の感想です！「同一个梦想 同一个世界！」が実現しますように！
　以上、北京オリンピックレポートでした。

三、スポーツと健康

1. 北京に健康ブーム到来

　ヨガにエアロビクス…最近北京の町で一生懸命に体を動かす人々の姿がよく見られるようになりました。実は北京では20代から30代の若い世代を中心に、1ヶ月に1度の頻度で有料ジムに通う人が増えています。需要とともにジムの種類も増えて、セレブが通う高級スポーツジムもあれば、一般の人々向けのスポーツジムもあります。仕事帰りにジムに寄る…というスタイルが多いようですが、中には大学生で構内の卓球場を借りて遊ぶ、友達とワイワイ言いながらボーリングでストレス発散する、などと言うケースもあり、もはや日本と変わらない状況になっています。
　街中でジムが流行する一方で、北京には昔ながらの運動方法が残っています。中でも天壇公園や紫竹院には朝早くから太極拳や社交ダンスをする人々が集まってきます。集まっている人々は高齢の方がほとんどですが、両手にラケットを持ってテニスをしていたり、華麗な扇で舞っていたりと、そのパワフルさに圧倒されてしまいます。
　また遺跡が多い古都・北京では遺跡を見ながら運動する、という贅沢な時間を過ごすことができます。雄大な太廟（明清歴代皇帝皇后の位牌を祀る本殿、北京の天安門の東側に位置する）をバックにテニスをするのは、なんとも北京らしい風景です。
　発展する中にも、どこか中国らしさを残す北京。日本人は毎日慌ただしく過ごし、朝からゆったりと体を動かす人はほとんどいません。中国人が持つ時間のゆとりを、私たちも見習わなければいけませんと、ある日本人が言っていました。

2. 躍進中の中国で流行する「亜健康」ってなんだろう?

　別に、病院に行くほど具合が悪いわけじゃないんだけど、なぁんか気分が悪い。ていうかズバリ、これじゃ仕事はできないなぁ…なんて。毎日シャカリキに働いてりゃ、誰でもそんな体調になるときがあるもの。しかし、それを会社の人に説明するのって、すごく難しいよねぇ。ということで今回は、そのような微妙な体調を表現するキーワードが、最近中国で流行している、という話題をご紹介しますよ。

そのキーワードとは「亜健康」。熱帯と温帯の中間にある気候を亜熱帯と呼ぶように、亜健康とは即ち、病気と健康の中間を示す健康状態のこと。急速な経済発展の結果、過労やストレスに悩まされるサラリーマンが増えた中国の都市部では、なんと人口の7割以上が亜健康に該当しているといわれ、亜健康状態を治療する施設や、脱・亜健康のためのグッズが続々と登場しているんだとか。ちなみに、亜健康の「症状」として挙げられているのは、倦怠感や不眠、肩こり、頭痛、胃腸の調子が悪いなど。要するに、「なんとなく」の不調感は、すべて亜健康の証拠、ともいえるのである。

「皆が亜健康だからといって、それを当たり前とするのは大変危険なことです。中国で亜健康が問題視されているのは、その状態を放っておけば、確実に深刻な病気になってしまうから。病気を治すのはとても大変ですが、亜健康のうちなら、ちょっとした体調管理で健康を回復できます。つまり亜健康という概念を知ることで、病気から身を守ることができるのですできるのです。」(『脱・亜健康宣言』何彬)

日本でもブームのサプリメントやヨガ、整体などは、脱・亜健康の知恵として中国でも重宝されているとのこと。確かに、病気になったら仕事どころじゃないわけで。これからは会社のためにも、むしろ積極的に、こう言おうじゃありませんか。

「今日は亜健康なので、お休みします!」

…やっぱり気まずいか?

【関連単語】(拡展詞語)

1. 体育运动(スポーツ)

蹦床(トランポリン)	跳水(飛び込み)
潜水(ダイビング)	跳高(走り高跳び)
跳远(走り幅跳び)	跆拳道(テコンドー)
足球(サッカー)	划桨(ボート)
花样游泳(シンクロナイズドスイミング)	游泳(水泳)
花样滑冰(フィギュアスケート)	艺术体操(新体操)
自由体操(床運動)	羽毛球(バトミントン)
网球(テニス)	篮球(バスケットボール)
曲棍球(ホッケー)	沙滩排球(ビーチバレー)
棒球(野球)	柔道(柔道)
水球(水球)	摔跤(レスリング)
排球(バレーボール)	拳击(ボクシング)

手球（ハンドボール）　　　帆船（セーリング）
垒球（ソフトボール）　　　举重（ウェイト・リフティング）
击剑（フェンシング）　　　弓箭（アーチェリー）
乒乓球（卓球）　　　　　　射击（射撃）
马术（馬術）

2. 比赛（試合）
亚运会（アジア競技大会）　　　国际大学生运动会（ユニバーシアード）
世界杯赛（ワールドカップ）　　淘汰赛（トーナメント）
循环赛（リーグ）　　　　　　　世界锦标赛（世界選手権）
接力赛（リレー）　　　　　　　热身赛（練習試合）
预赛（予選）　　　　　　　　　分组预赛（予選リーグ）
四分之一决赛（準々決勝）　　　半决赛（準決勝）
决赛（決勝）　　　　　　　　　加时赛（延長戦）
公路接力赛（駅伝）　　　　　　越野赛（クロスカントリー）
田径（陸上競技）　　　　　　　自行车公路赛（自転車ロード）
自行车场地速度赛（自転車トラック）
山地自行车赛（マウンテンバイク・クロスカントリー）
铁人三项（トライアスロン）　　五项全能（近代五種）
犯规（反則）　　　　　　　　　处罚（ペナルティー）

練　　習

一、将下面的中文翻译成日文。

1. 专家说走路是最适合人的运动。虽说只要每天走一定距离就可以保持健康，但实际去做的人却很少。

2. 如今在中国早起晨跑、做早操的人也少了，也许是因为大家睡得都比较晚吧。

3. 运动分两种：低强度持续时间长的是"有氧运动"；高强度持续时间短的是"无氧运动"。这两种运动分别对身体产生不同的作用。

4. 太极拳是一种大众化运动。在路边随便一个树荫下或空地上就可以打，在家里的院子里也行。

5. 气功也有各种流派。气功的关键是要精神集中，通过呼吸方法来促进身体机能。

二、将下面的日文翻译成中文。
1. オリンピックの目的は、友情、連帯、フェアプレーの精神をもって、相互に理解しあうことに基づいて行なわれるスポーツを通して、平和でよりよい世界をつくることに貢献することにある。
2. 近代オリンピックの象徴である五輪のマークは、世界5大陸（青：オセアニア、黄：アジア、黒：アフリカ、緑：ヨーロッパ、赤：アメリカ）と五つの自然現象（火・水・木・土・砂）とスポーツの5大鉄則（情熱・水分・体力・技術・栄養）を、原色5色と5つの重なり合う輪で表現したものである。
3. オリンピックの魅力は、各国の競技者が同じルールに従い、全力を尽くして限界に挑み、技を競ってみせるところであろう。がんばる選手の姿が美しく輝いて見え、観る者を感動させる。しかし、ドーピングによって失格になり、記録を剥奪される選手もいる。

# 学習の窓

1. 手がある

有办法

例：—どうしよう？間に合わないよ。
　　—大丈夫。タクシーで行く手もあるからさ。

译文：怎么办？时间来不及了。
　　　别着急，不行还可以坐出租去呢。

2. 手も足も出ない

手足无措，无从下手

例：—相手が強すぎて、また手も足も出ないだろうな。
　　—つまらない。この間からずっと負けっぱなしだね。

译文：对手实力太强了，估计又是无力对抗。
　　　真没劲。最近一直都在输。

3. 手を組む

合作、合伙

例：—どうです？私と手を組みませんか。
　　—もう少し、考えさせてください。

译文：怎么样？这次和我联手试试？
　　　让我再想一想。

4. 手を抜く

　　草率从事，偷工减料

　　例：—食事に手を抜いちゃだめよ。
　　　　—そうだね。ちゃんと食べないと、元気が出ないもんね。

　　译文：做饭可不能随便凑合啊。
　　　　　是啊。饭不好好吃的话，人就没精神了。

5. 手を焼く

　　棘手、难以处理

　　例：—最近の迷惑メールに手を焼いているのですが。
　　　　—受信拒否ができるって知っていますか。

　　译文：最近垃圾邮件太多，都不知该如何处理好了。
　　　　　你知道有"拒收信件"这个功能吗？

ユニット15　レジャーとエンターテインメント

孫：皆さん、こんにちは。孫莉です。本日は第七回中日学生合同フォーラムを行います。最終回ですから、テーマは少し気軽な話題、レジャーとエンターテインメントにしました。休日の余暇活動に関する中日比較、中国における日本のアニメや漫画、日本のクイズ番組ブームなど話題満載で、皆さんにとって身近で興味を持っている話ばかりですから、ぜひご期待下さい。また、グループ討論の際、積極的に発言して頂ければと思います。

一、テーマ発表：休日に楽しむレジャー

1. 日本の場合——桜咲大学側

わたしたちのグループは、日本人の「休日に楽しむレジャー」に関するアンケート調査をインターネットで実施して、245人から有効回答をいただきました。今日はその結果をご報告したいと思います。

まず、「家で過ごす場合、あなたは休日にどのようなレジャーを楽しまれますか」という設問に対して、その回答は年代別に分かれています。20代では「メールとインターネット」、30代では「家族とテレビやビデオを見る」が最も多いことが分かりました。また、他の年代と比べ、19歳以下では「ゲーム」や「勉強」が多く、30歳以上では「家事」「子どもと遊ぶ」「子どもの世話」の割合が高くなっています。「音楽やラジオを聴く」は20代以下に、「読書」は20代以下と70代以上に多く選ばれました。また、ランキングには出ていませんが、「できるだけ睡眠」や「何もせずにゴロゴロ」と答えている人は、若い世代順に高い割合となっていました。

それから、回答の中で面白いと思ったのは、「メールとインターネット」という項目を選

んだ60代・70代以上の方も少なくないということです。それくらいインターネットは普及していて、人々の生活様式を大きく変えたことの証となるでしょう。インターネットは今や人々の生活にすっかり定着していて、欠かせないレジャーの一つとなっていることが分かりました。ただし、休日のほとんどをパソコンの前で過ごしてしまうと、目にも悪いし、運動不足になりがちです。

　次に、外出する場合についてその目的や外出先を聞いた結果、すべての年代でベスト3の順位が同じだということが分かりました。「ショッピング」が1位で、78％に達しています。それに次いで、「外食」は67％で2位となり、3位の「ドライブ」は約40％を占めています。ほかに、10代から50代までで比較的に多いのは「スポーツ」「映画館に行く」「友人・恋人と外出」などで、「ガーデニング」「日曜大工」「散歩」「ボランティア」「写真撮影」などは、60代・70代以上に多く見られました。

　そして、長期外出の場合については、「国内旅行」を選ぶ人が圧倒的に多く、その行き先は首都圏が多いこと、1度に使う金額は1人あたりだいたい3万円未満程度であること、などが分かりました。また、「旅行に求める楽しみや目的」も家族、友人、カップル旅行別に異なっていて、家族旅行の場合は「自分の時間を過ごしたい」、友人との旅行は「仲間と楽しい時間を共有したい」、そしてカップル旅行は「二人の関係を深めたい」などが挙げられています。そして「3ヶ月に1度」か「半年に1度」の頻度で国内旅行に行くのが平均的なペースだということも調査で分かりました。

　旅行はさまざまなストレスに曝されている日常から解き放たれて、のんびりすることができるというメリットがあり、休日休暇に楽しめる主なレジャーの一つです。ゴールデンウィークやお正月休みなどの大型連休はもちろんのこと、何でもない普通の週末でも、家族や友だちと一緒にちょっと出かけてくるのはいい選択だと調査の中で多くの人が言いました。

2. 中国の場合――京華大学側

　中国人のレジャー事情を調べるために、私たちはアンケート調査や資料調査などを実施しました。それに基づき、「レジャー小康指数」、レジャーに対する意識の変化、ネットレジャーの三つの面からご紹介して参ります。

　A.「レジャー小康指数」

　「レジャー小康指数」というのは、「小康」雑誌社によって考案、発布された指数で、世論調査や加重統計、専門家の分析を基に、権威ある部門の統計データを参照して算

出されるものです。

「レジャー小康指数」の研究によると、現在中国人のレジャーは全体的に成長期にあり、レジャーをめぐる産業・文化などの発展が今後見込まれています。また、全体から見ると、現段階の問題として、次の5つのことが指摘されています。

(1) レジャーという概念への理解が足りず、「仕事は自主的、レジャーは受動的」という状態にある。

(2) レジャーに費やす時間は増えたが、その質はまだ低い。

(3) レジャー関連の支出はアンバランス状態で、都市と農村で差がある。

(4) レジャーを過ごす方法はワンパターンで、「寝る」「マージャンをする」「何もすることがなくて、ぼんやり時間をつぶす」など、消極的に過ごす人が多い。

(5) 自分のレジャーを不満足に感じている人が大半を占める。

B. レジャーに対する意識の変化：年々高まる旅行の人気

中国では、人々の生活水準の向上と休日の増加に伴い、旅行の人気が高まっています。この他、収入の増加と中産階級層の拡大に伴う海外旅行者数も急速に増加しています。東南アジア各国、日本、韓国、オーストラリア以外に、今年はヨーロッパ各国も中国旅行客の受け入れを開放するそうです。ある研究機関の予測によると、2020年、中国人の年間海外旅行者数は1億人に達するとのことです。

私たちが実施したアンケート調査の結果を見ても、「休日が増えたらどのように休暇を過ごしたいですか」との問いに対し、「外国旅行に出かける」という回答が非常に多く、他にも「泊りがけの旅行に出かけたり、別荘に出かけたりする」や、「テニス、ゴルフ、野球などのスポーツをする」といった回答が多くみられました。この結果から、休日の増加に伴う休暇の過ごし方として、今後は旅行や屋外活動が流行する兆候がみられました。

C.「ネットレジャー」

一方、中国では休日をネットで映画・音楽鑑賞をしたり、ゲームやチャットをするなど、気楽に過ごす人も多いようです。「ネットレジャー」は中国人の休暇に新風を吹き込んでいるとも言われています。

特に大学生を中心とする若者たちは休み中、朝起きてすぐにパソコンに向かい、食事も出前で済ます人も少なくないようです。「街はどこも人がいっぱいで、外に出て遊ぼうという気にはならない」というのです。

専門家は次のように分析しています。インターネットはインタラクティブで、匿名性、利便性、速さ、長距離サービスなどの利点があります。外出する時の交通の混雑さ、人の多さを考えたら、自宅で「ネットレジャー」を楽しむ人が多くなったのです。コンピュータ

ーとインターネットの普及により、人々の生活にもますます大きな影響が与えられ、ネットレジャーは新しい休暇の過ごし方の一つとして定着しつつあるのです。

二、エンターテインメントとしてのアニメや漫画

1. テーマ発表：世界に誇る日本のアニメや漫画、中国でも急速に浸透中！
　コンテンツビジネスの中国輸出が盛んになってきました。その中でも注目されているのが世界に誇る日本のアニメや漫画です。中国でもこうした日本のコンテンツは高く評価され、浸透しつつあります。一部地域では、日本の漫画に影響を受けたことで小中学生による事件や事故が発生するなど、中国でも社会問題化するほどです。
　知的財産権、つまり海賊版の問題はまだまだ深刻なものの、多くの消費財分野で日本製が苦戦する中で、メイドインジャパンが中国を席巻する切り札としてのアニメや漫画というコンテンツ（商品）は見逃せません。
　中国でも比較的よく知られていると思われる日本のキャラクター（アニメタイトルを含む）12個を挙げて、中国の消費者に対して、知っているものを聞いたところ（複数回答）、全体平均で最も多かったのは「クレヨンしんちゃん」で77％強、「ちびまる子ちゃん」も7割を超えました。それ以外では、「スラムダンク」「ドラえもん」「名探偵コナン」がそれぞれ6割を超え、「ドラゴンボール」「セーラームーン」が5割台後半、「聖闘士星矢」「ウルトラマン」が5割台前半、「ガンダム」「ガンダム SEED」は全体平均としては1割台にとどまった、という結果でした。
　アニメを見ることに対して、中国の消費者に好きかどうか聞いたところ、全体平均で「非常に好き」との回答が24％強、「好き」が34％強で、「全く好きではない」「あまり好きではない」の合計は17％程度です。全体としてかなり高い割合で、アニメが浸透している実態が見て取れます。

2. グループ討論

孫：　それでは、これからグループ討論の時間に移らせていただきます。漫画やアニメは気軽に楽しめる最大のエンターテインメントだとよく言われますが、皆さんにとって、それはどういう存在なんでしょうか。皆さんはそれぞれ調べたり、考えたりしてこられたかと思いますので、ぜひご自由にご発言下さい。

王：　では、私から一言よろしいですか。私は漫画が好きなので、まず漫画について調べました。一番の感想は、日本はなんと言っても正真正銘の漫画大国ですね。例えば、アメリカの人気コミックは1ヶ月に10万から20万冊売れます。日本の

人口はアメリカの半分しかないのに、人気漫画は1ヶ月100万冊以上も売れるそうです。その理由の1つは、アメリカのコミックスはどちらかというと子供向けで、スーパーヒーローの話が多いのに対して、日本の漫画は「漫画は子供用」という認識から脱却しており、主題もさまざまで、大人が読んでも面白い内容を持っているからだと思います。

山下：その通りだと思います。わたしの手元にもそれに関連するデータが1つあります。1995年の黄金期に「少年ジャンプ」は1週間に600万冊も売れたそうです。最近ではさすがにそこまでは行きませんが、それでも2、3百万冊は売れます。もう一つの人気雑誌「少年サンデー」は150万冊は売れるそうです。これを見ましたら、わたしたち日本人は本当に漫画をよく買っているなあって思いました。

劉：本当ですね。前に日本に行ったとき、電車や地下鉄の中で漫画を読んでいる人をよく見かけました。コンビニや本屋さんでも漫画を立ち読みしている人が沢山いました。それも高校生からサラリーマンまで、皆夢中に読んでいました。日本人はどうしてそこまで漫画が好きなのか、ちょっとよく分からないところもありますけど。

田中：漫画は日本人の大きな娯楽の一つですからね。これほど漫画が普及している国は日本をおいて他にはないでしょう。僕は漫画を「手軽に様々な場面を擬似体験できるもの」として考えています。たとえば、最近流行っているウェブコミック「ヘタリヤ」は、世界史をネタにした国擬人化漫画です。戦いには弱いけど、陽気で憎めない「イタリア」と、厳格できまじめな「ドイツ」を中心に、「日本」「中国」「イギリス」「アメリカ」「フランス」などの人物が、歴史的出来事や国民性にちなんだやりとりをくり広げ、物語を展開しているのです。国が人で、人が国なんです。それぞれのキャラクターは個性があって、それを読んで、世界史がとても楽しくなりました。

山下：しかし、漫画も決して良いものばかりだとは言い切れないです。例えば、人はいろんな情報を知りたい、自分が体験できないようなストーリーを擬似体験したいなど、さまざまな欲求を持って漫画を読みます。それは逃避の形だったり理想の形だったりするわけですが、中には仮想の世界と現実を混同してしまう人もいるようです。

松本：そうですね。漫画は映画や小説よりも短時間に読めるし、どこでも誰でも気軽に手に取りやすいから、そのため影響力も強いですからね。それが良

い面に出ればいいんですけど、悪い面、怖いところもありますからね。例えば、殺し合いなど暴力的なシーンは子供たちには悪い影響を与えてしまうとか。

楊： それにしても、日本の漫画やアニメの国際影響力の大きさは凄いものですね。ちなみに、中国では、アニメと漫画を一くくりにして「動漫」と呼んでいます。中国に日本のアニメが上陸したのは1980年代でした。手塚治虫の名作『鉄腕アトム』がテレビ放映されたのが最初でしょう。『鉄腕アトム』は、全中国を風靡して、日本製アニメの魅力を見せました。90年代には『スラムダンク』や『セーラームーン』なども大ヒットしました。その後も日本のマンガ文化は、中国に対して大きな影響を与え続けてきました。おそらく中国ではどの国よりも圧倒的に高い人気を博していると思います。その理由は、中国人と日本人のような同じ漢字文化圏の人じゃないと深く理解できない内容が含まれているからじゃないでしょうか。

張： まあ、大きく言えば、あらゆる芸術、文化活動は、人間的共感を育む土壌ですから。漫画、アニメなどのポップカルチャーを通して日本に親しみを持つようになった中国の若者は数多くいます。実際、日本語科で学ぶ学生の中で、漫画、アニメで日本に親近感を持って日本語を選んだ人も少なくないのです。

上杉： これはとても重要なことですね。もちろん、それだけでは、日本の真の良さを理解することには必ずしも繋がらない面もあります。ただ、漫画やアニメなどのポップカルチャーを入り口として、日本について関心を持ってもらい、親しみを感じてもらうことはとても大切で意味のあることだと思います。

三、日本のクイズ番組ブーム

クイズというと、一般には広範な知識を問うものとされます。しかし、広義にはQ&Aの形式を取っていれば「クイズ番組」として扱われることが多く、現在ではクイズの中にゲーム性を取り入れたり、司会者と解答者がクイズを行いながらのトーク番組も多いのです。

参加者によって2種類に分けることができます。ひとつはタレントが出演する番組で、

もうひとつは視聴者参加型番組です。前者は、比較的ゲーム性の強い番組が多く、後者は純粋な知識を争う番組が多いのです。日本では『クイズ・ミリオネア』のように、特番でタレントが出て彼らに視聴者参加型クイズを体験させる例もあります。最近は地上デジタル放送・BSデジタル放送の双方向サービスによる自宅にいながら参加できるクイズ番組も登場しています。

今、テレビ業界は空前のクイズ番組ブームですが、なぜクイズ番組が全盛を迎えているのでしょうか。これまでドル箱だった野球やドラマが落ち込んでいるほか、いくつかの要因があるようです。

「1週間に放送されるクイズ番組は約30本。もっとも『正統派』は全体の3割程度。残りは、いわゆる『おバカタレント』が幅を利かせる緩いものばかり。業界では、このところ『ねえ、どこかにおバカタレントいない？』というのがあいさつがわりになっています。」（芸能プロ関係者）

それでも問題作りは真剣にやっています。

「たとえば『今すぐ使える豆知識クイズ雑学王』（テレビ朝日）の場合、クイズ作家は100人以上。彼らが作った問題を一般の人に解いてもらい、正解率が50％以上だと、問題がやさしすぎるということでボツ。正解率20～30％のものを本番で使うようにしています」（テレビ局関係者）。

とにかく作家たちは大変で、毎週、地獄のような苦しみに七転八倒しているというのです。

それにしてもクイズ番組はなぜ人気なのでしょうか。

「何と言っても、数字が取れるからです。『羞恥心』を生んだ『ヘキサゴンII』（フジテレビ）がいい例です。今、ドラマも野球も数字が取れませんからね」（テレビ局関係者）

そして、制作費の安さも見逃せません。

「ドラマ1本作るのに4000万～5000万円かかるのに比べれば激安です。しかも、スタジオで撮るからセット代も安い。収録も半日で済みますし、タレントのギャラも安い」（芸能ライター）

「ヘキサゴンII」では、司会の島田紳助ひとりのギャラが500万円で、ほかの18人のギャラの合計が同じという説があるほどです。とにかく、ドラマと比べて制作費が格段に安いことは確かなようです。

ところで、芸能界におけるクイズのキング、クイーンといえば、辰巳琢郎や麻木久仁子の名前がすぐに浮かびますが、「Take2」の東貴博や伊集院光の健闘ぶりも目に入ります。

「東は雑学に関する本をいつもそばに持っていて、休憩や移動の間に目を通しています。インターネットを使って、物事を調べることもあります」(芸能ライター)

しばらくはクイズ番組の天下が続くことは間違いなさそうです。

【関連単語】（扩展词语）

1. 娱乐（エンターテインメント）

电影节（映画祭）　　　　　　　　奥斯卡奖（アカデミー賞）
授奖仪式（表彰式）　　　　　　　获奖（受賞）
电影放映会（上映会）　　　　　　电影试映会（試写会）
恐怖片（ホラー映画）　　　　　　科幻片（SF映画）
古装片（時代劇）　　　　　　　　喜剧片（コメディー）
武打片（カンフー映画、ちゃんばら映画）　惊险片（スリル映画）
导演（監督）　　　　　　　　　　演员、男演员（俳優）
女演员（女優）　　　　　　　　　名演员（名優）
配音演员（声優）　　　　　　　　后期录音（アフレコ）
艺人（芸能人）　　　　　　　　　偶像（アイドル）
明星（スター）　　　　　　　　　歌迷影迷俱乐部（ファンクラブ）
黄金时段（ゴールデン・タイム）　综艺节目（バラエティー番組）
追星族（追っかけ）　　　　　　　魔术（マジック）

2. 休闲（レジャー）

舞蹈（ダンス）　　　　　　　　　秧歌（ヤンコー踊り）
交谊舞（社交ダンス）　　　　　　门球（ゲートボール）
踢毽子（羽根蹴り）　　　　　　　跳绳（縄跳び）
瑜伽（ヨガ）　　　　　　　　　　健身操（エアロビクス）
高尔夫（ゴルフ）　　　　　　　　保龄球（ボーリング）
台球（ビリヤード）　　　　　　　冲浪（サーフィン）
滑雪（スキー）　　　　　　　　　单板滑雪（スノーボード）
钓鱼（釣り）　　　　　　　　　　扑克牌（トランプ）
桥牌（ブリッジ）　　　　　　　　象棋（将棋）
围棋（囲碁）　　　　　　　　　　麻将（麻雀）
芳香疗法（アロマテラピー）　　　游乐场（遊園地）
过山车（ジェットコースター）　　登山（山登り、登山）
攀岩（ロック・クライミング）　　跳伞（スカイ・ダイビング）

一、将下面的中文翻译成日文。
1. 现在在中国，网络游戏已被看作是网络产业最大的增长点。
2. 在尚处于发展阶段的中国市场，拥有丰富经验和良好知名度的韩国游戏占据了具有绝对优势的市场份额。
3. 该游戏创造了同时在线玩家最高达25万人的世界纪录，全年销售总额也达到4亿元。
4. WI-FI的网球游戏可以和全世界的玩家一比高下。比赛结束后可以显示所消耗的热量，甚至还可以根据所希望消耗的热量制定运动计划。
5. 在中国，数字电视正以城市为中心逐渐普及，北京市内完成数字电视转换的社区，普通家庭一般可以收看约100个频道。

二、将下面的日文翻译成中文。
1. 浜崎(はまさき)あゆみは現在日本を代表する女性ポップス歌手の一人である。歌手デビュー後のオリジナル楽曲(がっきょく)は全て自身(じしん)で作詞(さくし)している。自身の暗い心の闇(やみ)も歌詞に綴(つづ)り、多くの若者から共感(きょうかん)を得た。
2. NHKの人気番組「その時歴史(れきし)が動(うご)いた」が本日の放送(ほうそう)をもって終了(しゅうりょう)となります。最終回の放送は戦国期(せんごくき)・幕末維新期(ばくまついしんき)・昭和(しょうわ)の3つの時代を中心に、日本の歴史を振(ふ)り返(かえ)る内容となっています。
3. 落語(らくご)、漫才(まんざい)からマジック、コントまで、演芸(えんげい)のさまざまなジャンルから、よりすぐりの出演者(しゅつえんしゃ)たちの「芸」をたっぷり味(あじ)わってもらう演芸番組。それが『笑いがいちばん』です。演芸そのものを紹介するだけでなく、その楽しみ方や味わい方まで、家族そろって楽しむことのできる番組です。

学習の窓

1. 口が堅(かた)い

守口如瓶

例：―私たちのこと、誰にも言ってないよね。

　　―ユリちゃんには言ったけど、彼女は口が堅いから大丈夫だよ。

译文: 咱们的事，没对别人说吧。

我只跟小百合提起过。不过她口风很紧的，没事。

2. 口は禍の元

  祸从口出

  例: —副社長は辞任するらしいよ。

  　　—あんな失言をしちゃったもの、口は禍の元だね。

  　译文: 副社长好像要辞职。

  　　　　都是说错话惹的祸。祸从口出啊。

3. 口車に乗る

  被花言巧语所欺骗

  例: —相手の口車に乗せられて、お金を騙し取られてしまいました。

  　　—あまり調子よく物事が運ぶような話には注意したほうがいいということですね。

  　译文: 对方花言巧语把我的钱给骗走了。

  　　　　类似天上掉馅饼的好事儿还是要多个心眼才行。

4. 口ほどにもない

  能力等实际并不像说得那么强

  例: 大きなことを言うわりには、口ほどにもないやつだ。

  　译文: 吹得挺神的，其实也没什么本事。

5. 口八丁手八丁

  能说会干

  例: —渡辺君がうらやましいな。女の子に人気があって。

  　　—口八丁手八丁の男はもてるね。

  　译文: 真羡慕渡边君，这么受女孩子欢迎。

  　　　　能说会干的男人就是吃香。

ユニット16　帰　国

一、お土産を買う

田中：時間が経つのは本当に速いもので、明後日はもう日本へ帰る日ですね。フォーラムも全部終わったし、あと二日しか残っていませんから、思いっきりエンジョイしましょうよ、皆さん。どこかへ遊びに行きませんか。

山下：田中さんはこの間、お土産が買いたいと言ってたでしょう。今日は王さんと孫さんにお願いして、お土産屋さんに案内して頂こうかしら。

田中：それがいいですね。お土産は真空パックの北京ダックを二袋買ったくらいで、まだまだ足りないですよ。

山下：私は中国のお菓子とかいいかなあ。でも、中国のお菓子って言っても月餅しか思いつかないですけど。

孫：ええと、果物の砂糖漬けとかはどうですか。北京の定番のお土産ですよ。梅とか、金柑とか、青りんごとか、種類もいろいろあります。それから、棗のドライフルーツもいいかもしれませんね。スーパーで袋詰めのものも売っていますし、露店など計り売りしているところもあります。

山下：いいですね。果物の砂糖漬けはお茶請けにちょうどいいでしょう。棗のドライフルーツは日本ではあまり食べませんけど、体によさそうでおやつ感覚で食べるといいかもしれませんね。

孫：そうそう、お菓子屋さんといえば、「稲香村（ダウシャンツン）」という有名な老舗がありますよ。月餅のほかにも餡入りパイ菓子とかクッキーとか、昔ながらの中国風お菓子が沢山売ってあります。

山下：行ってみたいですね。どこにありますか。

孫：市内のあちこちに出店しています。デパートやスーパーの中に入っているの

もあります。

王：そしたら、やっぱり王府井（ワンフーチン）へ行きましょうよ。「稲香村」もありますし、お土産屋さんも沢山あります。そうだ、新東安市場の地下に「老北京一条街」というコーナーがあって、古い北京の街並みを再現したミニテーマパークみたいな感じですけど、北京の名産品もいろいろと売っていますよ。

山下：面白そう。じゃ、王府井へ行きましょう。

（お菓子屋で）

店員：いらっしゃいませ。何かお求めですか。

山下：お土産を探してますけど、何かお勧めありますか。手軽で美味しいものがいいですけど。

店員：そうですね。干し葡萄はいかがでしょうか。おやつ感覚でそのまま食べてもいいし、料理に使ったりパンやお菓子作りに使ったりすることもできます。干し葡萄は新鮮の葡萄に比べ、鉄分やカルシウムが倍増し、老化予防にも効果があると言われています。健康食品として、とても人気ですよ。当店では人気ナンバーワンです。しかも、当店の干し葡萄は新疆ウイグル自治区で取れた葡萄を北京で加工したものですから、品質は最高です。

山下：そこまでおっしゃるなら、試しに買ってみようかしら。それじゃ、干し葡萄500グラムと、棗のドライフルーツを500グラム下さい。

（お茶の専門店で）

田中：なんだかんだ言って、やはり中国茶は一番無難かもしれませんね。でも、種類が多すぎて、よく分からないなあ。

孫：中国緑茶とか鉄観音とかジャスミン茶はいわゆる定番ですね。ピンからキリまであるから予算に合わせて選んだらどうですか。

田中：これは？セットになっていますね。鉄観音・ジャスミン・プーアル茶の3缶セットですか。

孫：なかなかいい組み合わせじゃないですか。缶も可愛いし、値段も高くないし。

田中：そうですね。これと、この5缶セットを一個ずつ買おうかな。

孫：あと、菊花茶とかはどうですか。香りもいいし、風邪とかのどの痛みにも効果があります。

田中：いいですね。北京に来てからしょっちゅう飲んでますけど、とても気に入っています。日本では珍しいし喜ばれるでしょう。

（民芸品・工芸品店で）

店員：こちらは中国の伝統的な工芸品です。ご覧になって下さい。彫玉、堆朱、漆器、七宝焼、それから、陶磁器です。いずれも人気で、よく売れてますよ。いかがですか。

田中：うーん、もう少し気軽に買える雑貨とか小物みたいなのはありませんか。

店員：あちらにあります。シルクや藍染の小物、バッグ、アクセサリーなどいろいろあります。ゆっくりご覧下さい。

山下：ねえ、孫さん、この刺繍入りチャイナドレス、素敵だと思いません？チャイナドレスは前からほしかったんですよ。しかも、このエスニック風な刺繍といい、飾りボタンといい、縁取りといい、全部可愛いでしょ？

店員：こちらは紺色とえんじ色の二色がございます。

山下：迷っちゃうなあ。どれがいいと思いますか。

孫：色はどれもきれいだと思いますよ。でも、チャイナドレスって体にぴったりフィットしていないと着こなせないから、既製品は難しいんじゃないかなあ。

山下：とりあえず紺色を試着してみようと。（試着）どうですか。

孫：凄い。ぴったりですね。オーダーメードみたい。

山下：じゃ、紺に決めました。これは自分用のお土産ということで。

（帰り道）

田中：今日はいっぱい買っちゃいましたね。

山下：そうですね。大収穫ですね。私、チャイナドレスまで買っちゃって。王さん、孫さん、一日付き合ってくれて、ありがとうございました。

王：どういたしまして。僕たちもいろいろ見られて楽しかったです。

孫：そうですよ。そういえば、上杉先生今何をしていらっしゃるんでしょうか。

山下：先生もお土産探しに大忙しでしょう。

田中：お酒探しだったりして。

（一同笑う）

二、答礼宴

田中：皆さん、こんばんは！本日はお忙しいところお集まりいただき、ありがとうございます。私ども桜咲大学中国研修交流団は、この一ヶ月間お世話になっ

　　　　た京華大学日本語学科の先生方、皆様への感謝の気持ちを込めて、ささやかな答礼宴をここにて開かせて頂きます。私は司会の大役を仰せつかりました、田中です。

山下：同じく司会を務めさせて頂きます、山下です。

田中、山下：どうぞよろしくお願い致します。

田中：一ヶ月にわたる研修と交流はまもなく終わろうとしています。思えば、北京に来る前、京華大学の皆さんと仲良くなれるかどうか、交流がうまく行くかどうか、中国での生活に慣れることができるかどうかと、いろいろと心配しました。でも、空港まで迎えに来てくださった張先生や皆さんの暖かい笑顔を見た途端、緊張と不安は一瞬にして解きほぐされました。この一ヶ月間は、授業や交流活動以外も、観光地へ案内してもらったり、おいしい食事に連れていってもらったりして、すっかりお世話になりました。一緒に過ごした時間は、私たちにとってかけがえのない思い出です。この思い出を日本に持ち帰って、いつまでも大事にしていきたいと思います。

山下：この一ヶ月間を振り返りますと、中国語の勉強、中国文化の体験、いろんな場所の見学、学生合同フォーラムの開催など、楽しい事ばかりでした。しかも、楽しみながらいい勉強になりました。でも、一番の収穫はなんと言ってもやはり京華大学の皆さんに出会え、そしてお友達になれたことだと思います。私は皆さんの笑顔が大好きです。特にお世話になった王さんや孫さんはいつも目が合うたび、にこっと笑ってくれて、心が暖かくなります。また、一緒に資料を調べたり、討論したりするときの真剣な顔つきも大好きです。みんなで力をあわせて開催した七回のフォーラムは、いろんな意味で大変勉強になりました。とにかく、とても有意義で充実した一ヶ月間でした。ここで改めて京華大学の先生方、学生の皆様に深く感謝したいと存じます。

田中：それでは、ここでまず京華大学日本語学科の張先生より一言ご挨拶を頂戴致します。張先生、よろしくお願い致します。（三、挨拶1）

山下：張先生、ありがとうございました。続きまして、桜咲大学研修交流団を代表しまして、団長の上杉先生より答礼の挨拶を申し上げます。（三、挨拶2）

田中：それでは、別れを惜しんで、時間の許す限りご歓談頂きたいと思います。

（歓談中）

山下：ご歓談中ではございますが、ここで京華大学の皆さんにもこの一ヶ月間のご感想をお伺いしてみたいと思います。王さん、いかがでしょうか。

王：あ、はい、僕ですか。そうですね。北京空港で皆さんをお迎えしたのはまだ昨日のことのようですが、あっという間に1ヶ月が過ぎてしまい、お別れの時がもう迫ってまいりました。明日お帰りになって、会えなくなることを思うと、何だか寂しくて仕方がありません。今心の中は、皆さんとの惜別の情でいっぱいです。でも、私たちの間に既に固い友情の絆が結ばれております。これからはお互いの交流をさらに深め、友情の絆をいっそう強固なものにしていきたいと願っております。急なご指名だったので、適当に思いつくままの話となってしまい、失礼いたしました。

孫：この1ヵ月間、私たちは一緒に勉強したり、遊んだり、フォーラムの準備をしたり、議論したり、楽しくかつ有意義に過ごすことができました。いい友達といい思い出が沢山できました。お別れはつらいものですけど、この1ヵ月間の思い出を大切にし、皆さんとの友情を大切にし、これからもお互いの交流を続けて参りたいと思います。

田中：それでは、大変名残惜しくはございますが、そろそろ時間が近づいて参りました。まだまだお話がつきないかと思いますが、この辺でいったんお開きをしまして、もう少しお別れを惜しみたい方は、別会場に二次会を予定しておりますので、ぜひそちらのほうをご参加ください。

山下：それではこれをもちまして、本日の答礼宴をお開きとさせて頂きます。どうもありがとうございました。

三、挨拶

1. お別れのご挨拶（張）

桜咲大学中国研修交流団の先生方、学生の皆様：

　1ヵ月にわたるご滞在、お疲れ様でした。

　まず、京華大学日本語学科を代表いたしまして、桜咲大学中国研修交流団の研修と交流が成功裏に終了しましたことにお祝いの意を申し上げます。

　この1ヵ月間、桜咲大学の皆様と本学の学生たちは、中国語と日本語で幅広い交流を行って参りました。語学の相互学習をし、お互いの文化の違いを紹介しあい、皆が関心をもっている話題を取り上げて、合同フォーラムを七回も行いました。このような交流活動を通じて、中国語と日本語の語学力が向上し、お互いの文化や社会全体に対す

る理解が深まったものと確信しております。

　私は中国側の担当教員として、日本側の上杉先生と共に、皆さんの勉強や交流をずっと見守って来ました。桜咲大学の学生の「親切さや思いやり」、勉強の時の「一生懸命」と「熱心」さ、そしてフォーラム開催の際の「企画力と行動力」などは、京華の学生たちにとても印象的だったようです。両大学の学生は一緒に話し合ったり、励ましあったり、時には意見をぶつけあったりして、真の意味での相互交流、相互理解を深めることができたと思います。

　「光陰矢の如し」の言葉通り、一ヶ月はあっという間に過ぎてしまい、皆さんは早くも明日中国を離れ、帰国の途につかれるわけです。中国には「来日方長、後会有期」という言葉もございまして、この先が長いからきっといつかまた会える、という意味です。近いうちにきっと再会できるでしょう。今後両大学の友好交流活動、そして中日両国の若者の友好協力関係がよりいっそう発展できることを心から願っております。

　最後になりましたが、明日道中のご無事をお祈りして、お別れのご挨拶とさせていただきます。

2. 答礼の挨拶（上杉）

京華大学日本語学科の先生方、学生の皆様：

　この度、私ども桜咲大学中国研修交流団一行は1ヵ月にわたり、中国北京の京華大学に滞在し、中国語や中国文化を学びながら、さまざまな形で教員、学生同士の交流を行って参りました。皆様のおかげで、大変有意義で充実した1ヵ月を過ごすことができ、実り豊かな成果を得ることができたと思います。

　今回の研修交流活動は講義、現地学習、中国文化体験、学生交流、週末見学、合同フォーラムなどを行いました。さきほど学生の話にもありましたように、「講義だけでなく、文化体験や週末見学などを通じて自分の目と耳で中国の文化を体験することができた」、「講義で理解が難しかったことを見学で補うことができ、さらに体験を通じて心の中に刻むことができた」などという感想は、私どもの所期の目的が達成できたことを示しています。中国に来る前の中国に対する知識や理解が、この1ヵ月の体験を通じて大きく変わったことを率直に語っている学生が多かったことも、今回の活動が相互理解の増進に寄与できた証と考えております。

　また、私どもといたしましては、京華大学の学生たちの日本語能力の高さ、知的好奇心の旺盛さ、何事にも積極的に取り組もうとする態度などに、大いに感服致しました。本学の学生たちにも大きな刺激となり、学生たちは中国、中国文化そして中国人にこれま

で以上に強い関心を寄せ、好感と親近感を持つようになったと感じております。

　この1ヵ月間の中国滞在を楽しみ、滞りなく、また有意義に過ごすことができましたのも、ひとえに京華大学の皆様の行き届いた配慮と、至れり尽くせりのお世話のおかげです。ここに代表団一同を代表して深く感謝の意を申し上げます。

　来年は張先生が交流代表団を率いて桜咲大学を訪問してくださることを心から望んでおります。日本で皆様をお待ちしております。

　最後に、私どもの滞在期間中にご尽力下さった張先生を始め、京華大学の皆様に改めて感謝の意を申し上げます。本当にお世話になりました。

　では、近いうちにまたお目にかかれることを祈念して、皆様のご健康とご活躍をお祈り致します。本日はどうもありがとうございました。

四、空港へのお見送り

（バスの中）

上杉：やあ、王さんと孫さんは今回私たちにつきっきりで大変だったでしょう。何から何までお世話になって、何とお礼を申し上げたらいいか…

王：とんでもございません。不行き届きの点もいろいろあったかと思いますが、どうか悪しからず、お許しいただきたいと思います。

（空港ロビーでチェックイン）

王：チェックインは終わられましたか。では、入口のところまで参りましょう。

孫：ここから入りまして、出国審査のところまでモノレールで移動です。とても広いから、出国審査のところから搭乗口までかなり遠い場合もありますので、余裕をもって早めに行かれたほうがいいと思います。

山下：はい、分かりました。言ってくれてよかったです。これで途中の免税店で買い物にでも夢中になってたら、乗り遅れちゃいますよね。

王：では、私たちは中へ入れませんので、ここでお別れです。

田中：今日はわざわざ見送りに来てくれて、ありがとう。

上杉：いろいろありがとうございました。王さんも孫さんもお元気で、勉強をがんばって下さいね。

王、孫：では、お気をつけてお帰り下さい。ごきげんよう。さようなら。

一同：さようなら。

【関連単語】（扩展词语）

1. 中国特产（中国土産）

丝绸（シルク）	刺绣（刺繡）
苏绣（蘇州刺繡）	湘绣（湖南刺繡）
双面绣（両面刺繡）	陶瓷（陶磁器）
唐三彩（唐三彩）	木雕（木彫り）
贝雕（貝殻細工）	珍珠（真珠）
翡翠（翡翠）	玛瑙（瑪瑙）
水晶（水晶）	景泰蓝（七宝焼）
雕漆（堆朱）	蜡染（ろうけつ染め）
宣纸（宣紙）	墨（墨）
毛笔（毛筆）	狼毫（イタチの毛）
砚台（硯）	端砚（端渓の硯）
字（書）	中国画（中国画）
水墨画（水墨画）	挂轴（掛け軸）
图章（印鑑）	象牙（象牙）
中药（漢方薬）	台布（テーブルクロス）
靠垫套（クッションカバー）	檀香扇（白檀の扇子）

2. 仪式聚会（式典会合）

入学典礼（入学式）	开学典礼（始業式）
毕业典礼（卒業式）	成年仪式（成人式）
结婚仪式（結婚式）	婚宴（披露宴）
迎接新员工进公司的仪式（入社式）	竣工典礼（落成式）
揭幕式，揭牌仪式（除幕式）	颁奖仪式（表彰式）
同窗会（同窓会）	新年聚会（新年会）
忘年会（忘年会）	庆祝会（祝賀会）
联欢会（親睦会、懇親会）	同好会（同好会）
交流会（交流会）	谢恩会（謝恩会）
招待会（招待会）	报告会（発表会）
（送走毕业生的）欢送会（追い出しコンパ）	
完工宴（打ち上げ）	畅饮会（飲み会）

品尝会（試食会）　　　　　　生日聚会（誕生日パーティー）
联谊会（合同コンパ・合コン）　相亲聚会（お見合いパーティー）

練　　習

一、将下面的中文翻译成日文。
1. 我们学到了很多东西，日程又非常充实丰富，四天的时间一眨眼就过去了。
2. 张老师因为出差没能来送行，他让我们一定转达他的问候。
3. 您回去以后请一定向友好协会的朋友们转达我们的问候。
4. 我们准备了一点小小的纪念品。算不上是什么礼物，只是一点心意而已，请一定收下。
5. 下次咱们在上海见吧。上海世博会的时候请一定再来中国！

二、将下面的日文翻译成中文。
1. 失敗ばかり続いて、ご心配をおかけしたときも、根気よく温かく指導してくださった先生方、今までありがとうございました。
2. みんなで歯を食いしばって頑張った全国大会は、忘れられない思い出となりました。これから別々の道に進んでも、私たちはいつまでも大切な仲間です。
3. これからは、ここで学んだ4年間を忘れずに、もっと自分を磨いて、夢に近づけるよう努力していきたいと思っています。

学習の窓

1. 見る目がある

有眼力

例：毎回彼氏に振られてさ、うちの母に「人を見る目がない」と言われている。

译文：每次都被男朋友甩，我妈说我不会看人。

2. 目がない

着迷

例：—あーあ、またケーキをいっぱい食べちゃった。
　　—花ちゃんは甘いものには目がないもんね。

译文：唉，又吃了那么多蛋糕。

小花你对甜食可真是没有抵抗力啊。

3. 目が回る

忙得头昏眼花

例：—駅前のイタリアンレストランでバイトしてんだけど、毎日目が回るほど忙しい。

—あそこは人気の店だから、しようがないね。

译文：我在车站前面的意大利餐厅打工，每天都忙得要死。

谁让那家店那么有人气呢。

4. 目から鱗が落ちる

恍然大悟

例：—この間、鈴木教授の講座はどうだった？

—目から鱗が落ちたよ。

译文：前几天铃木教授的那个讲座怎么样？

听完茅塞顿开。

5. 眼鏡にかなう

受（上司、领导的）赏识、青睐

例：この新人俳優は今回の映画に重要な役で出演できたのは監督のお眼鏡にかなったからです。

译文：这位新演员之所以能够在这部电影中担任重要角色是因为得到了导演的赏识。

参考译文

主要出场人物：

中方： 京华大学

　　　　张老师（日语系教师、男性）

　　　　王文洋（日语系大三学生、男性）

　　　　孙　莉（日语系大三学生、女性）

日方： 樱咲大学

　　　　上杉老师（樱咲大学中国研修交流团团长、教师、男性）

　　　　田中健（中文系大三学生、男性）

　　　　山下幸子（中文系大三学生、女性）

故事梗概：樱咲大学中国研修交流团一行20人（包括团长1人、其他教师及相关人员2人、学生17人）于10月来到中国北京，预计在北京的京华大学进行一个月左右的学习访问。在此期间，交流团将在京华大学学习汉语和中国文化，并与中国大学生进行交流。

第1单元 迎 接

一、机场迎接

张： 对不起，请问是樱咲大学中国研修交流团的上杉老师吗？

上杉：对，我就是上杉。

张： 我是京华大学的教师，我姓张。我和学生一起来接你们。这是负责此次交流活动的学生代表小王和小孙。

王： 您好，我叫王文洋，是京华大学日语系大三的学生。欢迎您到北京来。

孙： 我是日语系大三的学生孙莉。请多指教。

上杉：我是樱咲大学的上杉。这一个月还请你们多费心。谢谢你们今天专程来接机。

张： 别客气。我们一直盼着你们来呢。

上杉：飞机有些晚点，等行李又花了不少时间，让你们久等了吧。真抱歉。

张： 哪里哪里。大家都到齐了么？行李什么的没问题吧？

上杉：都到齐了。行李也点过了。可以走了。

张： 那我们就去停车场吧，面包车在那儿等着呢。来，这边请。

王： 我帮您拿行李吧。

上杉：不用不用，行李挺轻的，谢谢你。

王： 您是第一次来北京吗？

上杉：不是，这次应该是第十次了吧。我特别喜欢北京，常来。

王： 是吗？相信您这次来后会更喜欢北京。

孙： 我们一直期待着这次交流活动，盼着见到樱咲大学的老师和学生呢。

上杉：小王和小孙才大三吧。日语说得真好啊。敬语也用得恰到好处！不愧是京华大学的学生。

王&孙：哪里哪里，您过奖了。

上杉：对了，给你们介绍一下。这是担任我们这次访问团学生领队的田中和山下。

田中：你好，我是汉语系大四的田中健。

山下：我也是汉语系大四学生，我叫山下幸子。请多关照。

王&孙：也请你们多关照。

王：　今天一路还顺利吧？早晨起得早，一定累了吧。

田中：不累不累，从东京到北京才3个小时，一点儿都没觉得累。山下倒是在飞机上一直呼呼大睡。

山下：是睡着了。不过一下飞机立刻就来精神儿了，尤其是一想到能吃到可口的中国菜。

王：　你们要呆一个月呢，一定要多尝尝北京的各种美食。

张：　要说你们这次来得正是好时候啊。现在正是北京秋高气爽的大好时节。这些天天气一直特别好，让人心旷神怡。

上杉：十月的北京真好啊。我就盼着能到北京的大街小巷和公园里去走走呢。

田中：这次的交流团团员中有不少人是第一次来中国，少不了给你们添麻烦，还请多费心。

王：　就是这辆面包车。大家请上车吧。

二、沿途导游

王：　让大家久等了。我是京华大学日语系大三的王文洋。我旁边这位是我的同班同学孙莉。我们俩是负责这次京华大学与樱咲大学交流活动的中方学生代表，同时我们会作为上杉老师的助理，在接下来的一个月里照顾大家的生活和学习。请大家多多指教。

众人：请多关照。

王：　中国有句古话叫"有朋自远方来，不亦乐乎"。今天，迎来远道而来的樱咲大学的各位朋友，我们感到非常开心。真心希望大家能在中国度过一段美好的时光。

众人：（鼓掌）

王：　谢谢大家。下面就送大家去下榻的梅园宾馆。梅园宾馆是京华大学的宾馆，就在学校里面。刚才我听说有不少朋友是第一次来中国，那么我就利用车上这段时间，给大家简单介绍一下北京的情况和沿途风景吧。

刚刚大家下飞机的地方是北京机场的3号航站楼。它启用于2008年2月，连第十次来北京的上杉老师都说是第一次呢。这座航站楼分为地下两层地上三层，总面积达98万平方米，是全世界最大的航站楼。

上杉：到底是中国啊，什么都这么壮观。那现在1号和2号航站楼只用于国内航线吗？

张：　1号航站楼主要是面向国内航班的，2号航站楼是"天合联盟"专用楼，3号航站楼则面向"寰宇一家"及"星空联盟"的外航，各有分工。

上杉：原来是这样啊。

王：　那么下面我来介绍一下北京的概况。

大家都知道，北京是中国的首都，也是中国的政治及文化中心。

北京由16个区和两个县组成，面积和日本的四国差不多。人口约1600万（截至2008年），其中有为数不少的流动人口，据说光是来出差和旅游的一天就超过一百万人。

北京是中国的六大古都之一，是一个承载着悠久历史的古老城市，古代宫殿、皇室园林、寺庙等许多历史文化景观都得以完好的保存。具代表性的名胜古迹有故宫博物院

（紫禁城）、天安门广场、明十三陵、万里长城、天坛、颐和园等等。另一方面，随着城市建设的飞速发展，地铁、高速公路、立交桥、高层建筑等陆续建成，北京成为一座既保存着古都传统风貌、又具有现代气息、活力四射的国际化大都市。

另外，关于北京的气候，其实说不上太好。春天老是刮风，尘土漫天。夏天炎热，到了冬天，不仅冷，还常刮西北风，而且非常干燥。但是北京的秋天是一年中最好的季节，素有"金秋"的美誉。今天正是如此，天空湛蓝清澈，大家一定感到神清气爽吧。

难得赶上了这么好的季节，希望大家能充分领略北京秋季的风采。

上杉：小王，说了半天了，累了吧。休息一下。

王：没事儿，不累。对了，上杉老师，各位老师同学，请大家注意看右手边，马上就能看见某个东西了。

众人：啊，是鸟巢！真棒啊！

山下：哇，太让人激动了！那就是北京奥运会会场吧。

田中：哎，那个是水立方吧。

王：是的。等晚上里面亮起灯来时会更漂亮呢。

山下：真想上跟前看看啊。

王：这一块儿叫奥林匹克公园，现在已经对外开放了，可以参观。我们已经把它放进大家的参观日程里了。

山下：太好了。谢谢！

三、日程介绍

孙：从这儿到饭店大概还需要20分钟，利用这个时间，由我来为大家说明一下这次的日程安排。下面我会发日程表，请大家每人拿一张后向后传。

众人：好的。

孙：现在大家手上拿的是最新的日程表。前一个版本用E-mail给大家发过，后来我们又考虑了大家提出的一些要求，作了些修改。下面就请大家边看边听我简单说明一下。

1日（周四）

今天接下来的安排是：到达京华大学梅园宾馆后，办理入住手续。然后请大家在宾馆房间稍适休息，晚上6点由日语系主办的欢迎宴会。会场就在宾馆二楼餐厅，请大家于5点50分在一楼大厅集合。

京华大学和樱咲大学的学生都为欢迎会准备了节目。非常期待大家的精彩表演。敬请期待我们双方跨文化交流的第一个回合！

欢迎会结束后基本上是自由活动，如果想买东西，我们会带大家去校内超市。

2日（周五）

早晨在宾馆一楼的餐厅为大家安排了自助式早餐。想必大家今天都很累了，明天早晨可以多睡一会儿，方便的时候去用餐就可以了。9点我和小王会来接大家。从9点开始

用一个小时左右带大家参观校园。10点去试听对外汉语学院的课。根据大家的汉语学习经历及个人要求，会分三个班试听。下周起大家就在试听的班里听课，所以在试听时大家要考虑一下这个班是否适合自己。分班是可以进行调整的，如果希望换班的话，请提出来，不要客气。

中午请大家和我们一起到学校食堂用餐。下午举行与日语系学生的交流会。交流会上大家可以找一个能够与你在汉语、日语学习上互相帮助的互学语伴。希望大家可以在这一个月的时间里与语伴多多交流，建立友谊，互相学习。

晚上安排大家在校内的竹园餐厅用餐。今后在校内的时候，一日三餐基本都是这么安排。外出时的用餐届时再定。

3日（周六）、4日（周日）

周末我们想带大家好好转一转。周六去参观万里长城，这也是北京旅游的"亮点"。周日去两个地方，一个是有"中国硅谷"之称的中关村，另一个是能看到可爱大熊猫的北京动物园。

5日（周一）开始

每天上午都安排有汉语课。下午则是太极拳、书法、武术、中国茶道、参观博物馆等等中国文化体验活动。我们常说"百闻不如一见"，那么也可以说"百见不如一体验"吧。只有亲自体验过才能真正了解，希望大家能够切身感受到博大精深的中国文化。

21日（周三）开始

中日学生联合论坛将拉开帷幕。我们将就各种话题进行讨论，既有两国政治、经济、IT、环境等略显严肃的主题，也有文化、体育、时尚等轻松愉快的题目。论坛预定每天举办一场，一共七场。论坛拟邀请特别嘉宾来做报告，或是由中方和日方的学生代表分别发言，然后分组进行讨论。

30日（周五）

从京华大学出发，送大家到北京机场。

大体日程就是这么安排的，如果还有其他需求，可以随时告诉我们。

上杉：我想这次交流肯定会很有意义的。

田中：我代表全体团员向你们表示感谢。

王：　梅园宾馆到了。大家下车时请带好随身物品。

第2单元 欢迎宴会

一、主持辞

王、孙：各位朋友晚上好。欢迎来到京华大学。

王：由京华大学日语系主办的、樱咲大学中国研修交流团欢迎宴会现在开始。我是京华大学日语系大三学生王文洋。

孙：我叫孙莉，也是日语系大三的学生。今晚将由我们俩来为大家主持。

王、孙：请大家多多关照。

孙：我们首先有请京华大学陈副校长代表主办方为本次活动致欢迎辞。（三.致辞1）

王：接下来，有请樱咲大学的上杉老师致辞。（三.致辞2）

孙：谢谢上杉老师的精彩发言。各位，今天我们还请到了一位特别嘉宾：京华大学日本研究中心名誉顾问李志远先生。下面，有请李先生为我们致祝酒辞。（二.祝酒辞）请大家准备好杯中的饮料。

王：谢谢李先生。

孙：下面是畅谈交流的时间。今天梅园餐厅特地为大家准备了他们的招牌菜——川菜，请大家尽情享用。此外，会场还备有啤酒和清凉饮料，请大家随意品尝，共度愉快的时光。

王：看来大家谈兴正浓，非常抱歉打断一下，下面将进行节目表演。请大家一边用餐，一边欣赏节目吧！

孙：今晚的宴会我们得到了京华大学与樱咲大学两校同学们的大力合作，准备了三个节目，请大家欣赏。

王：首先，有请京华大学器乐演奏协会的林冬同学上台。林冬从小练习弹奏中国古典乐器——古筝。今天将为大家带来一首古筝名曲《雪山春晓》。这是以青藏高原之春为题的音乐作品。青藏雪山，春天降临，冰雪消融，汇成涓涓溪流。遍山花开，动物跃动，沉睡一冬之后，万物复苏，一派生机。这首曲子就为我们展现了这样一副情景。下面有请林冬！

（古筝演奏）

孙：多么细腻动听的乐声啊。让人不知不觉就沉浸到乐曲的世界里了。

王：　谢谢林冬同学精彩的演奏，谢谢。

孙：　接下来，樱咲大学的同学们将为大家表演日本的盂兰盆舞。盂兰盆舞是夏天盂兰盆会时，配合鼓、三味弦等传统乐器的演奏跳的一种舞蹈。通常由一大群人一起跳。因为舞步比较简单，所以他们希望京华大学的老师同学们也能参加进来。

王：　那么，孙莉和我两个主持人先带头加入跳舞的队伍。请大家也一起进到圆圈中来，欢快地跳起来吧！

（盂兰盆会舞蹈）

王：　大家辛苦了。气氛真够热烈的啊。

孙：　大家围成圆圈一起跳舞，当然是开心得不得了。不过，用手打拍子看起来似乎简单，做起来却挺难的呢。待会儿可能还得请樱咲大学的各位再指导指导才行呀。

王：　接下来是今天的最后一个节目。京华大学与樱咲大学的学生将共同演唱日本民歌《北国之春》。日文版和中文版各唱一遍。这首歌大家应该都很熟悉，让我们一起唱起来吧！

（合唱）

王：　大家的演唱饱含激情，非常精彩！我们衷心希望，樱咲大学的各位同学在北京的这一个月生活愉快，研修以及交流活动取得丰硕的成果。

孙：　感谢大家今天在百忙之中前来参加欢迎宴会。虽然大家谈兴正浓、意犹未尽，但遗憾的是时间已经到了，我们今天的宴会就到此结束。

王、孙：谢谢大家！

二、祝酒辞（李）

各位朋友晚上好！2007年正值中日邦交正常化35周年。中日两国政府将这一年定为"文化体育交流年"，开展了高中生互访等一系列青少年交流活动。

2008年是《中日和平友好条约》签订30周年。两国又将这一年定为"青少年友好交流年"，约定双方争取从2008年起，连续4年，每年实现4000人规模的青少年互访。

从现在的情况来看，要进一步增进中日两国之间的相互信任，必须切实加强人员往来，特别是青少年层面的交流。因为青少年是两国的未来，青少年的交流决定着中日关系的未来。

今天，这个会场里来了很多中日两国的年轻人。21世纪的世界要靠你们去创造。我希望你们能够积极参与本次交流活动，敞开心扉，进行诚挚的交流，用自己的双眼去观察对方，用自己的心去感受，去增进双方的友谊。同时，我也衷心希望，中日两国人民能够世世代代地友好下去。

最后，请允许我提议，让我们共同举杯，预祝樱咲大学访问团此次中国访问取得圆满成功，为了中日青年友好交流的进一步发展，为了中日两国人民的深厚友谊，为所有朋友们的健康幸福，干杯！

谢谢大家。

三、致辞

1. 中方致辞（陈）

尊敬的上杉团长、各位来宾：

今天，我们在这里迎来樱咲大学中国研修交流团的朋友们。我谨代表京华大学全体教职员工及学生，向各位的来访表示热烈的欢迎。

京华大学与樱咲大学长期保持着友好交流关系，今年已是第十五个年头了。自1995年签订交流协议以来，双方在广泛的领域内确立了交流合作关系。我们启动了本科生联合培养、交换留学以及研修交流等项目，此外还设置了"京华大学－樱咲大学友好交流运营机构"，全面推进两所大学的学术交流与合作关系。在双方的共同努力之下，这些项目实施状况良好，进展顺利。

15年的历程并不是一帆风顺的。两校关系能够发展到今日，离不开樱咲大学柳泽校长以及其他校领导的全面支持与双方的共同努力。上杉老师以及樱咲大学的有关老师为了推进两所大学的友好合作，付出了长年不懈的努力，给予了大力支持，对此我表示衷心的感谢。

我们京华大学今后将也一如既往地支持与樱咲大学在各个领域开展的友好合作项目，加深两所大学之间的友谊，以此促进中日两国青年学生之间的相互理解，为中日关系的发展以及亚太地区的稳定与繁荣贡献力量。

去年春天，我们京华大学有关人员在前往樱咲大学访问之际，受到了热烈的欢迎和盛情的款待。对此，我想借此机会再次表示感谢。

最后，衷心祝愿各位在中国历时一个月的研修交流活动顺利进行，取得丰硕成果，达成预期目的。北京正值金秋十月的大好时节，金风送爽，请大家在所到之处尽情欣赏美好景色，度过愉快而有意义的一个月。

祝上杉老师以及樱咲大学的同学们在北京期间身体健康！我的致辞到此结束。

2. 日方致辞（上杉）

尊敬的京华大学陈弘副校长、

尊敬的京华大学日本研究中心李志远名誉顾问

在座的各位朋友

在这个天高气爽的收获之秋，我们樱咲大学研修交流团受贵校邀请来到中国访问，感到非常高兴。今天下午，我们刚一抵达首都机场，就受到了京华大学的老师和同学们的热烈欢迎，今天晚上还为我们举办了如此盛大的欢迎宴会，我代表全体团员，对此表示衷心的感谢。

放眼世界，当今高等教育的大环境正经历着剧烈变化，任何一所大学都面临着超越国界的校际竞争。今后，为了建设更加开放而有吸引力的大学，我们有必要突破大学与国家的界限，积极构筑合作关系。樱咲大学正是基于这样的认识，积极推行多种改革，在国内外建立起了宽广的大学交流网络。而这个网络之中，与京华大学的合作关系自然是最为重要的。

我校的柳泽校长曾经与贵校陈副校长利用各种机会进行对话，达成了许多共识，特别是一致认为年轻人肩负未来重任，我们双方共同努力加强联合培养是非常重要的。为了具体落实这些想

法，我们于前年成立了"京华大学——樱咲大学友好交流运营机构"，之后一直在摸索开展友好交流活动的途径与方式。去年9月起开始实施的本科生交换留学制度，就是其成果之一。目前双方共计已有近30名学生利用此项交换制度，在对方大学里勤奋学习。此外，我们还同时启动了以"了解中国，结识中国人"为目的的中国研修交流项目，樱咲大学的学生可以参加此项目，到贵校访问学习。我此次带领我校17名学生来访也正是得益于这个项目。

为了进一步寻求新的可能性，我们决定从今年起召开中日学生联合论坛。力图通过这些尝试，争取实现两所大学实力的共同提高与相互促进。为此，希望今后我们能够针对两所大学之间的教育资源共享问题，如公共课程的设置、教学计划的部分联通等问题展开各种讨论。

今天，为了祝愿两所大学友好合作关系的进一步发展，樱咲大学将向京华大学赠送一棵樱花树苗。这棵樱花树将一年一年茁壮成长，每年春天都会开出美丽的花朵。我们相信，两所大学之间的交流也将像樱花树一样蓬勃发展。衷心希望从今往后每年春天都会有两校学生聚集在此，在樱花树下畅谈未来、加深友谊。

第3单元　旅　游

一、北京的街道——山下的请求

（校园里）

山下：小王，有件事想拜托你可以吗？

王：　行啊，只要我能办得到。

山下：其实呢，这件事是我来北京以前，一位学长托我的。他想让我给我们学校汉语系系刊《中国通讯》写篇介绍北京街道的随笔。可我来北京以后还哪儿都没去呢。北京又这么大，我也不知道该从哪儿看起。如果方便的话想向你请教请教。

王：　这还不简单吗？要打听北京的事儿，你找我就对了！

山下：这下有救了。那你今天什么时候有空到我们房间来一趟行吗？我想好好请教请教。

王：　OK。

（山下的房间里，边看地图边聊）

王：　要说北京的街道，那就不能不提主干道长安街了。

山下：长安街啊，我好像在旅游指南上看到过。是一条特别宽阔的街道，中央部分正好是天安门广场吧？

王：　是的。以天安门广场为界，东边叫"东长安街"，西边叫"西长安街"，被称之为北京市的东西大动脉。

山下：大概有多长呢？

王：　大约长46公里，路面宽50米，最宽的地方得有100米呢。

山下：这么长啊，这长度都可以跑马拉松全程了。

王：　其实北京奥运会的马拉松比赛就是以天安门广场为起点，比赛路线也包括长安街的一部分。

山下：是吗？我在日本看了电视转播，当时就觉得北京的道路真宽啊，但没搞清楚哪一部分是长安街。

王：　也难怪，马拉松经过的街道基本都挺宽的。不过其实长安街本来很短，据说只有3.7公里，路面也很狭窄，最宽的地方才不过15米。从上世纪70年代开始经过不断整修，发展成为今天的样子，被称为百里长安街。

山下：原来如此。不是有句话叫"罗马非一日建成"吗？它承载着这个城市的记忆啊。

王： 是啊。长安街的景观变化连像我这么大的年轻人也有很深的印象。上世纪90年代开始，道路两边仿佛在不知不觉间就建起了栋栋高楼大厦，变成了一条现代时尚的大街。以前上下学上下班时的自行车洪流如今也几乎见不到了，都让汽车取而代之了。

山下：是吗。我在日本电视上也看到过中国自行车洪流的画面，那副情景现在再也看不到了吗？那还觉得有些遗憾呢。对了，不是说"四合院"呀"胡同"什么的是老北京传统的住宅街区吗？现在在哪儿能看到呢？

王： 没错，所谓"四合院"是北京的传统民居，"胡同"则是"四合院"密布的小巷。在城市再开发的建设大潮中，很多都被拆除或是改建了。不过也有不少保存下来的，主要分布在老城区里。你像东城区的"南锣鼓巷"就是其中之一。

山下："南锣鼓巷"？这名字挺有意思的。

王： 嗯，锣鼓指的就是铜锣和大鼓。可能以前有很多卖锣鼓的在这儿住吧。"巷"字日语也有，它和"胡同"是一个意思，指弄堂和小巷。因为还有一个"北锣鼓巷"，大概因为在它南面所以就叫"南锣鼓巷"了。

这条巷子很古老了，据说建于元代。虽然南北只有800米长，但在它的东西两侧各有8条"胡同"。由于形状像蜈蚣，所以也被称作"蜈蚣街"。

山下："蜈蚣街"？真形象啊！那儿有"四合院"吗？

王： 当然有了。那一带是四合院保护区，是四合院最为集中、保存最为完好的地方。很多四合院现在还有人住，或者用来开情调咖啡厅、酒吧、个性小店之类的。

山下：噢？在古色古香的"四合院"里开咖啡厅和酒吧吗？这种冲撞搭配反倒是非常时尚，颇有情趣啊。

王： 这个景点最近相当受欢迎，据说每天都有大批国内外的游客前往参观。对了，说到时尚，我可得给你介绍一下素有"北京银座"之称的"王府井"大街。

山下：王府井啊，我知道。是北京最热闹的商业区吧？

王： 没错。这是北京最有名的商业区，是来北京旅游绝不能错过的去处！王府井大街长约一公里以上，汇聚了众多购物中心、百货商场，最有名的像"东方新天地"，还有"新东安市场""北京百货大楼""世都百货"等等。

山下：在银座有一条大街叫中央街，一到周末就变成车辆禁行的步行街，人们可以放心地逛街购物。王府井也是这样吗？

王： 王府井每天都是步行街，车辆禁行，随你怎么逛。

山下：是吗？真好啊！

王： 对了，还有个地方一定得推荐给你，王府井大街中部有条巷子叫"王府井小吃街"。小吃就是零食的意思。那里的小吃店都是一个一个小摊儿，一家挨一家，中国各地的风味小吃都有卖。既有日本人熟悉的炒面、煮面、饺子之类，也有比较另类的，像炸鹌鹑、炸蝎子、爆肚等等，总之你可以品尝到各种风味。

山下：我知道了，那就算是为了撰写随笔，也得去"王府井小吃街"看看啊。

王： 真的是为了写稿吗？那这样，咱们就这两天组一个王府井美食探寻一日游怎么样？我来当导游吧。

二、万里长城——小王的车上导游体验

王： 各位早上好。今天我们按照计划,带大家参观万里长城。今天要去的是位于北京市西北部延庆县的"八达岭"长城。目前,作为旅游景点对公众开放的长城为数众多,有"八达岭""慕田峪""司马台""金山岭"等等。其中"八达岭"距北京市区大约75公里,相对较近,走高速公路不到一小时即可到达,因此这里参观长城很方便,最受人欢迎。

那么接下来,我就利用车上的这段时间,向大家简单介绍一下万里长城的概况。

万里长城是举世闻名的建筑,1987年被列入世界遗产名录,被誉为"人类历史上最大的建筑物"、"在月球上唯一可以看得到的建筑物"等。它东起河北省山海关,西到甘肃省嘉峪关,全长约6400公里。

长城这个名字的含义是中国历代王朝为抵御北方游牧民族入侵而建造的绵长巨大的城墙。春秋战国时期,中国境内小国林立。各国皇帝为了保卫本国安全,在国土周围建造了高高的城墙。到了公元前221年,秦始皇统一中国,下令将各国城墙连为一体。此后在各个朝代皇帝的命令下,长城的修建工程从未间断,最终在明代建成了我们今天看到的、全长6400公里的长城。希望各位在欣赏长城的壮丽景色时也能感受到它的历史。

上杉：讲解得真不错。小王,你将来一定能当个好导游。

王： 没有没有,您过奖了。其实这是我昨天晚上到处查资料,临阵磨枪背下来的。

山下：那也够厉害的了！我的汉语什么时候才能说得好呢？对了,万里长城真就有一万里吗？

王： 有哇。其实之所以叫"万里"长城,原因有两点。一是万里这个词本身是用来形容很长的距离,二是古代中国1里等于0.5 km,所以6000公里就相当于12000里。因此就取名叫万里长城。哎,大家请看,能看见长城了。

上杉：真是壮观啊。就这么看过去都能感受到那种磅礴的气势。有种历史的沧桑感。

王： 大家现在看到的是右前方小山上的"烽火台"。

山下：什么是烽火台？

王： 顾名思义,就是为了点烽火而建的设施。过去不像现在这么方便,没有电话、电邮,所以军情都得靠马匹或者"烽火"来通报。在地形险要的山区,根本没有能走的路,光靠马匹是不行的,于是就用到了"烽火台"。"烽火台"是与长城城墙分开建造的,设在容易看到的地方。遇有敌情发生,白天施烟,夜间点火,台台相继,便能将军情传至远方。

上杉：噢,有点儿意思。这种情况下有没有什么约定俗成的做法？

王： 有的。据说敌军有五百人放烽火两炬,超过一千人放三炬,超过五千人放四炬,一万人放五炬,烟越多表明事态越紧急。

上杉：这"烽火"在日语里是写作狼烟吧？

王： 是的。其由来据说是中国北方狼很多,人们曾用狼粪作过燃料。长城每隔一定距离就设有一座烽火台,一会儿爬长城的时候我们可以每到一个烽火台便休息一会儿。

（到达登城口附近）

山下：人真多啊。

王：　这儿可是北京旅游的亮点啊。各位，从这里开始路线分为两条，哪条都是一个小时左右可以登顶。不过右侧这条比较好爬，游客也比较多。左侧整体上比较陡，相对辛苦些，不过风景也更好。我们要爬哪条线呢？

上杉：小王，毛泽东诗词里不是有一句叫"不到长城非好汉"吗？到了长城就是好汉，哪条都行吧。

王：　既然这样，那您就两条路线都试一下怎么样？

上杉：那可要命喽。

三、北京动物园——熊猫的天堂

　　北京动物园位于北京市西北部，是中国规模最大的动物园，面积为50万平方公里。其前身是于1906年建园的"万牲园"，收集了各地赠与清朝朝廷的珍奇动物，但当时属皇家庭园，不对公众开放。而且由于长期管理不善，动物数量所剩无几，因此所受评价并不高。新中国成立后，在政府支援下，动物园得到修缮，并于1955年开始对公众开放。此后，园方不断兴建新的动物馆舍，动物数目也有大幅度增加，最终形成了如今的规模。目前，北京动物园是亚洲规模最大的动物园，拥有各种鸟兽六百多种，数量达七千多只。在各种各样的动物中，最受关注的还是要数大熊猫。

　　进入正门后，走几步就能看到熊猫馆，但参观需要另买票。尽管如此，馆内还是时常挤满了来自国内外的游客。这里共有七只熊猫，室内三只，室外四只。它们在专业饲养员的照顾下，过着养尊处优的生活，基本上不是吃就是睡。就算偶尔走上两步，也只是换个地儿睡觉，或者找吃的，马上便会停下。要是能目睹熊猫爬树翻筋斗，那可真是三生有幸了。尽管熊猫总是懒洋洋的一动不动，但它的样子怎么看怎么可爱。游客们有的静静注视着熊猫的一举一动，有的兴奋得哇哇直叫，有的用照相机、摄像机拍下熊猫的身影，想留作日后的回忆，这些看熊猫的游客们又形成了另一道风景线。

　　2008年北京奥运会期间，从四川省有8只熊猫被送到北京动物园展出。据说截至2009年3月展出结束，共有210万名游客前来参观，创下了新的记录。

第4单元　参观与观赏

一、参观北京大学

（西门）

孙：下面我就带大家参观北京大学的校园。北京大学和清华大学一样，都是中国的名牌大学。中国人亲切地称之为"北大"。这是大学的正门——西门。

田中：这扇朱红大门威严厚重，感觉好像跟东大的"赤门"挺像的呢。

孙：没错。就好像赤门是东大的象征一样，西门也是北大的象征。大家知道，北京大学的前身是清末1898年创立的京师大学堂，当时位于故宫的东北方。辛亥革命后，于1912年改称北京大学，1952年迁到当时燕京大学的旧址，也就是现在的校址。这扇门是1926年燕京大学修建的。

山下：好多人在大门前面拍照呢。

孙：是啊。这里可有名了，从早到晚都有游客在这儿拍照留念。

上杉：好像听说门上的"北京大学"四个字是毛泽东题的。

孙：的确如此。毛泽东曾经在北大当过图书馆馆员，在这里度过了一段青春时光。咱们进去吧。

（外国语学院）

上杉：小桥流水，真是别有一番风情啊。正面的广场上立着的那对大石柱好像叫做……

孙：那叫做"华表"。"华表"是中国古代纪念性建筑物的一种，常建在宫城、陵墓等地，相当于日本神社的鸟居。这一对华表是1929年修建校园的时候从北面的圆明园运过来的。

山下：华表后面的建筑物呢？

孙：那是贝公楼，以前是北京大学的主楼，现在是办公楼，校长办公室等也在里面。美国前总统克林顿、日本前首相福田等外国元首访问北京大学的时候，都是在这栋楼里的礼堂作的演讲。

左手边的这栋建筑是外文楼。包括日语系在内的外国语学院就在这里面。

山下：噢，这一片都是古朴典雅的中式建筑啊。

孙：是啊。北京大学校园早在明清时期就已经是北京西郊外庭园名胜区的一部分了。校园里原有8处古代庭园的遗迹，有的在英法联军火烧圆明园的时候被烧掉了，有的沦为军阀私产后被出售了，还有的成为了一片废墟。现在只剩下"镜春园""鸣鹤园""朗润园""勺园"四处了。对了，听说最近北京大学和清华大学一并被指定为北京市重要历史文化遗产了。

田中：大学被指定为文化遗产啊？真了不起。

（未名湖、博雅塔）

孙：到未名湖了。

山下：哇，真美啊！简直跟公园似的。真不敢相信这是在大学里面。

孙：这一带是北大师生的休息场所。白天，学生们坐在湖畔的长椅上聊天、读书；到了傍晚，听说经常可以看见情侣们卿卿我我的。

山下：是吗？这里安静闲适，气氛挺好的。不过，天气要开始转冷了，来的人也会越来越少了吧？

孙：不会的。冬天湖面结冰，大家都来滑冰，会更热闹呢。

山下：真好。太羡慕北大的学生了！

田中：那座塔形建筑物是什么？

孙：哦，那座塔叫做"博雅塔"，听说以前是水塔。可以说是象征北大的塔吧，从校外也看得很清楚。说起来，其实北大的象征性建筑物有三样。

田中：未名湖、博雅塔肯定是了，那剩下一样呢？

孙：是图书馆。未名湖、博雅塔和图书馆可以用一个词来概括："一塔"加上未名湖的"湖"，再加上图书馆的"图"，合起来就成了"一塔湖图"。在中文里，发音正好和"一塌糊涂"这个成语是一样的，意思就是乱七八糟。北大的同学们经常拿这个开玩笑。

田中：有意思。

图书馆：

孙：那边那幢大楼就是图书馆。

田中：真气派！不愧是北大的象征。

孙：不光是外观气派，据说这座图书馆在亚洲所有大学中是规模最大的，藏书达700万册，其藏书量在中国国内大学中居首位。

田中：真棒啊。对了，北京大学大概有多少学生？

孙：本科生研究生都算上大概三万七千人。另外还有来自80个国家的留学生，长期留学和短期留学一共有五千多人。

田中：真不错。干脆我本科毕业以后也上北大来留学吧。从现在开始得好好学汉语了。诶，我看这一带现代风格的建筑比较多，跟西门周围完全不一样啊。

孙：是啊。那幢很气派的白色建筑叫百年纪念讲堂，是1998年为纪念北大建校一百周年盖的。里面经常举办大型活动，请文化界名人做演讲什么的。另外还会开音乐会放电影呢。

田中：真的哎，还贴着管弦乐音乐会的海报呢。足不出校就能看电影听音乐会啊？校园生活真充实啊。

孙：这边的建筑都是教学楼。过去又旧又破，现在全都改建过了。

田中：哎，那个难道就是乒乓球馆？

孙：是的。北京奥运会期间这里是乒乓球项目比赛场地。它由乒乓球馆和游泳馆两个场馆组成，现在用作北京大学的体育馆。

山下：小孙，今天谢谢你带我们参观北大。不仅在美丽的未名湖畔散了步，还看到了学生们学习的图书馆和教室，我已是心满意足了。

孙：这是我以前买的北大校园图，若不嫌弃的话送给你。

山下：啊，可以吗？谢谢啊。有了这个就能搞清楚今天去的地方都在哪儿了。太好了！

田中：山下可是个没有方向感的人啊。

二、观赏京剧

孙：各位，今晚的节目是观赏京剧——中国最有代表性的传统戏曲剧种。现在我们就前往剧场——长安大戏院。长安大戏院面朝长安街，是一座现代化的新式建筑。但它其实是个很有渊源的老剧场，近年才迁到现在的地址。应该说它可以算得上是北京最豪华的剧场了。

山下：哦？真令人期待啊。

孙：路上大约得花40分钟。下面我就利用这段时间，给大家介绍一下京剧的基本知识。

众人：麻烦你了。

孙：京剧也叫Peking Opera,是有约两百年历史的中国传统的古典戏曲之一。下面我先来简单介绍一下京剧形成的历史。
1790年，为庆祝清朝乾隆皇帝八十大寿，安徽有四大戏班相继落脚京城，后来又从湖北进京的戏班合流，于是京剧便在安徽和湖北地方戏的基础之上，吸取昆剧等其他地方戏的元素逐渐演变形成了。

山下：哦，是这样的啊。京剧里有个"京"字，我还以为就是北京的戏曲呢，原来也不尽然。

孙：是啊。可以说是兼收各地方戏之长形成的。这样发展起来的京剧就成为了最精炼的剧种，清末民初期间广泛传播，风靡全国。现在也分北京京剧、上海京剧等等，各地有各地的特点。

山下：我在日本电视上看到过舞台表演片段，给我的印象是京剧就像日本的歌舞伎，色彩鲜艳，很华丽。

孙：是的。和歌舞伎一样，京剧的行头相当豪华绚丽，这也是观戏时的一大看点。其实京剧的行头不只是漂亮，还清楚地表明了人物的身分、地位、年龄等特征。行头上用的黄、红、绿、白、黑叫"上五色（正五色）"，是主角的颜色，而紫、蓝、粉、湖、香叫"下五色"，是配角的颜色。

山下：原来如此。根据服装的颜色就能区分主配角啊。

孙：是的。另外，京剧以鞭、旗、锣等为主要道具，演员们必须掌握"唱、念、做、打"四种技能。角色分为四大类，男性角色叫"生"，女性角色叫"旦"，脸上画脸谱的男性角色叫"净"，扮丑角的叫"丑"。而在每种角色里又分别有以唱为主的和以打为主的。根据唱或打的分工以及年龄设定不同，角色称呼也是各式各样。

比如，男性角色"生"中，有年长的"老生"，有以武打为主的"武生"，还有年轻英俊的"小生"。女性角色"旦"中，有以唱为主的已婚女性"青衣"、又唱又打的"武旦"、未婚女性"花旦"、年长女性"老旦"。男性角色"净（花脸）"是很有个性的角色，脸上涂的颜色也各有含义：红色代表忠义，黑色代表正直，蓝色代表勇猛，绿色代表侠义，黄色代表暴躁，白色代表阴险等等。根据脸谱的颜色就能看出角色的性格。此外"丑"是扮小丑的。他们的特点是眉毛短、还画着小胡子，鼻子周围涂成白色。

山下：真好玩。一会儿出来的到底是什么角色，我可得好好看看。对了，今天晚上的剧目叫什么？

孙：今晚演一出传统剧目，叫"霸王别姬"。简单介绍下情节给大家作个参考吧。这出戏讲的是秦始皇死后，各地无数英雄举兵起义，最后剩下楚霸王项羽和汉王刘邦两个人争夺天下。霸王项羽被汉军穷追猛攻，在垓下之地被汉军包围。一天夜里，从四面八方围攻的敌军阵营里传来楚国的歌声，项羽以为楚人皆已向汉投降，但其实这是刘邦的计谋。这就是在日本也很有名的"四面楚歌"的故事。

而所谓霸王别姬，就是说霸王项羽知道自己气数将尽，与爱妃虞姬诀别的意思。虞姬为了不成为项羽的负担，在表演了一段精彩的剑舞之后，拔出项羽的剑自刎而死。

山下：一个很悲伤的故事啊。"四面楚歌"是孤立无援的意思吧，原来是从这儿来的。

孙："霸王别姬"也是著名京剧演员梅兰芳的代表作之一。另外，上世纪90年代由张国荣和巩俐等人主演、描写京剧演员的电影《霸王别姬——当爱已成往事》也曾一炮打响，我想在座各位也许有人知道。

山下：梅兰芳就是那个以男扮女角闻名于世的"四大名旦"之一吧？

孙：你还真了解啊。

山下：其实来中国前，我刚刚看完由陈凯歌导演的新片《梅兰芳》。看了那个才知道的。饰演梅兰芳的黎明可帅了。

孙：你呀，梅兰芳本人也很帅啊。各位，长安大戏院到了。那么今晚就请尽情享受这场京剧盛宴——"霸王别姬"吧。回去的车上还请大家谈谈感想哦。

三、欢迎来到老舍茶馆！

"老舍茶馆"是以著名作家老舍的名字和他那部有名的话剧作品《茶馆》命名的茶馆。店内营造出一种往昔的氛围，让人能够领略到怀旧情趣的中国风。

看看店内明清时期的家具，从天花板垂下的宫廷专用灯笼，墙壁上的装饰字画等，让人觉得仿佛置身于北京的民俗博物馆里。

在"老舍茶馆"可以一边品茶、享用宫廷点心、应季小吃,一边欣赏中国的传统艺术。这里每晚都能一睹民间曲艺、传统戏剧等各个艺术领域知名演员的精彩表演。下面就为大家介绍一下节目中颇受外国游客好评的"变脸"。

"变脸":

"变脸"是四川戏曲"川剧"的一种特技。据说川剧在四川省已有300年以上的历史,算是中国八大地方戏之一。在川剧里最富盛誉的就是在瞬间改头换面的"变脸"。这是一种神奇的绝技,表演者只手不沾,仅靠摇头就能一张接一张地变换脸谱,令人目不暇接。这一特技经过电影《变脸》的宣传,在日本也受到了关注。

老舍茶馆自1988年开业以来,著名相声大师马三立、著名话剧演员于是之、京韵大鼓表演大师骆玉笙等等,都在此演出过。时至今日,每天依然有"京韵大鼓"、"单弦"等等传统节目上演。含着点燃的蜡烛演唱的"含灯大鼓"、双人表演、一人藏在另一人身后负责出声的"双簧"等濒临失传的珍贵民间艺术,在此都可以欣赏到。此外还有茶艺表演、中国功夫表演、古琴演奏等等。老舍茶馆如今已成为一个驰名中外的中国文化沙龙。

第5单元　中国最新情况1
——购物与时装

一、北京的银座：王府井

孙：今天带你逛一逛北京最有名的繁华商业街——王府井和西单吧。上午先在王府井转转，下午去西单。

山下：好啊！好期待哦。麻烦你了。

孙：这条大道就是王府井大街。它是北京最大的商业街，素有"北京的银座""北京的香榭丽舍大街"之称，是流行和时尚的最前沿。

山下：看起来很漂亮很时尚啊。啊，这就是有名的北京饭店吧。

孙：是的。北京饭店创建于一个世纪之前，历史非常悠久。可以说是北京最有代表性的老饭店。

山下：位置也很不错。离天安门和王府井这么近，旅游购物都很方便吧。

孙：说到方便，在这对面的东方广场里，几年前还开了一家君悦大酒店。和北京饭店形成鲜明对比的是，酒店建筑非常具有现代感。但它也位于王府井，交通便利，所以据说很受欢迎。

山下：是吗。"东方广场"是什么呀？

孙：哦，东方广场呀，它是一个由宾馆、写字楼、购物中心等组成的综合设施。

山下：啊，这就是那个"东方新天地"吧？

孙：你知道啊？

山下：嗯，前几天小王给我介绍了不少关于王府井的情况，他提到过这儿。

孙：这是2000年开业的购物中心，现在已经成为王府井的地标了。里面大得很，服装店、药妆店、首饰店、工艺品店，一家挨一家，从高端品牌到面向一般大众的商品，应有尽有。

山下：那进去看看吧。只看不买也挺有乐趣的。可以一饱眼福。

孙：那走吧。

山下：哇，真大！到底是中国，规模就是不一样。

孙：这还不是最大的呢。几年前在北京西边建了一座巨大的商城叫"金源购物中心"，据说是世界第一大，徒步逛一圈得花三四天呢。

山下：是吗，真不得了。我看这些地方和日本的商场、购物中心完全没两样啊。我们在电视上经常看到中国人在自由市场讨价还价买东西，好多日本人对中国还是这么个印象。现在自由市场都见不到了吗？

孙：也不是。虽然有了商场和大型超市，不过市场仍然很红火。怎么说也是那儿便宜啊。还是有很多人专门去早市购买又便宜又新鲜的蔬菜水果。除了卖菜卖食品以外，还有卖服装、日用品、古玩、鲜花等的专门的市场。对了，你知道"潘家园市场"吗？

山下：不知道，很有名吗？

孙：嗯，北京最有名的古玩市场。除了古玩以外，还卖家具、文具、首饰、陶瓷、旧书等等。周六和周日还有人露天摆摊，可有意思了。能淘到不少好东西。

山下：听着不错啊。真想去看看。

孙：那改天我带你去吧。

山下：本来我觉得一个月挺长的，可来了北京，这儿也想去那儿也想去，贪心得不得了，一个月都不一定够用呢。对了，这"王府井"是什么意思啊？

孙："王府"指的是皇族宅邸。听说从前明朝十大皇族的宅邸都建在这儿。"井"就是水井，据说这条街上有一口井出的水很甜，所以就被称为"王府井"。

山下：原来如此。那口井现在还在么？

孙：在哇。就在王府井大街和东安门大街交汇的十字路口附近。现在加了个井盖。一会儿要不看看去？

山下：好的。哎，那是小吃街吧？前几天听小王介绍过，我还一直惦记着去吃吃看呢。

孙：那咱们把这条街逛一遍就去吧。那时也正好到中午了，可以多品尝几种小吃刚好代替午饭。

山下：就这么定了。你看，今天不是周末人还这么多，周末的话不得更挤了吗？

孙：是啊。本地人、外地游客、还有外国游客，大家都往这儿来嘛。

山下：那栋楼上写着"新东安市场"。那是真的市场吗？

孙：不是，是商场。从前叫"东安市场"。它是解放前兴建的老商场，因为重新开发被拆了，后来在从前东安市场的地皮上新建起来，就起名叫"新东安市场"。

山下：这一带有好多很气派的商场和高级专卖店，怪不得叫"北京的银座"呢。

孙：过去人们都说北京跟上海比那就是农村。但这些年城市开发进展迅速，大型商场和购物商城一座接一座地拔地而起。现在各种购物设施在市内随处可见，一点儿也不比上海逊色。

山下：哎，那个雕像挺有意思的。还拉着黄包车呢。

孙：那可是王府井新的拍照景点。咱们也来一张吧。

二、年轻人的天堂：西单

山下：哎呀，都这个时间了。咱们去西单吧。不是说西单很受本地年轻人欢迎吗？我可是相当期待啊。

孙：是啊。与王府井相比，去西单的外国人兴许没那么多。那儿是北京的年轻人爱去的地方。咱们坐地铁去吧。

（到达西单）

山下：这个广场真不错，很时尚啊。

孙：这是西单文化广场。是来这里购物的人们休息的地方。到了晚上这里有时还会举办音乐会等各种活动。对了，那幢大楼是北京图书大厦。它与我们刚才看到的王府井书店齐名，是国内最具规模的书店之一。

山下：这条街就是西单大街吗？

孙：是的。那边的大楼是中友百货，街对面的是君太百货。西单这一带还有"西单商场"和"西单友谊商城"等等很多大型商场。

山下：今天又不是周末，人还这么多啊。这里是在打折吗？

孙：你看，那边不是写着"买200返80"吗？也就是说，买200元的东西返还给你80元代金券。这种促销活动一年到头常有。

山下：大家穿得都很有型啊，感觉都很注意穿着打扮。年轻人的打扮和日本没什么两样啊。

孙：现在中国的年轻人对世界潮流也很敏感，开始讲求个性时尚了。而且最近越来越多的时尚杂志与日本时尚杂志合作，刊登跟日本一样的照片、文章，同步发行。这些杂志已经成为年轻人穿衣打扮的信息源了。

山下：到底是年轻人的地方啊，你看路上走的都是年轻人。

孙：西单这一带还常被比作东京的涩谷、原宿呢。这里出售的时装、饰品，款式丰富、价格也比较便宜，对年轻人很有吸引力。所以你要想知道中国现在流行什么，最快的方法就是上这儿来看看。

山下：我看路上的行人不仅打扮时尚，身材也都很好啊，真让人羡慕。

孙：如今在中国，不光是年轻人，好多人都开始注意穿着打扮，追求时尚又有个性的服装。以前那种一件衣服连着穿两三季的事儿已经很少见了。越来越多的人穿衣都开始根据不同时间和场合，选择穿西服正装或是休闲运动装。

山下：爱穿名牌的人也多了吧？

孙：是啊。名牌商品以前基本都是极少数有钱人去香港或者国外旅行时才买的。现在，古奇、普拉达、路易威登、香奈儿这些意大利啊法国名牌已经完全融入中国市场了，用不着去国外，在国内就能随便买到。

山下：名牌好是好，不过选衣服最重要的还是要看适不适合自己。话说回来，这里有这么多时尚的服饰，人们足可以享受时尚乐趣了。

孙：哦，这里是"大悦城"，2008年新建的购物中心。这可是现在倍受年轻人欢迎的地方。进去看看吧。

（进入大悦城）

山下：真是宽敞明亮。啊，还有无印良品？

孙：嗯，这里是无印良品在北京的第一家店面。三楼还有优衣库呢。

山下：我来看看。商品的种类还有价格都和日本差不多啊。在中国就显得贵了点儿吧。

孙：　是的。不过受日本时尚杂志的影响，日本的品牌越来越受欢迎了。
山下：我有点累了。找个咖啡厅休息一下吧。
孙：　我给你推荐这里的一家咖啡厅。店面很漂亮，下午还有特价的蛋糕饮品套餐。去那里坐坐吧。

三、时尚通讯

1. 对于目前在中国也备受瞩目的日本年轻女性的时装，一位刚从日本回来的中国女大学生这样谈到：

依我看，还是要数典雅大方的时装最受欢迎。涉谷和原宿暂且不论，在新宿、池袋、吉祥寺等商业区，无论是高级精品店还是一般小店，出售的服装大多是优美典雅风格的。就像杂志上说的，今年时尚潮流的关键词是白色、自然、成熟进化和女人味等等。另外，混搭风依然占据主流，比如长款上装×短裤、连衣裙×紧身裤袜，这些搭配方式统领着时尚风潮。太哆了不行！太灰暗了也不行！这似乎就是基本原则。最受人喜爱的装扮风格是甜美单品中适当地加入辛辣单品的混搭风。总的来说，颜色也好款式也好，重点是要平衡。

来到日本最让我感到惊讶的是，几乎每个日本人都特别注重穿着打扮。不仅年轻人，中年男女、老年人也同样会根据年龄、场合等等来进行合适的装扮。时尚似乎已经深入人心，成为了人们的生活方式。我不禁感叹：日本人比我想像中还要时尚！

2. 中国的时尚杂志

近十几年来，随着接触国外信息的机会日渐增多，在北京、上海这样的大城市，年轻女性随时能获得世界最前沿的时尚信息，她们的穿衣打扮也呈现出惊人的变化。

这些年轻女性重要的信息源之一，就是被译成中文、价格降低出售的欧美和日本时尚杂志。翻开一本常见的叫《瑞丽》的女性杂志，会发现满眼都是日式服装和日本人名，看到这些，人们会觉得日本俨然已经成了"时尚"的代名词。《瑞丽》是由中国和日本公司共同发行的杂志，面向时尚敏感度高的年轻女性。

另一方面，欧美时尚杂志的影响力也不容小觑。最近受某时尚杂志题为《美国知名艺人》的连载文章影响，奢华野性的时尚风格大受拥戴。而cheap&luxury，即按照个人喜好混搭超低价商品与高价名牌商品的风格也渐渐受到青睐。在中国，如果在国产的超低价商品中好好淘一淘，会找到不少能加入整体装扮的宝贝。将它们与高价单品进行穿搭，从而享受那种差别中的乐趣。穿在身上的低价单品与高价单品价格上有时甚至会相差1000倍。

第6单元　中国最新情况2
——饮食

一、家常菜馆

孙：　这条学生街上有很多便宜又好吃的小餐馆。今天午饭咱们找个能吃到中国家常菜的餐馆怎么样？

田中：好主意。我可喜欢吃中国菜了，特别是天津饭，蟹肉鸡蛋上浇的酱汁那微甜的味道，还有其他配菜那脆脆的口感，简直没治了。

山下：我喜欢炒饭。也很喜欢滑滑嫩嫩的干烧虾仁。噢，还有古老肉也很好吃，脆脆的很有嚼劲。

王：　我插一句，天津饭是什么啊？没听说过。

田中：不是吧，你不知道吗？我还以为是一道经典的中餐呢。在日本，可以说几乎所有的中国菜馆都会有，就是蟹肉鸡蛋盖饭。

王：　我还是头一回听说呢。

田中：那说不定是日本创造出来的中国菜。

孙：　刚刚山下说的干烧虾仁呀咕咾肉什么的，虽说也都是中国菜吧，但也并不是随便去哪家饭店都有的流行菜式。

山下：日本的中国菜和正宗的大概很不一样吧，为了适合日本人的口味，调味和烹饪的方法大概都有所改变。

王：　大概是吧。今天大家可一定得尝尝地道的中国家常菜或者说是大众菜。店面虽小，可便宜实惠，很受学生欢迎。

山下：好期待啊！

王：　到了。走，进去吧。

店员：欢迎光临。四位是吧？这边请。请看菜单。

王：　咱们先要点儿喝的吧。田中，啤酒喝吗？啊，你还没到20岁，不能喝吧。（笑）开个玩笑啦。那先来两瓶啤酒。山下你们呢？橙汁行吗？好。那么，再来个橙汁。

店员：好的。需要点菜的时候叫一声就行。

王：　你要不要看看菜单？

田中：好的。啊，这不错，还有照片，能看懂。这个，看着挺好吃的。

171

孙：这是西红柿炒鸡蛋，经典家常菜。
山下：看着真的挺好吃的。就点这个吧。啊，这不是青椒肉丝吗？这也来一个吧。哇，还有鸡蛋汤。看着都不赖！小孙你有什么推荐的吗？
孙：那个，麻婆豆腐怎么样？这是这间店的招牌菜，不过可能比大家在日本吃的要辣。
王：对，日本的麻婆豆腐为了适应日本人的口味，降低了辣度。但是，麻婆豆腐是川菜的代表，川菜吃的就是一个辣，不辣不香啊。
田中：在日本吃的麻婆豆腐的确不太辣。我能吃辣，我想尝尝正宗的麻婆豆腐。山下你呢？
山下：我也想尝尝。辣点儿没事儿。
孙：行。那主食来什么？水饺怎么样？
田中：水饺吗？挺有意思的。日本的中国餐馆基本上都是煎饺。
孙：是吗？在中国，要说吃饺子，都是指煮着吃的水饺。煎饺也有，一般家里都是头天吃剩的水饺第二天才煎来吃。
王：那咱就先点这么些，不够再点吧。
山下：好。你看，咱们这么一聊才发现，都是中国菜，日本和中国可是大不相同啊。
孙：是啊。你看像这种面向大众的普通的小餐馆街上哪儿都是，但其实中国菜也分京菜、川菜、粤菜、沪菜等等，种类可多了。
田中：等等，你刚说那麻婆豆腐是川菜吧？北京烤鸭是京菜。沪菜有上海大闸蟹对吧。粤菜有什么呢？啊，想起来了，叉烧。对吧？
王：嗯，就算是吧。你知道得还不少呀。
山下：那小王和小孙，你们爱吃日本菜吗？
王：爱吃啊。现在，在中国可以去吃自助式日餐，也不算是高消费了。当然，对学生来说还是贵了点儿。我偶尔会跟朋友一起去吃。
孙：我也很爱吃。去年和小王一起去日本的时候算是尽情享受了一番正宗的日本料理。都说日本料理是用眼睛吃的，我看确实是这样。从装盘到颜色的搭配、甚至连器皿的形状都非常讲究。
王：是啊，我也有同感。可就一点不好，量太少，怎么都吃不饱。
孙：小王可是个大肚汉啊。他吃日本菜，非得吃自助，要不根本不够。
众人：哈哈哈。
孙：啊，麻婆豆腐来了。动筷吧。
山下：让我来尝尝看。啊，很辣，真好吃。这种舌头发麻的感觉还真是没法形容呢。
王：这种口味叫"麻"，因为放有花椒。
田中：我也来尝尝。啊，这种劲辣感我喜欢。真是跟在日本吃的麻婆豆腐完全不一样！劲辣麻婆，超级棒！

二、全聚德北京烤鸭

上杉：北京烤鸭店哪家最好吃？

张　：这个嘛，烤鸭店有很多，最好吃还得数"全聚德"吧。再怎么说也是开张百年以上的老字号了。

上杉："全聚德"我知道。在日本也挺有名的。好像在银座、新宿等地都开有分店。

张　：是吗？我们学校附近几年前也开了一家"全聚德"的店，生意相当兴隆。不提前预订的话，最少也得等个半小时。难得有机会，明天请大家上那儿吃一顿吧。我今天就预订好。

上杉：哎哟，那真是过意不去。太好了，在日本烤鸭价格不菲我们也难得吃一次。

张　：现在这个季节最适合吃北京烤鸭了。据说秋天鸭肉软，温度和湿度也最适合做北京烤鸭。

上杉：是吗？咱们可真够幸运的。

田中：张老师，我在日本的时候就一直很想吃正宗的北京烤鸭。明天，这个梦想终于就要实现了，太开心了！

山下：太夸张了吧，田中。

（第二天）

上杉：人真多啊，这么大的餐厅都坐得满满当当的。

张　：这儿什么时候来都这样。今天亏了提前定了个包间。来，大家坐吧。

张　：先要点儿啤酒干一杯吧？不喝啤酒的随意点点儿茶水饮料什么的吧。

张　：那么，为了大家的身体健康，干杯！

上杉：干杯！

田中、山下、王、孙：为了我们的友谊，干杯！

田中：为了北京烤鸭，干杯！

张　：啊，前菜上来了。这道叫做"芥末鸭掌"，是用芥末拌的鸭掌。这是鸭心用酒腌制后煎炒而成的"火燎鸭心"，还有，这道是盐水鸭肝。

上杉：全都是鸭子的各个部位啊。这些菜都很少见，不过看着都很好吃，从哪道吃起呢？

张　：那就先尝尝这鸭掌吧。北京烤鸭的经典凉菜，味道很不错。大家也都尝尝。

上杉：好吃！鸭掌清淡脆嫩，芥末辛香，口感相当不错。还有，这鸭心也是焦香透嫩，很有嚼头，带着一股浓郁的酒香酱香味，简直妙不可言。

张　：上杉老师，来点儿小酒怎么样？机会难得，尝尝中国的白酒吧？这里有有名的茅台酒。

上杉：哎哟，谢谢。白酒啊，得有4、50度吧？我也喝不了多少。

张　：哦，真的吗？学生们可都说上杉老师您海量啊。

上杉：没有没有。那是因为日本酒度数低，还能来上两盅。

张　：那来点中国葡萄酒怎么样？红酒很配中国菜的。

上杉：那倒不错，那就来点红酒吧。

（点红酒）

张：　这是中国葡萄酒的代表品牌"长城"牌。

上杉：不是很涩，喝着很爽口。香味和口感都很好，这酒很不错。

张：　大家也都喝点儿尝尝吧。

王、田中：谢谢。

山下：我只要一点点。尝尝味道就行。

孙：　我不会喝酒，就不用了。

王：　啊，烤全鸭出来了！快看！

山下：哇，推出来了！烤得金黄油亮的一看就好吃。

（厨师在桌前切鸭肉）

田中：厨师就在客人面前帮你切片啊。

山下：我还以为北京烤鸭只吃鸭皮呢，原来是连肉一起切的呀。

王：　光吃皮也不错，香味浓郁的皮和松软柔嫩的肉搭配起来风味更佳。

田中：这边的盘子里怎么光是鸭皮呢？

张：　那个啊，是鸭胸上的皮，富含油脂，听说每只只能取下来一点儿。这个鸭皮吃法有讲究的。洒点白糖吃。

田中：啊，洒白糖啊？我可不太喜欢吃甜的。

张：　你先尝尝看嘛。可好吃了。

田中：咦，怎么回事？一点儿也不甜……怎么说呢，入口即化……

张：　据说这是以前宫廷里的妃嫔们流行的吃法。

山下：真的！白糖的甜味和鸭皮的油脂在口中融化，丰腴的汁液顿时扩散开去，真好吃啊！这一定会吃上瘾的。

张：　各位，卷烤鸭的薄饼和蘸的酱也都上齐了，下面就要正式开始吃北京烤鸭了。

上杉：我们先请张老师给大家演示一遍吃法吧。

张：　好的，那我就来演示一下。先拿一张薄薄的荷叶饼放在碟子里。荷叶饼有白面和玉米面的两种。还可以用生菜代替荷叶饼，或者用芝麻烧饼夹着吃。大家选择自己喜欢的来包好了。小碟儿里有甜酱，叫做"甜面酱"。将鸭皮鸭肉蘸满甜面酱后，放在荷叶饼上面。然后，把葱白和黄瓜稍微蘸点酱也放上，这样一起吃比较爽口能去油腻。接下来就这么一卷，然后把一边头上给折起来，小心别把里面的东西挤出来。嗯，这就卷好了。上杉老师，这个给您吧。

上杉：谢谢！那，我就先吃了。

张：　大家也自己动手卷卷试试。

山下：我一直在惦记着那个芝麻烧饼呢，怎么夹好呢。

孙：　一样的，蘸点甜酱一夹就成。

王：　嗨，只要好吃，怎么着都行。自我流派的卷法也行啊。

山下：哇，真香啊。酥脆的鸭皮，多汁的鸭肉，还有香喷喷的芝麻，各种不同的口感在嘴里奏出一曲和谐的乐章，化作绝妙的美味……

王： 山下你今天很像个美食评论家啊。

田中：不对，最多也就是个美食节目记者罢了。

（众人笑）

山下：不过能吃到这么好吃的东西，真是令人激动啊。

王： 先别这么说，还没吃完呢。

山下：还有啊？

田中：我知道了，是鸭汤吧？

王： 答对了。用鸭肉切剩下的鸭架煮成的汤，美味又营养。

山下：调味料好像只放了盐是吧？既不腻又很鲜。

孙： 凉了就不好喝了，老师也趁热喝吧。

上杉：谢谢。

张： 来，大家再吃点。

田中：我再来一卷吧

王： 那我再来碗汤。

孙、山下：我们都吃饱了。

上杉：全聚德不愧是老字号，味道真是名不虚传。张老师，今天谢谢您的款待。

张： 哪里哪里，招待不周，请多包涵。

三、学生街上的日本小餐馆

　　大约在30年前，日本流行过一首叫做"学生街上的咖啡厅"的歌曲，歌曲很好地表达了那个时代的氛围：虽不富裕却能讴歌年轻与自由。当时，除了咖啡厅以外，饭菜既便宜量又很足的小饭馆，花费不多就能喝上几杯的小酒馆等也是学生街上必不可缺的。在北京，各处的日本餐厅大多让人感觉很高级，门槛比较高，但是在这个可以称之为学生街的地方，我却发现了一家小酒馆风格的日本餐馆。其实不限于学生，这是一家会让那些下班回家的日本工薪阶层想顺道喝一杯的小店。

　　日本餐馆"加藤屋"是曾在北京的大学任教的加藤先生12年前开的。位于巷子口这间小小的店铺夹在周围的小饭馆和烧烤店当中，门口的"日本料理"招牌不免让人感到有些意外。昏暗的店里，小小的吧台，五六张四人桌，旁边好像还有隔开的榻榻米单间，能听见年轻人们的谈笑声。这一天也是这样，日语、汉语、英语，各种年轻的声音回荡在其中。

　　来自内蒙古的年轻老板巴达日胡和他的妹妹美荣从加藤先生手里接过这间小店，已有3年了。店里的熟客和他们很亲近，分别称呼他们"小包"和"小幸"。小幸会用标准的日语语调对顾客说"欢迎光临""谢谢惠顾"。两人日语都说得很好，但在学校都没学过，大部分是在店里跟客人们学的。

　　说到这儿，你一定想看看他们的菜单吧。由于来的多是年轻人，炸猪排和咖喱饭是主打。没有生鱼片和寿司。除此之外的日本菜大体齐全，有烤鳗鱼串、各种炸猪排、各种咖喱饭、荞麦面、烤鸡肉串、炸鸡、土豆沙拉、韭菜炒鸡蛋、油炸豆腐、凉豆腐、章鱼丸子等等。

小包最为推荐的是油炸食品和炸猪排。他继承了开店第一任老板加藤先生讲究的做法，每一道菜做得都很符合日本人的喜好。价格也适中，各种炸猪排和咖喱饭20元左右，米饭、酱汤、泡菜的组合一份5元，烤鸡肉串一串3元，凉豆腐5元。也有很多年轻人会单点一份咖喱饭或猪排饭。

我坐在柜台的椅子上，看着摆在墙边的日本酒酒瓶，小口小口的抿着酒，用凉豆腐和烤鸡肉串当下酒菜，心情非常闲适，就像以前在日本工作时下班光顾小酒馆时一样。天天吃中国菜感到有些腻了的时候，一个人也能随性光顾，这家小店便是这样的一个去处。

第7单元　中国最新情况3
——居住

一、张老师的新居

（叮咚）

张老师的夫人：哪位？

上杉：我是樱咲大学的上杉。

夫人：请稍等，这就打开。

众人：您好！打扰了。

张　：大家都来了啊，太好了。快请进。

夫人：大家好，我们正恭候各位的光临呢。

上杉：张太太您也会说日语啊？您好，我叫上杉。

夫人：你好，我姓何，请多指教。

张　：她也在大学里教日语。

上杉：是吗？原来二位都是日语老师啊。真好，肯定有不少共同语言。

夫人：这可没准儿。（笑）大家别站在门口聊，进屋吧。

上杉：好。

山下：给您带了点小礼物，一点儿心意，请笑纳。

张　：你们还这么客气，大家能来我就很高兴了。

夫人：谢谢。啊，是鸽子酥啊。老张最喜欢吃这个了。

山下：那太好了，请一定尝尝吧。

张　：大家请坐吧。

夫人：请喝茶。这是中国的茉莉花茶。这点心也尝尝吧。

全体：谢谢。

上杉：您快别张罗了。

田中：张老师，您家真气派啊。这么大。

张　：哪里哪里。其实我们上个月刚搬进来，东西都还没整理完呢。

上杉：是吗？要说这十多年，中国的发展可真是突飞猛进啊。听说房地产炒得热得不得了。

张：是啊。过去单位都管分房，但现在自己买房都很普遍了。

夫人：我们俩加女儿一家三口原来都住在学校分的教师宿舍里，一直住到上个月。楼很旧，屋子也很小。

上杉：是吗？一般来说老百姓大概是从什么时候开始能自己买房了？

张：嗯，九十年代中期吧。随着人民生活水平的提高，人们对住房的要求也日渐高上。政府为了改善恶劣的居住条件，以大城市为主推行"自持房产"政策，于是，只要有钱谁都能买的所谓"商品房"便开始在市场上出售了。

上杉：可商品房不是很贵吗？有钱人就不说了，普通市民能买得起吗？

张：你说得对。论收入，普通市民买房的确不是件容易事儿。况且中国大部分城市的地价都在持续走高。你看我们家这房子是三年前买的，当时还一平米6000呢，今年就翻倍了。

上杉：那低收入人群岂不是越来越买不起房了？买不起商品房的人怎么办呢？

夫人：嗯，有不少人从单位手里买"房改房"。

上杉：房改房？

夫人：就是可以低价买下之前单位分给自己的房子。大概市价的百分之一二十吧。

上杉：那还真挺便宜的。

夫人：当然你得满足一定条件，比如说工龄什么的。

张：另外还可以买"经济适用房"。

上杉：经济适用房？

张：就是面向低收入人群的廉价房。这些房子有政府财政拨款补助，也就是所谓的政策性商品房。

上杉：原来如此，那就相当于日本那种城市公团的商品房吧。

张：是啊。不过，经济适用房本来是面向那些居住条件差的低收入人群，实际上却出现不少高收入者通过虚报年收入等认购资格获批购买的情况。

夫人：要解决老百姓住房难问题还需要时间和有力措施啊。

田中：对了，前两天听小王说他的目标是毕业后5年之内买房子。还说，很多女孩子都不愿意嫁给没房子的男的，所以不买房结不了婚。

山下：小王都已经开始考虑结婚的事了啊。够长远的啊。

众人：（笑）

夫人：方便的话今天就在我们家吃晚饭吧。我这就去做。

上杉：不好意思啊。那我们就恭敬不如从命了。

山下：谢谢您。我去给您打下手吧。

夫人：好啊。走，跟我去厨房吧。

田中：让我也搭把手吧。

山下：田中你就算了。看电视去吧。

张：带你参观一下我的书房吧。有不少有趣的书。给你介绍几本。

田中：啊，好吧。

二、参观四合院

王 ：今天的安排是大家盼望已久的胡同游和参观四合院。

山下：太好啦！

王 ：胡同游最好是去什刹海周边。那一带的胡同密密麻麻，像网一样，而且几乎还都保留着历史风貌。

山下："什刹海"是什么意思？"海"是指大海吗？

王 ：不是大海，是人工湖。明清时期，北京城里有北海、中海、南海、前海、后海、西海六个人工湖。人们把前海、后海、西海这三个并称为"什刹海"。北海、中海和南海是皇家独享的，具有宫廷御苑之气势，而什刹海则充满市井气息，令人感觉亲切。

田中：我想坐那个。就是那个，电视上常看到的，叫客运三轮。

王 ：我明白了。有专门的三轮车胡同游路线。近来这条线不光受外国人欢迎，中国人也喜欢。就坐这个吧。中途还能参观四合院。

山下：好期待啊！

（到达什刹海坐三轮车的地方）

山下：嚯，停着这么多三轮车啊。这就是刚说的客运三轮？

王 ：是的。一辆只能坐两个人，我们分着坐吧。我和山下坐一辆，田中你自己坐一辆。

田中：啊？我中文这么差，人家说话听不懂呀。

王 ：我会让你那车夫跟在我们后面的，没事儿啊。来，上去吧。

山下：一跑起来铃铛也跟着响。真好玩儿啊。

王 ：你知道吗？北京从前有句俗话叫"有名的胡同三千六，没名的胡同赛牛毛"。胡同的历史可以追溯到元朝，据说最多时有六千条呢。后面的田中同志，听得见我说话吗？

田中：听不见。我正和车夫聊天呢，别打扰我们。

山下：还聊天呢，汉语说得多好。（笑）

王 ：现在好多胡同都拆了，居民都搬进了住宅楼。不过据说在这片街区，现在还有三分之一的居民住在胡同里。

山下：啊，现在还有这么多人在胡同里生活啊？

王 ：你看，这两边的民居就是我们说的四合院。看看大门就能知道这家人的身份和职业。你看见大门两侧的门墩了吧？听说，放抱鼓形圆门墩的人家过去是武官，要是放官印形状的方门墩，过去就是文官。来，咱们下车吧。

田中：啊，要下车吗？

山下：这大门真是古色古香。跟电影里似的。

田中：一进门怎么就是墙啊。这墙是什么？

王 ：这叫"影壁"，造这个是为了不让外面的人看见里面，保护隐私。另外，听说还有辟邪的作用，每个四合院都有。

（进入院子）

山下：这院子真漂亮。又安静又闲适，那边还挂着鸟笼呢。

田中：是鹦鹉吧。

王　：看着像。那我来给你们介绍一下。四合院的"四"字表示东西南北四个方向，"合"是包围的意思，"院"是庭院的意思。现在我们所在的这个庭院正好被四面的房屋所包围。

山下：真的。真是"四合院"。有意思！

王　：现在我们正对着的（北面）叫"正房"，是一家之主住的房子。因为坐北朝南，所以冬暖夏凉，给老人住最合适了。东面和西面的叫"厢房"，是给家里其他人住的。

山下：那南面这间屋子呢？

王　：叫"倒座"，大多用作书房、客厅。

山下：现在也有很多人住在四合院里吧？真不赖。

王　：是的，不过，现在住四合院可不是在院子里喝喝茶乘乘凉悠哉悠哉这么轻松。过去一个四合院只有一家人或者是亲戚一起住，现在则成了很多家混居的"大杂院"。厕所公用，东西也放得乱七八糟，院子也因为扩建被占了，居住环境可差了。

山下：啊，是这样啊？那拆除四合院是为了改善居民的居住环境吗？

王　：也有这个作用。作为城市开发的一个环节，必须拆除四合院，腾出土地建高楼啊。

山下：真不希望四合院消失啊。

三、个人住房

1. 三件宝不再遥远。

如今，"自有住房"、"私家车"和"出国游"被称为中国的三件宝。这三件宝都与"住"和"行"有关。

随着城市化的推进和个人收入的增长，对于一般百姓来说，新"三件宝"已经不再高不可攀了。但是去年，房地产、钢铁、水泥、铝矿等有关行业成了宏观调控的主要对象，因此这"三件宝"什么时候买好，现在是该买还是该观望，这些问题紧紧牵动着消费者的心。

关于自有住房：

在中国，一直以来政府针对经济过热引起的建房热实施投资管制。尽管如此，还是出现了所谓超豪华别墅热。去年中国"十大豪宅"的最高价格高达4亿6000万元（约60亿日元）。

在北京，报纸等的广告传单中见得最多的就是房屋信息，毫无疑问，购房已经成为人们最关心的事情之一。去年上半年，商品房的平均售价为一平米4500元，按这个价格，买159平米的住宅，要花费67万5000元（约870万日元）。

不考虑其他因素，按北京人均GDP（2003年为3819美元）来除的话，大约需要21年才能付清。这么算的话，三口之家把全部收入的一半拿出来付房款要花将近14年。当然，各家庭收入水平不同，还有银行货款，这种算法显然过于简单。但有一点可以肯定：房子已渐渐成为人们能够

购买得起的商品。

政府承诺将在2020年以前全面实现"小康社会"。"衣食住行"中的"住"这一方面是"小康社会"的重中之重，政府应当也希望保持经济高度增长、增加人民收入，确保人民有一个良好的居住环境。

去年通过实施宏观调控，房地产投资的步伐有所减缓，房价上涨率也呈逐渐下降趋势。今后，随着城市化的推进，城市人口将不断增长，而个人收入也有望增加，因此可以预计，对于住房的需求还将不断提高。

2. 中国人和日本人的不同住房观念。

有调查结果表明，在购买个人住房时日本人大多选择"独立住宅"，中国人则选择"住楼房"。另外，日本人一般在孩子出生后购房，而中国人以结婚后购房的居多。

最近，日本一家咨询公司以日本全国500名男女及中国北京、上海、广州的240名男女为对象，开展了关于房地产的网络调查。调查结果显示，两国人民的共同点是都有强烈的购房意识，但欲购房种类则呈现出两边倒的趋势，中国人更倾向于楼房，日本人则是独立住宅。反映出两国在购房意识上的明显不同。相同的是，人们都认为与租房相比，拥有一套公寓或者一幢独立小楼更让人放心。

在中国，人们普遍觉得独立住宅是富人住的。中国国土面积虽广，但人口也是世界第一，因此人均居住面积就变少了。由于人口多，人民住房问题十分严峻。因此，与独立住宅相比，政府更重视建设能改善一般老百姓居住环境的保障性住房，即保障低收入者生活的住房及商品房。

此外，对"居住地5年后的房价有何变化"这个问题，日本约五成的人回答"不会变化"，而中国有约七成的人回答"会上涨"。对"目前是否适合买房置业"这个问题，日本大概有六成人回答"不清楚，暂时观望"，中国则有约五成人明确回答"不适合"。

向认为目前不适合买房置业的人询问其原因，日本人回答最多的是"预计房价还会下降"，中国人回答最多的则是"房价目前还太高"。从2003年到现在，中国的房价翻了一倍以上，今后是涨是降还无法预料。并且，买下的其实只是70年的使用权，这也让不少人难以定夺。在中国很少有像日本那样签一次合同能租好几年的房子。想租房，要先通过房屋中介公司与房主取得联系。接着要跟房主谈，价钱谈妥方可入住。而且很少签订书面合同，能住到何时谁也不知道。因此，按中国人的想法，尽可能地先买房后结婚才算稳妥。

中国人倾向于认为结婚=买房，而日本人似乎更倾向于结婚后存了钱再说。由此我们能感受到两国人在生活观念及文化方面的巨大差异。

第8单元　中国最新情况4
——交通

一、北京的交通——常用交通工具

孙：今天带你们去中关村的大型超市家乐福。路不远，坐公交车吧。

山下：好啊好啊。我正想坐坐北京的公交车呢。

（在公交站）

田中：公交站牌真多啊。这太复杂了，外国人根本没法坐啊。

王：不会啊！你瞧，这一站叫什么，在哪些站停，全都写着呢，看习惯了就不觉得复杂了。

孙：比方说，咱们不是要去中关村吗？你就找有"中关村"这一站的，101、333、718都到。

田中：上车怎么买票呢？

孙：现在大家都用IC卡了。上车在读卡器上刷一下就成。以前都得跟售票员买，赶上车上人多的时候可费劲了。

山下：那要是没有IC卡的怎么办呢？

孙：车上有售票员就跟售票员买，不过最近无人售票车越来越多了。那样的话你直接把钱塞进投币箱里就行。投币箱基本上都跟读卡器安在一块儿。

山下：车费是多少？

孙：不同线路不一样。大部分都是不论远近一律1块，也有的是12公里以内一块，再往上就逐渐加钱。不过你要是用IC卡能打4折，1块变4毛。

山下：啊？差么多哪？4折可不少啊。

孙：可不是嘛。对每天都坐车的人来说尤其方便划算。所以IC卡一下子就在北京市民中普及开了。

田中：这IC卡我们也能买吗？

王：谁都能买。就是得交20块钱押金。在地铁站、公交车始发站这些地方都有卖的。

孙：一卡在手，就省去了每次买票的麻烦，相当方便。而且坐地铁打车也都能用。

王：来车了。上车吧。田中你们就先各交一块钱吧。

田中：山下：知道了！

参考译文

（公交车上）

孙：还挺空的。咱们坐下吧。

山下：这辆车真新哪，还有电视呢。

王：最近北京公交车的确越来越好了。以前大部分车上都没空调，夏天可真是要了命了。如今空调车越来越多，北京奥运之前还引进了天然气环保公交车，现已广泛投入使用。

孙：不光如此，乘车也比以前方便多了。过去线路和车次都很少，公交车特别难等。赶上刮风下雨天气不好的日子就惨了。经常是好容易等来了，还挤得够呛，想上都上不去，大家全都堵在车门，门关不上车开都开不了。而现在，线路和车次都多了，等车的时间也缩短了不少，也不像以前那么挤了。

王：据说现在北京的公交线路有450条呢。全北京市不管去哪儿，基本上倒个一两次车都能到地方。

山下：在东京的话，人们上下班、上下学主要是坐城铁，在北京主要还是坐公交车吗？

孙：嗯，要到不通地铁的地方，还是坐公交车最便宜最方便。

王：到了。下车喽。

（在家乐福购物）

王：哎呀呀，买了不少哇。

田中：东西太多了，要不打车回去吧。

孙：行啊。

田中：嗬，好多车等在这儿呢。

（出租车上）

山下：北京的出租车都是黄绿或者黄蓝两色的，很容易辨认啊。

王：是2006年前后改成这样的。不过以前那种红色的出租车有些还在跑。

山下：价钱有区别吗？

王：没有，都一样的。起步价一律十块。反正价钱一样，所以经常见到有人故意不打旧车去等新的。

田中：十块钱要在日本算很便宜，但要跟刚才公交车的四毛比就贵多了。

王：是啊。不过打车的人很多，可能还是因为方便吧。尤其是天气不好的日子或者早晚上下班高峰时有时老半天都打不着呢。

孙：市里的话去哪儿差不多都是二三十块，顶多三四十块就能到，所以最近好像上下班都打出租车的人也多起来了。

田中：所以大家才都不骑自行车了啊？在日本，中国常被称作"自行车王国"，可我真到了北京一看觉得也没那么多。

孙：确实是这样。跟十几年前相比，骑自行车的人少多了。我想主要是因为地铁和公交车变得方便了，还有私家车增多了。而且北京城市规模越来越大，住在三环、四环甚至五环路以外的人在迅速增加。住的地方和上班的地方离得远了，通勤距离变长了，也就没法骑车上下班了。

田中：原来如此。这么回事啊。在日本，一般都是到附近买点东西或是去最近的公交车站、城

铁站时才骑自行车。再有就是节假日骑车兜兜风。北京现在也这样了吗？

孙：是啊。北京也有很多人骑自行车到车站再坐地铁。所以一般地铁站都一定会有一个较大的停车棚。还有，要是单位离家近，大多数人还是愿意选择骑自行车上下班。因为这样可以节省交通费，而且可以顺便买买东西、接送孩子，还不会堵车。我家是天津的，天津那边现在都是一到早高峰，街上自行车便如潮水般浩浩荡荡的。

田中：哎呀，这就到了？真快！

（第二天，城铁站内）

山下：IC卡也买到了，马上坐一次试试吧。从这儿到天安门得多少钱？

孙：北京的地铁和城铁都是统一价，不管坐到哪儿都是两块。

山下：啊？真便宜！可是到天安门怎么走呢？

孙：（指着地铁线路图）你看，咱们现在这站不是五道口吗？先坐13号线到西直门。在西直门倒2号线坐到复兴门，在复兴门再倒一次车，坐1号线就能到天安门了。

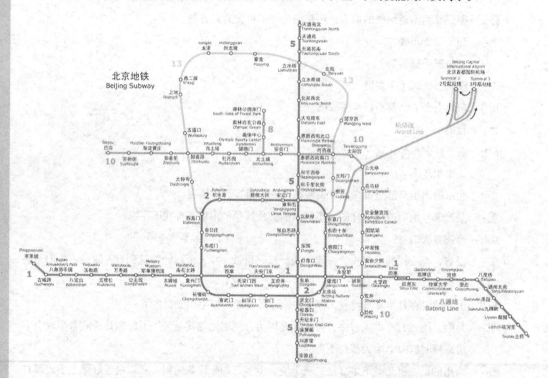

山下：倒两次车啊，明白了。北京地铁一共几条线啊？

孙：地铁，准确地说是城市铁路，一共8条线。其实这13号线走的是地上和高架桥，被称作"城铁"，就跟日本的电车差不多。不过平时大家习惯都叫"地铁"。

山下：都哪几条？我来数数看吧。

孙：你看，黄色是13号线，走的是北京北部。蓝色的2号线是绕市中心走的环线，红色是东西向的1号线，1号线再往东的延伸线是八通线。还有，紫色是南北向的5号线，淡蓝色是从西北到东南的10号线，再就是为北京奥运建的绿色奥运支线和灰色的机场线。

山下：那虚线呢？

孙： 那是还在建或是还在规划中的。今后线路会一条条开通，应该会越来越方便。走，咱们进去吧。

山下：站台也很漂亮啊。

孙： 13号线还是好几年前建成的。你要到新建的10号线和5号线的站台去更漂亮呢。都装有屏蔽门，感觉相当现代化，而且也安全。上车吧。

山下：在日本，车里是不能打手机的，中国好像没事啊？

孙： 嗯，不管地铁还是公交车，通话都没有任何限制。

山下：还是中国方便啊，哪都能用。

二、北京——每周停驶一天

2008年北京奥运会及残奥会期间，北京市按车牌号实施了交通管制政策，即按车牌尾号，严格规定双日只许双号车行驶，单日只许单号车行驶。

奥运会结束以后，为防止道路拥堵，缓解空气污染，北京市继续进行交通管制，推出新措施，规定工作日行驶在城市中心区五环路以内的车辆，按车牌尾号每周停驶一天。例如，周一尾号为1和6的车辆，周二尾号为2和7的车辆限制通行，违反规定的车辆将遭受罚款。

此外，为平衡市民用车负担，尾号停驶日每月轮换。上个月每周一尾号1和6停驶，这个月就改为每周二尾号1和6停驶，以此类推。这种本周一次的机动车交通管制政策将持续至2010年4月10日。

北京市交管部门采取减征车船税等举措，以寻求有车族支持，但仍有不少人对复杂的规定颇有微词。

有位母亲痛下决心表示说："我们孩子上下学既没校车也没直达公交车，停驶那天只能打的。这是一笔不小的开支，而且很麻烦，我都打算再买一辆车了！"

截至2009年2月底，北京市机动车总量已比奥运会期间增加30万辆，达到356万辆。对于日益增加的机动车与愈发严重的道路拥堵，每周一天的停驶规定能够起到根本作用吗？是否还应该痛下功夫从根本上完善交通信号灯控制系统等交通体系，加强市民遵守交通规则的意识呢？市民们围绕今后此类交通管制政策的长期实施，展开了激烈讨论。

不管怎么说，这或许就是生活在城市里的人理应承担的任务与责任吧。北京有车族痛苦忍耐的日子似乎还得持续一段时间。

三、中国的客运专线建设——绵延12万公里的乡情

在中国，每年春节前后，都有数以亿计的人回乡或返城，铁路拥挤不堪。"回家过年"是中国人根深蒂固的观念。然而，短时间内的大量客流会对铁路运输造成很大负担。"一票难求"现象一直存在，令铁道管理部门为之头痛。

自2004年起，政府对铁路建设进行大规模投资，开始兴建客运专线。2008年11月，铁道部公布了《中长期铁路网调整规划方案》。自2008年起，到2020年以前，将投入总额超过五万亿元的资金，新建铁路里程约四万公里。规模如此之大的铁路建设和投资，在中国铁路建设史上尚属首次。

　　目前，最高时速350公里的京津城际铁路和穿越世界屋脊的西宁到拉萨铁路已经开通，京沪高速铁路、京广客运专线、兰渝铁路等多个项目也在建设当中。

　　铁道路副部长陆福东表示：

　　"在中国，铁路是最短缺，最需要发展的基础设施。所以增加铁路方面的投资，不会带来重复建设、无效建设的问题。按计划，我们将用三到五年的时间，实现中国铁路区间的客货分流，形成以高速铁路和城市间铁路为主体的旅客运输网。届时，列车每隔三到五分钟就有一班，一票难求现象会得到很大改善。"

　　家在广西壮族自治区的杜先生，几年前来广州打工，他对2008年11月动工的南广铁路寄予了很大期望。

　　杜先生说："现在，坐火车回南宁得花十三四个小时。坐汽车也得八九个小时。难熬得很。等南广铁路开通了，只用花三个小时。变化真是太大了。"同样，贵广铁路开通后，现在的二十二小时路程也将缩短到四小时。

第9单元　政治与中日关系

张：大家好。从今天开始这一周的时间里，京华大学和樱咲大学将共同举办七场中日学生联合论坛。今天是第一场，论题是"中日关系"。

首先，我来介绍一下今天的特别嘉宾。我们有幸请到了中国社会科学院日本研究所研究员，日本问题、中日关系问题专家冯先生。冯先生演讲的题目是《中日关系的前景与挑战》。接下来就有请冯先生为我们做演讲。

一、主题演讲：中日关系的前景与挑战

大家好。今天，我能够应邀来到这个论坛与大家交流，感到非常荣幸。

前一阵，日本首相麻生太郎在访华期间，说了下面这番话。

日中两国都在各自国家利益的基础上开展外交，也有各自的历史、文化和传统，因此难免有时会产生摩擦。而正因为关系密切，两国之间今后也会出现这样那样的话题、课题和问题。但我对于日中关系的前景是很乐观的。因为我确信，未来日中共赢的实现能够推动两国的和平与发展，也有助于亚洲与世界的和平与繁荣。

那么，中日关系的未来究竟有哪些乐观的前景呢？我想有以下几个方面。

（1）中日关系现在可以说是"和则两利、斗则俱伤"，发展两国关系符合中日两国各自的利益，这一认识对两国绝大多数人民来说已成为一种共识和常识。

（2）当前世界面临三大危机——金融危机、环境危机、疫病危机。作为"一衣带水"的邻国，中日两国面对以上危机，已经不是"要不要合作"的问题，而是"如何加强合作"的问题。周恩来总理所提出的"求大同，存小异"的主张当中，"求大同"这一点在两国关系中的份量将日益加重。

（3）从布什政权到奥巴马政权，中美关系呈现出良好的发展势头。我认为，在今后相当长的一段时间内，日美同盟关系将不会发生大的改变，而中美关系的改善则有可能带动中日关系的进一步改善。

（4）长期以来，历史问题与台湾问题成为中日关系的两大症结。然而，近年来两岸关系的升温也将为中日关系带来正面影响。

（5）美国次贷危机引发全球金融动荡和经济衰退，也让人们切实感到需要摸索一种不仅适用于某个国家，而且适用于所有地区的、面向21世纪的"亚洲可持续发展模式"。

187

今后，中日两国面对为振兴亚洲做贡献这一共同目标，将会从"争夺主导权的对手"转变为"携手合作的伙伴"。我们在对中日关系的未来发展感到乐观的同时，也不能不关注影响两国关系发展的各种负面因素，并将如何消除这些负面因素作为两国的共同任务。

　　第一，在历史问题上，我们改变了过去那种"只有解决了历史问题，中日关系才能发展"的所谓"前提论"，采取了"既要认真解决历史问题，又要推进中日关系发展"的所谓"双管齐下论"。虽然我们也注意到了日本政府曾经多次为那场侵略战争向中国表示了道歉，但是，这并不意味着中日两国已经实现了"历史的和解"。在两国（当然不只是中日两国的问题）尚未实现历史和解的情况下，对中国人来说，历史问题的"敏感性"和"牵动性"难以改变。而没有经历过那场战争的日本人也很难理解为什么历史问题对中国人来说会有如此强烈的"敏感性"和"牵动性"，甚至出现所谓"中国在打'历史牌'"之类的奇谈怪论。

　　第二，中国的和平发展也被称之为"和平崛起"。如何对待中国的"崛起"，如何与"崛起"的中国相处，这是日本自明治维新以来从未遇到过的问题。通过观察日本的媒体报道，可以看出日本人对于中国的"崛起"的心理反应是复杂的，多元化的。麻生首相在这次访华期间发表的讲话中也谈到：

　　"中国近年来发展迅猛，我认为中国的发展给国际社会带来了机会，当然对日本来说也是一大良机。但确实也有部分人担忧中国经济发展后会不会走上军事大国之路。我们了解近年来中国提出和平发展战略，决心为构筑一个永久和平与共同繁荣的世界做出自己的贡献，我们也期待着中国采取与该决心相符的行动，消除地区和世界的不安与担忧。

　　今后，日中两国都不要成为军事大国、不要成为彼此的威胁，而要为和平发展而携手努力。我坚信，这才是国际社会对日中两国的期待。"

　　部分日本人面对中国迅猛发展在心理上出现不平衡甚至有些恐惧感。同时他们又对中国在发展中出现的诸如环境恶化、贫富两极分化、地区及城乡差距拉大以及腐败问题等等感到不可理解。

　　第三，正如某位日本外交官所指出的，需要抑制"民族主义"，防止它成为影响两国关系发展的障碍。今后，中日两国仍然需要防止出现"民族主义刺激民族主义"的恶性循环。

　　第四，钓鱼岛主权争端和东海油气田开发问题可能上升为两国关系的一个主要障碍。怎样解决开发海洋资源的紧迫需要与主权争端久拖不决之间的尖锐矛盾？如何才能找到一种现实可行、互利双赢的措施？这也是考验中日两国智慧的一大难题。

　　　　张：感谢冯先生精彩的演讲。那么接下来就进入提问环节。各位在提问时请先自报姓名与单位。

二、提问环节

食品安全问题

　　田中：我叫田中，来自樱咲大学汉语系。自从2008年发生"饺子事件"以后，人们对进口到日本的中国食品产生了"不安全"甚至"有毒"的印象。我想请教一下这件事对中日关系有哪些影响，以及今后应该怎样防止类似的事情发生。

冯："饺子事件"是一个很典型的事件，反映了中日两国国民之间的相互理解之不足，相互感情之脆弱的一面。在日本，"饺子事件"经过媒体的热炒，已经成为一个具有象征意义的事件，其内涵就是但凡中国生产的食品都不安全。"饺子事件"也成了日本人中对中国持有好感的人数比例下降的主要原因。

但是，从日本厚生劳动省统计的进口食品不合格率看，中国位于不合格率最高的10个国家的名单之外，而且比美国还低。许多日本专家参观了中国生产对日出口食品的工厂，对其卫生状况给予了肯定。只是由于日本从中国进口的食品数量极大，因此从绝对数量看，食品方面的问题案例比较多，当然这在另一方面也表明了中日两国食品贸易关系的紧密程度。总之，为防止突发事件影响两国关系及国民感情而建立起一种切实可行的机制，已成为当下两国必须共同面对的一个问题。

三、日本原首相福田康夫访华演讲（2007年12月28日于北京大学）节录

在新年即将来临之际，福田到了，就是福到了。

今天，我有机会在历史悠久的北京大学同肩负中国未来重任的同学们交流，感到十分荣幸。

北京大学作为中国的最高学府，教育水平之高，为世界所公认。许多日本留学生也在北京大学学习，另外我听说我的母校早稻田大学同北京大学有着长期活跃的交流，这令我感到很高兴。

下面我希望占用同学们一点儿时间，就日本和中国的关系，把我日常的一些想法向各位做个介绍。

同学们，你们怎么看待互为隔海相望的邻邦，有着两千年交流历史的日本和中国的关系呢？温家宝总理今年四月访日的时候在我国国会上表示："强调以史为鉴，不是延续仇恨，而是为了更好地开辟未来。"我以严肃的心情接受温总理的这段话。我认为在历史长河中，即使有过那样一段不幸的时期，我们也有责任、有义务认真正视它，并将它传达给子孙后代。战后，作为自由民主国家而获得新生的我国，一贯走和平国家的道路，并致力于同国际社会的合作，我觉得这是值得自豪的。但是我认为在自豪的同时，还必须对自己的错误进行反省，并保持诚恳谦和的态度，照顾到受害者的感情。只有认真地看待过去，并且勇敢而明智地反省该反省之处，才能避免今后重蹈覆辙。

同时，在纵观日中漫长历史时，我们不应该忘记其实双方之间的友好交流更为悠久、成果更加丰硕。

日中两国关系，从具有历史意义的邦交正常化至今，见证了整整一代人的成长。两国关系在国际形势的风云变幻中也发生了巨大的变化。在此背景下，我们应该如何把握我们之间的关系，又应该如何去建设它呢？

中国自1978年实行改革开放政策以来，大刀阔斧地改革国内制度，同时积极推进对外开放，并于2001年加入了世贸组织，目前已经成为GDP占世界第四、贸易额世界第三的国际经济中的主要成员。中国经济的飞速发展，不仅给日本，而且给亚洲及世界带来了很大的利益。在政治方面，中国更进一步地提高了在国际社会的存在感和影响力，并对地区和国际社会的各种问题给予关注、采取行动，发表意见。

另一方面，我国为发展经济和改善民生作出了努力并取得了成果。在此过程中，虽然先后经历了长期经济增长时期和泡沫经济的破灭，但日本经济具有牢固的基础，依然保持着仅次于美国的经济规模。在政治方面，我国比以往更清晰地向国际社会传达自己的声音，更加积极地 开展国际合作。

由此，日中两国已拥有了为亚洲及世界的稳定与发展作出贡献的能力，这对两国来说是重大的机遇。两国在许多问题上有着共同利益，共同的目标和准则也在增加，这也可以说是在利用这一机遇上发生的重要变化。WTO 等国际性经济准则的履行自不必说，如果双方都能在提高透明度，履行说明职责等方面切实履行政府应当履行的国际义务，那么两国的对话与合作关系也将会进一步深化。

另一方面，两国之间仍然存在有待克服的问题。日中两个大国在所有问题上都达成一致看法和立场是不可能的。我们必须冷静地讨论、共同应对这种分歧。然而事实上由于相互理解和相互信赖还远远不够，无论在日本还是在中国，都有不少人有过不满的情绪，搞不懂对方为什么不能理解自己的感情。必须指出，不顾日中关系的历史及复杂的渊源，尤其是不顾我们所处的国际形势的大方向，缺乏大局观念，任由感情用事，都是非常危险的。

在这些问题面前，关键是要坦诚交流，加深相互理解，彼此承认差异，努力了解对方的真实面貌。正所谓"知之为知之，不知为不知，是知也"。在此基础上，我们要看到两国间所存在的共同利益并努力使其扩大。始终抓住双方的共同目标，共同探寻解决之道，这种态度是很重要的。

我认为，顺应世界的潮流和大义来指明日中关系的方向、开创未来，这一姿态是非常重要的。我坚信，日中两国作为对国际社会负责任的大国，如果能够着眼于世界大局，不辜负世界期望，致力于"互惠合作"和"国际贡献"的话，就可以超越彼此立场的差异，构筑起"相互理解、相互信赖"的关系，由此成为共创亚洲与世界美好未来的创造性合作伙伴。日中两国通过共同开创创造性事业建立起为全世界所依赖的关系，想到这些，我们的心中不就会充满希望吗？我衷心期望日中两国成为真正的朋友，不挑剔相互差异，而是面向同一个目标，为了世界而携手合作。

第10单元　经济发展与金融

上杉：各位早上好。今天是我们论坛的第二场，要讨论的是经济发展与金融。今天我们的内容由两个环节组成，第一环节是经济，第二环节是金融。本场的特别嘉宾我们请到了日本21世纪经济研究中心的会长丰田先生。我们将请丰田先生在第一环节为大家做讲座，题目是《21世纪的日本企业状况与对华经济合作》。接着在第二环节中，我们将请金融方面的专家、京华大学经济学院的林教授讲话，并围绕席卷世界的金融危机进行自由讨论。那么我们现在就进入第一环节。有请丰田先生。

一、主题演讲：21世纪的日本企业状况与对华经济合作

大家好。今天能够应邀来到论坛并获得发言的机会，我感到非常荣幸。

去年十月，由我担任会长的21世纪经济研究中心和京华大学共同举办了一个研讨会，晚会上，张国华老师热情邀请我做一次讲座，盛情难却，于是我今天就来到了这里。

今天我将占用大家一个多小时的时间，就"日本的现状与日本企业的状况"以及"对华经济合作的前景展望"和大家分享一下我平日的思考和感想。

日本经济现状

大家知道，日本经济长期以来处于低迷状态之中。我国成功实现了从二战后的一片废墟到经济发达国家的飞跃，成为仅次于美国的经济大国。但进入上世纪90年代之后，我国苦于泡沫经济后遗症的困扰，无力应对"全球化社会""高度信息通信网络社会"等新浪潮，未能充分完成经济社会体系的变革，直至今日。处于当前这个超竞争时代，对未来的"闭塞感"和担忧的情绪更是日益加重。

与此同时，人民在心理上又存在侥幸的一面，觉得单从生活现状上看也没那么差。我觉得现在蔓延着这样一种心态：一方面觉得这样下去不会有转机，但却又总想安于现状，问题能拖就拖。

就这样，在渴望突破与安于现状的情绪交织的状态下，问题迟迟得不到解决。现行的种种制度已经走入死胡同，不久我国又将迎来真正的少子老龄化社会，问题继续拖下去，继续安于现状不仅对日本来说是行不通的，而且从对亚洲经济、世界经济的影响和贡献的角度来看也是行不通的。

未来的愿景

现如今，为了打破这种"闭塞感"和安于现状的情绪，我国最需要的是对经济社会的建设目标有一个清晰的愿景。描画一幅理想的图景作为目标，再向着这个目标一步步努力，需要的就是这样一种愿景。

在我担任经团连会长期间，1996年3月，我在一份题为《创造有魅力的日本》的报告中，提出了21世纪日本发展方向的愿景。我在以经团连会长身份参加各项活动时，对我国今后应如何发展，政府和民间应通过哪些努力来实现这一发展等有很多想法，这些想法都体现在了这份报告中。

具体内容我没有时间一一叙述，简单扼要地概括一下，我的建议就是：通过放宽限制与灵活运用市场规律建设真正意义上的民间主导型经济；政府要为激发民间活力创造环境，建设精干高效政府；推进开拓未来的技术研发，巩固面向未来的技术立国体制。

贵国正在推进行政、金融、国有企业三大改革以及顺应市场机制的宏观经济调控等各项体制改革，我认为这些构思与贵国的政策目标及战略在某种程度上是有着共通之处的。

尽早清算旧债

那么，为了使新世纪的日本恢复活力，建设一个比以往更能为世界做出贡献的经济社会，我们究竟该怎么做呢？

正如我刚才提到的，我国很多问题一拖再拖，像金融机构的不良债权、巨额财政赤字、少子老龄化社会的退休金、医疗、护理等领域的制度设计问题等等，需要开刀解决的体制改革问题已堆积如山。

这些问题在某种意义上可以说是旧债，处理这些问题可能会带来破产企业的增加、就业不稳定等极其困难的局面，尽管如此，我们希望在政府领导之下，尽早完成问题的处理，并且通过构建安全网尽可能减少负面影响。

对华经济合作的前景展望

接下来，我想就"经济合作的前景展望"谈一下我日常的一些感想。

日中关系是世界上最为重要的两国关系之一，如果两国关系恶化，那么不光对日本和中国，对世界也会产生很大影响。世界的繁荣，离不开日中关系的健全发展。

我刚才谈到了，我认为今后我国应当走适合21世纪的技术创新立国之路，从这个大方向上看，我觉得今后的对华经济合作将会活用日本的技术和制造业经验，并将环境问题纳入合作范围。

具体来说，我想大致有三个要点。

一是进一步促进产业技术方面的长期合作。具体来说，就是积极推进技术转移和在华投资企业本地化。这一合作能提高中国企业的综合实力。

二是在农业发展方面进行合作。贵国人口众多，粮食自给是大问题，搞活占总人口70%的农村经济，是无法回避的主题。因此，在粮食加工、储备、物流建设等农业发展方面投入力量，有助于稳定中国经济。

三是在环境保护政策方面进行合作。我认为，今后的发展方向应该是以环保为前提的经济可持续发展。我也听说贵国在经济持续高度增长的过程中，环境问题一年比一年严重。

过去有一段时间，我国的环境公害问题也非常严重，但在政府和人民的共同努力下，通过完善法律、节约能源、发展环境设备产业等举措，日本的生活环境有了很大改善，并且开始努力实现向循环型经济社会的转型。在这些方面，日本经济领域的经验和技术也将会大有用武之地。

除以上三点以外,我还认为有必要将贵国的重要政策"西部大开发战略"下的合作纳入考虑范围。然而西部地区面积广大,基础设施极少,投资环境、自然环境都很恶劣。如果贵国政府能够加强基础设施建设,提供大量优惠条件,建立援助机制,那么日本民间企业或许会在资源能源开发、基础产业的大型核心项目中发挥日本的技术优势,进行积极合作。

结语

最后,我听说京华大学的各位同学希望我在这次演讲中介绍一下丰田成功的秘诀,那么我就简单讲两句。

坦率地讲,为了在全球竞争中生存,丰田至今仍然在不断地努力。要说什么成功的秘诀,实在令人惭愧,我想我们能有今天都是因为我们一直坚持"顾客至上",对市场变化作出迅速反应,还有坚持认真生产"优质产品"。

或许正是这些使得我们能够发现市场潜在需求,并将其作为我们开拓创新的源泉。

再有,我们同相关零部件厂家、材料厂家以及零售店团结一心的合作关系也起到了很大作用,这也是不容忽视的。

从产品附加值来看,可以说丰田仅仅生产了产品的一部分,很大程度上靠的是与零部件厂家和材料厂家的合作关系。同时,如果没有零售店在销售第一线倾听顾客声音,准确传达顾客需求,顺应市场需求的开发工作也无从谈起。

丰田希望在中国市场也能通过天津汽车生产业务、零部件生产业务、四川成都的中型客车生产业务,在客户身边直接倾听客户声音,满足客户需求。不过我这么说可能有些自我吹嘘之嫌吧。

讲得不好,还望大家多提批评建议,我的演讲到此结束。

感谢大家。

二、金融危机中的世界与中国

1. 受此次金融危机影响,今后世界经济动向会如何变化?

林:金融机构是靠信用生存的。人们不了解金融衍生产品的风险,只有等金融机构陷入危机,才开始起戒备之心,于是造成金融机构的资金无法流动。一家银行垮掉,会导致更多的银行破产。银行必须随时备好储备金,以便那些对银行不信任的人随时可以取出存款。如此一来,即使有钱也无法用于贷款,投资也随之放慢。

由于房地产泡沫破灭,人们对经济失去了信任。股市下跌,使投资者蒙受财产损失,消费就会减少。在这种情况下,发达国家将不可避免地陷入经济衰退期。这已经成为了民间机构和政府机关的共识。据估计,美国和欧洲、日本等发达国家2009年经济增长率将为零或出现负增长。

2. 中国如何应对此次金融危机?

林:这次金融危机中,对中国来说最重要的就是保持金融发展的高速度。目前,有种意见说中国应当拿出2万亿美元外汇储备挽救金融市场。但这2万亿外汇储备并不全是现金,大部分都用来认购美国国债。如果抛售变现,很可能会导致其他危机。

金融风暴无疑也会对中国造成影响。我们希望它能尽早过去。总体来看,中国自身经济平稳,

宏观上状况也比较好，各项外汇储备比较充足，我相信中国有能力顺利度过这次危机，继续经济的高速增长。

中国有一个应对金融危机的良方，那就是刺激内需。中国的内需还有很大的提升空间。比如，更大规模的基础设施投资、医疗与社会保障支出，而最重要的是我们不能忽视农村这个大市场。我们必须改善农村发展环境，增加农民收入，挖掘农村需求。

2009年，强劲的消费支出和固定资产投资将继续成为中国经济发展的动力。今年中国的经济增长率比起过去的两位数来肯定要有2%到3%左右的调整，估计在8%到9%之间。在世界范围看，可以说中国的经济增长仍然算快的。中国经济的快速发展，就是中国对这次金融危机的最大贡献。

3. 如今金融危机席卷全球，有学者警告中国不要过度开放，关于经济开放和经济安全的关系您是怎么看的？

林：中国有句谚语叫"因噎废食"，我们不能"因噎废食"。一个国家发生的问题波及其他国家，这是全球化的代价。但是，通过全球化，如果世界分工进一步细化，各国可以进一步发展本国的优越性，使资源有效利用、加强技术转移、降低产业技术升级的成本。也就是说从整体看利远远大于弊。我们必须正确总结这个问题。吃饭时稍微注点儿意把刺挑出来就不会卡嗓子。如果不改革不开放，回归计划经济，情况会比现在还差。

改革开放以前，进出口贸易仅占国内生产总值的9.5%左右，外资没有进入，所以中国也没有受到来自国外的任何冲击。那时我们可能处在一种"无忧"状态，但绝对不是"高枕"。因为当时中国人民的人均可支配收入不到150美元。现在，随着全球化发展，进出口占到总产值的近70%，外资大量进入。这次，国内也受到一定程度的影响。出口明显减少，股市和房市也下跌了。然而我们市民的人均可支配收入达到了2000美元，这正是全球化的功劳。因此，我认为今后也应该继续向全球化方向发展。

第11单元　IT与信息社会

田中：今天的论题是IT与信息社会。希望我们大家一起对互联网与计算机、手机等信息社会所不可或缺的东西作一番思考。今天我们请樱咲大学信息工程专业的佐藤来做主题发言。那么就有请佐藤。

一、主题发言：互联网的普及与应用

同学们，互联网为什么就这么受欢迎，普及得这么迅速呢？是因为互联网能够收发邮件，使人际交流更有效率吗？还是因为它引入了基于超本文概念的搜索引擎，使信息和知识的传递与吸收更加便利了呢？今天，我想就互联网迅速普及的原因谈一谈自己的看法，然后介绍一下日本的互联网利用情况。

1.展示自我的舞台。

我认为人类都有自我表现的原始欲望，也就是将自我对事物的思考方式、在特定情况下的行为方式以及自我的内心活动在公众场合表现出来给别人看的欲望，简言之就是想让自己看上去跟别人不一样，想表达自己的个性。比如把自己想说的话写下来给报纸投稿，把自己的想法写成书出版，这些行为可以说就是这种欲望的反映。不过书不是说出就能出，稿件也不是说登就登的。而且书和报纸有发行数量和发行地区的限制，并不能传达给全世界每一个人。而互联网就超越了所有这些限制，满足了我们人类的自我表现欲。

我举个身边的例子吧。现在以大学生为主的年轻人大都在用SNS（网络社交平台）。注册一下个人信息，就能在网上和众多用户相识、交友、进行各种形式的交流。也就是说在网络上构建一个社交网。这种网站里最有名的得数美国的Facebook了吧。在日本年轻人中非常流行的mixi也算一个，我和我的朋友们都在用。中国好像也有个主要以学生为对象的"人人网"。我听说那网站非常有人气，大学生几乎就没有不用的。通过这类网站，任何人都能将自己的意见看法以日志等形式轻松发布。除此之外，还可以上传照片、视频等等，利用多媒体表达自己对世界的认识。再有就是很容易就可以对别人发布的内容进行回复。人们在热衷于这种你来我往的同时，也加深了彼此之间的了解。由此一来，新的自我表现方式不断涌现，SNS就具备了很大的影响力。

2.集体智慧。

有一本美国人写的书，对大伙儿在一块儿出主意，也就是所谓的"集体智慧"进行了阐述。其

中写到一个估测牛体重的实验。让几个参加实验的普通人组成的团队和研究牛的专家分别估测几次，结果那一队参加实验的普通人估测出的体重比专家更准。这本书指出"几个人组成的团队比专家更能作出准确的预测"。这种事也发生在了互联网上。可以说搜索引擎就是靠着这种集体智慧建立的。利用网上的集体智慧，你可以查询一切领域的信息，并且都能在几秒钟内得到最优搜索结果。

我们的调查表明，几乎所有人在使用互联网时都会使用搜索引擎。

3.使用情况。

那么，人们在实际生活中究竟是如何使用互联网的呢？近年来，传媒形式发生了很大变化，尤其随着手机功能的增强，地面波数字电视的播放，互联网的应用扩展得非常迅速。樱咲大学信息工程专业在去年三月通过报纸、电视、广播、杂志和互联网这五种信息源，对人们在生活中收集信息的方式进行了调查，下面我对这项调查的概况做一下介绍。

《关于互联网使用的调查问卷》调查结果概述

调查时间：××年11月1日~11月13日

有效问卷：2,068份（有效回收率：68.9%）

调查途径：互联网

1.人们在生活中使用互联网的情况是：在工作、学习方面平均4个人有1个人不用，私人用途方面则几乎所有人都用。

将互联网用于工作、学习方面的日均使用时间，最多的是"两小时以上"，占22%，其次是"半小时~一小时以下"，占17%，"15分钟以下"（12%）"15分钟~半小时以下"（13%）"一小时~两小时以下"（12%）也各占一成左右。

而将互联网用作私人用途的日均使用时间，最多的选项是"半小时~一小时以下"，占28%，其次是"一小时~两小时以下"（22%）"15分钟~半小时以下"（20%）各占二成左右。

2.工作、学习方面的互联网使用情况，近两三年"没有变化"的最多，占29%，加上"大幅/有所增加"共占到42%。

而"大幅/有所减少"的约占6%，工作、学习方面的互联网使用呈增加趋势。

此外，在私人用途方面的互联网使用情况，选择"增加（大幅/有所）"的占60%。

3-(1).选择用互联网（手机、电脑）收发邮件的问卷中，"手机"一项选择"几乎每天"的占53%，其他使用频率都在一成左右，基本相同。而选择"未使用"的占16%，说明有的人主要将手机用于通话。

使用"电脑"一项中，选择"几乎每天"的占72%，其他使用频率各占一成左右。

3-(2).选择用互联网（手机、电脑）收集信息的问卷中，"手机"一项选择"几乎每天"的占15%。即使把截至"少于一周一次"的所有选项加到一起，使用"手机"的也只有54%，仅占半数左右。而选择使用"电脑"的问卷中，"几乎每天"占了68%，可以看出"手机"和"电脑"的使用方式有很大差异。

3-(3).选择用互联网（手机、电脑）购买商品的问卷中，选择"手机"的只有18%，选择"电脑"的达到85%。而选择目前"未使用"的问卷中，有33%选择了以后"想使用"。

3-(4).选择用互联网（手机、电脑）使用网络银行、在线交易的问卷中，选择"手机"的只占10%，"电脑"有49%，约半数在存款、汇款、金融商品买卖等方面使用网络银行和在线交易。

3-(5). 选择用互联网（手机、电脑）同他人交流（使用SNS、互动问答网站等）的问卷中，"手机"占27%，"电脑"占56%。

4.使用互联网收集企业信息这一项中，"商品、服务内容（含价格）"（84%）与"企业业务内容等"（80%）占八成以上，其次是"商品、服务的评价与印象"（60%）。在收集企业提供的商品、服务及其业务内容与商品、服务的评价等信息过程中，"互联网"得到了有效利用。

此外，在"面向股东的企业信息"（43%）和"企业发行的报告书"（37%）方面，也有约四成使用互联网。

至于未来的互联网使用，由于手机等便携终端能够满足"立即"获取所需信息的要求，其重要性应该会越来越高。互联网已经成为我们生活中不可缺少的事物了。

二、讨论—迎接3G时代

孙：　佐藤的发表真棒啊。

山下：是啊。小孙你都用互联网做什么呢？

孙：　这个嘛，首先是收发电子邮件。然后就是要查东西时用搜索引擎。再有就是下载软件、聊聊天什么的。偶尔也会在网上购购物。

山下：我跟你基本也差不多。要说现在假如没有互联网，学习、工作、甚至娱乐，可以说什么也做不成。

孙：　对了佐藤，问你个问题行吗？

佐藤：行啊，只要我回答得了。

孙：　刚才你在发言时提到说手机有个好处是即使出门在外也能立即获取信息，所以今后会越来越重要。现在常有人说手机进入了3G时代。3G到底是什么意思呢？

佐藤：哦，这是手机制式的名称。3G的G是英语generation的首字母，简单地说就是"第三代"的意思。"3G手机"就是支持第三代通信技术服务的手机。再说得具体点儿，有个组织叫ITU（国际电信联盟），它制定了一种叫IMT-2000的标准，符合这一标准的数字手机就被称为3G手机。

孙：　那它和第一代、第二代有什么区别呢？

佐藤：嗯，所采用的技术功能不同。第一代手机是模拟制式的，只能用于语音通话。这一代手机已经基本淘汰了。第二代是数字制式的，增加了数字通信功能。具体来说，就是能够用手机收发邮件，阅读网页。这种手机目前在中国也有广泛的用户群。而第三代和第二代相比，不仅数字通信速度大幅提高了，而且多媒体功能得到了改善，能够享受从图像、音乐、视频等各种信息处理到电话会议、电子商务等多种服务。

孙：　原来如此。简直成了掌上电脑了。那樱咲大学的各位同学用的是3G手机吗？

山下：是的。日本是世界上最早开始使用3G的国家。

佐藤：准确地说，是最早普及3G商用服务的国家。在日本，3G技术早在20世纪90年代就开发完成了，当时美国还处在2G的全盛时期，欧洲也只有部分地区开展了服务。目前，日本的

3G手机用户大约有8,180万，占移动通信总体的80%以上。3G已经名副其实成为了日本手机的主力军。

我听说中国也引进了3G，前一阵还发放了3G牌照。我想就此请教一下熟悉中国3G情况的朋友。

赵：我姓赵，是京华大学信息工程专业的教师。我来介绍一下中国的3G。中国工业和信息化部向中国移动、中国电信和中国联通三家公司发放了3G牌照。三家公司使用的通信标准各不相同。中国移动使用TD-SCDMA，中国电信使用CDMA2000，而中国联通使用WCDMA。其中TD-SCDMA是中国自主研发的，受到了很大关注。虽然各大运营商的3G业务已相继上市，但3G在国内市场的普及还要等待几年的时间。专家预计5年后，3G才能成为移动信息通信服务真正的主角。

佐藤：这是为什么呢？

赵：任何一个市场的全面启动都必须有一个前期铺垫。你像VCD在中国国内市场从诞生到人气暴涨花费了10年时间。即使是MP3和数码相机的普及也耗费了5年的时间。3G的普及再快也不会短于3年。从目前的情况来看，经过1年多的试商用测试，国内仅发展了50多万3G用户，与2G用户6亿多的规模还有较大差距。

佐藤：那也就是说，像日本那种激烈的客户竞争还没有出现是吧？

赵：中国的3G市场潜力虽然很大，但多数消费者目前觉得3G通信费用过高，还处于观望之中。所以，目前3G市场的竞争是广告竞争而不是真正的客户竞争。每一家运营商都希望通过广告竞争带动中高端客户向3G迁移。

佐藤：我明白了。谢谢您。

山下：真复杂啊，不过学到不少东西。

三、中国笔记本电脑情况

1. 为什么日本的笔记本电脑在中国没市场

中国IT门户网站"中关村在线"对国内市场上的欧美、日韩、中国笔记本品牌的受关注度进行调查并公布了结果。

该调查结果显示，在今年上半年，按地区看"中国（56.8%）"品牌最受关注，其次是"欧美（30.8%）"，"日韩（9.7%）"受关注度最低。具体来看，中国品牌中，华硕（17.5%）、联想（13.1%）、联想ThinkPad（8.5%）、宏碁（7.0%）最受关注。而欧美品牌中的惠普（20.3%）、戴尔（9.0%），日韩品牌中的索尼（5.0%）、三星（3.0%）、东芝（1.7%）受关注程度较高。

IDC（IT专业市场调研公司）的资料显示，全世界笔记本电脑市场份额中，2001年美国品牌占41.4%，日本品牌占31.9%，中国品牌占4.1%。2005年同样是美国占36.3%，日本24.9%，中国20.7%。也就是说，与世界市场相比，日本品牌笔记本电脑在中国受到了极度冷落。

为什么日本品牌的笔记本在中国市场表现疲软呢？中关村在线分析道："富士通、东芝、索尼等纷纷推出了各有特色的笔记本，然而遗憾的是，在中国笔记本平均价格走低的形势下，日本品牌

笔记本的价格过高。加上代理商少，产品稀缺，想买也买不到。"

2. 超低价笔记本电脑上市，中国笔记本电脑市场受冲击

2008年3月10日，华硕（台湾PC、PC配件、周边器材制造商）的超低价笔记本电脑Eee PC销售已突破35万台，预计第一季度销售将超过100万台。

索尼IT产品部门资深副总裁麦克·阿巴利评论道："售价仅299美元（约2126元）的Eee PC或许会彻底颠覆笔记本电脑市场。"

IDC（IT专业市场调研公司）预计，2008年世界笔记本电脑产量将达1亿2000万台。然而，超低价电脑销售额只占整体的2—3％，市场潜力尚待开发。Eee PC良好的市场表现，将带动中国国内众多PC厂商进军低端市场。

在超低价电脑市场，除了低价、低成本这一方面，产品的目标客户定位也很重要。例如，Eee PC就是主要面向学生和商务人士的笔记本电脑。

或许可以说，只有开发出功能和价位符合消费者需求的产品，才能在竞争激烈的低价笔记本电脑市场中求得生存。

第12单元　环境问题与环境保护

山下：同学们，大家好。我是今天的主持人山下。今天我们请到了樱咲大学政策信息系的三桥教授为我们做主题演讲，演讲的题目是"环境再生与日本经济——通向循环型社会的路标"。下面有请三桥老师。

一、主题演讲：环境再生与日本经济　　　——通向循环型社会的路标

如今，环境问题日趋严重。为什么会产生环境问题？这个问题的答案其实大家都知道。所以解决环境问题的大方向我想大家也都很清楚。那么我们不禁要问，问题的原因我们知道，解决的手段和方法我们也清楚，为什么问题就是解决不了呢？那是因为我们过去创造了富足的生活，对其成功体验无法轻易割舍。也许这正是问题之所在。

比如说现在24小时营业的店铺越来越多，给我们带来了方便。但是，一天24小时持续营业，就得消耗相应的能源。这个问题的解决方案只能是"缩短营业时间，不要24小时营业"。可真这么做了，店家就会输掉市场。

能源用得越多，我们的生活就越方便，越轻松。如果能源的消耗不会带来环境破坏、资源枯竭等问题，我们就能随心所欲地用电，用得越多生活越舒适——听说最近已经有全天24小时随时能泡澡的浴缸了。但是，这种梦幻生活只会让我们有限的地球资源面临破产。因此，我们不要死抓着过去的成功不放，要勇于彻底改变，这样我们便能很容易迈出解决环境问题的第一步。然而实际上人们往往不愿舍弃舒适便捷的生活，也因此使得环境问题的解决步履维艰。

〈自然界与人类社会的循环〉

人类社会处于大自然之中，经济活动只占其中一小部分。为了进行经济活动，人类从自然界索取各种资源进行加工，生产出各种人工产品进行消费，这些产品废弃以后又回到自然界，如此循环。因此，如果经济活动与自然生产力相适应，资源就不会枯竭，利用资源生产产品也会使生活更方便。但产品终究会变成废物，于是我们就将变为废物的产品排放到自然界中。在这种情况下，只要废物排放量不超过自然的自净能力，或者说恢复能力的作用范围，大自然整体上就会正常循环。

然而，由于我们一味追求生活方便，从某个时候开始大量消耗资源，排出的有害废物过多，已经超过了自然界的自净能力。所以说其实只要我们能够控制资源的过度消费和废物排放，就不会产生环境问题。我们首先应当认识到这一点，这是一个大前提。

〈人口增长与经济发展〉

那么，为什么人类社会会进行过量生产、消费，排放的有害废物又会越来越多，超过了自然的承受能力呢？谈到这个话题，我们就要提及20世纪两大特点，或者说是变化。一个是人口增长问题。20世纪被称为人口爆炸的世纪。距今大约100年前的1900年，世界人口大约是16亿5000万，而现在的人口是将近65亿。而且据联合国预计，2050年的世界人口将达到91亿。在这100年里世界人口增加了大约4倍，而且未来还将继续增加30亿左右，人口的增长是助长环境破坏的一个极大因素。

20世纪的另一个巨大变化是经济发展。为了追求富足生活，各国都以经济发展为目标，经济活动规模的扩大在创造出富足生活的同时，客观上也导致了各种类型的环境破坏。人口爆炸和无休止的经济发展最终引发了全球变暖、酸雨、臭氧层破坏、大气、土壤、水污染等各种环境破坏问题。其中，全球变暖问题被称为21世纪最严重的环境破坏。全球变暖影响了世界的大气环流和洋流，使得原来的粮食产地变得气候干燥、颗粒不收；还使得海平面上升，导致沿海地区的人们无法生活，问题层出不穷。（以下略）

〈节选自三桥规宏演讲《环境再生与日本经济——通向循环型社会的路标》〉

二、小组讨论：垃圾问题

山下：那么，接下来进入小组讨论时间。今天的论题是垃圾问题。垃圾问题是指与生活和生产中产生的各种垃圾、废物有关的问题。那么下面就请大家踊跃发言，谈谈各自的意见和想法。现在开始吧。

王：我来说两句。我觉得我们首先需要弄清问题的"背景"，也就是"垃圾"的确切含义。"垃圾"被当成"垃圾"处理，可以说其实反映了社会和个人的价值观。不同的时代，不同的社会，以及不同的个人，面对同一样东西，有的会把它当"垃圾"扔掉，有的却会觉得它有价值而加以利用。

三桥：的确，这个观点很新颖。"垃圾"为什么是"垃圾"，这问题看似有点玄乎，但是深入思考，却能够引发我们对制造"垃圾"的现代社会的价值观，以及人与环境的关系进行重新审视。

王：我还想补充一点，就是垃圾的性质和数量的问题。在各种物质——包括生物和非生物——均衡循环的时代和社会里，"垃圾问题"是不会产生的。可为什么在我们所生活的社会，垃圾问题会如此严重呢？我想问题的主要原因在于我们排放大量废物，超出了自然循环的承受能力，而且还包括塑料等自然界原本没有的、也就是说无法进入自然循环系统的东西。

田中：你说得很对。我也就垃圾问题的现状做了一些调查。就说日本的垃圾年排放量吧，1986年是4296万吨，1999年就增加到了5160万吨。垃圾增加的原因有很多，而且不仅是数量增加，随着人们生活的多样化，种类也越变越多。现在一些没用的大型家具等因为很难妥善处理，成为一大问题。

三桥：垃圾增加的原因可以举出很多，像耐用消费品的频繁更换，一次性商品和容器的普及，还有办公室自动化导致废纸增多等。

孙：为了减少垃圾，我们平时最好尽量注意不购买、不使用一次性产品。比如，购物时自带购物袋，尽量不使用塑料袋，我想这个不难做到。在日本，好像很多超市和便利店都在为减少使用塑料袋做宣传。中国现在也开始停止提供免费塑料袋，致力于减少生活垃圾。我想我们应该从身边的小事做起。

三桥：说得好。如果有人认为环境保护是社会和政府的责任，那就大错特错了。我们每个人的行为和努力是很重要的。所以，我们必须好好想想自己能做些什么。刚才小孙举了塑料袋的例子，同学们还有其他想法吗？

山下：我想，我们身边有各种纸制品：比如餐巾纸、卫生纸、纸袋、报纸、杂志、书等等。我查了查，在日本，每年使用的纸制品数量高达近3000万吨，所需木材如果用来造房子，可以建造300万座。真是不算不知道，一算吓一跳啊。在减少纸的使用方面，我们能够做些什么呢？比如说减少不必要的打印、复印，还有打印纸的双面使用等等。

孙：还有，可以尽量不用纸巾，而用手绢、抹布代替。卫生纸也是，只要有那个意识，就能少用一些。

山下：说来容易做来难啊，说实话，现在已经很难想象没有纸巾的生活了。正像三桥老师在演讲中提到的那样，舍弃方便的生活没有那么容易。但是照此下去的话问题只会越来越严重，所以还是需要我们每个人从点点滴滴开始努力。

田中：还有，回收再利用也很重要。比如牛奶纸盒的回收利用。有资料表明，日本每天消费2000万纸盒包装的牛奶，而纸盒回收率只占总体的20%。大部分用完就被扔掉了。

孙：话虽这么说，我还是觉得日本在资源垃圾的回收再利用方面做得很好。尤其是听说要对不同包装的容器进行分类回收，让人佩服。什么聚酯饮料瓶、塑料包装、纸包装、玻璃瓶等等都是分门别类进行回收的。在中国也有再利用的，你像不用的家具或者电器，如果还没坏，经过修理和清洁后会作为旧货出售。但是还没有像日本那样每家每户都对包装容器进行细致分类。

王：说到扔垃圾，有一点我觉得很有意思。在中国，废家电等不用的东西可以卖给收废品的，虽说卖不了几个钱吧。但是在日本，你要扔这类大型垃圾，反过来得交手续费。手续费根据垃圾大小和种类有所区别。我住在京都的时候，有一次扔一个不用的电脑，好像还花了1500日元呢。

张：在垃圾的分类回收方面，中国还很落后，很多地方要向日本学习。比如说在北京，最近很多社区里安放了分类回收式垃圾箱，分成"可回收垃圾""厨余垃圾""不可回收垃圾"三类。我住的社区里还分"纸制垃圾""塑料垃圾"。但是实际上，只是安放了分类垃圾箱而已，从垃圾箱里取出的垃圾并没有得到分类回收和运输。即使居民老老实实

分了类，回收阶段也全都混到一起了，这样就失去了分类的意义，居民也丧失了热情。光安放垃圾箱是不够的，今后的努力方向应当是建立分类回收系统和提高社会整体意识。

三桥：您说得非常好。我们每天都生活在大量"物品"中间。我们制造物品、使用物品、丢弃物品，由此获得了舒适便利的生活。但是，这种生活给环境造成了巨大负担。今后我们面临的最重要的问题，就是如何将大量生产、消费、丢弃物品的"单行道社会"转变为"循环型社会"。为此，我们首先要在日常生活中实现垃圾的"减少"（reduce）、"再使用"（reuse）、以及"再利用"（recycle），也就是努力做到3R，这一点非常重要。

三、举手之劳保护环境

朋友，你平时会不会很不经意地就把吃剩的酱汤呀面汤之类的倒进厨房水池里？可是你知道吗？倒掉200毫升的面汤，需要3.3个浴缸（1缸300升）的水量，才能将水质提高到鱼类能够存活的水平。而如果倒掉500毫升炸天妇罗用过的油，则需要330缸水来处理。

如果我们洗碗刷锅时把沾着的食物残屑和油直接冲洗掉，那也将成为水污染的一个重要原因。而如果我们把炸天妇罗用过的油先用旧报纸或旧抹布吸干扔掉，把锅盘里的污渍先用纸擦干之后再洗，就能很有效地减少水污染。可以这么说吧，"厨房就是海洋的入口"。

我们的生活和环境的关系就是如此密切。我们每个人一个没留神，就会使环境遭到很大的破坏，同样，我们的点滴努力，也能帮环境一个大忙。可以说，地球美丽的环境能否得到保持，完全取决于我们的生活方式。

过去我们的生活和采取的政策导致了地球环境危机的产生，那么反过来也就是说，我们自己也有防止和控制危机的能力。

我们每一个人的行动本身是微不足道的，但是它们累积起来就会拥有改变地球的巨大力量。那么，让我们想想我们具体能做些什么吧。

首先，尽量不使用和不排放对环境有害的东西。比如，臭氧层能够吸收对人体有害的紫外线，为了保护臭氧层，不要使用掺有含氟气体的喷雾产品；为了减少废气排放，防止酸雨和全球变暖，尽量减少开车；不把垃圾留在大海高山等美丽的自然风光里等等，这些都非常重要。

其次，节约资源和能源。减少纸张浪费以节约森林资源；注意节电，不让电视和电灯一直开着。只要有这个意识，任何人都可以马上开始做，可以做的事情有很多。

第三，开展资源的再利用。比如，我们都知道纸和易拉罐可以回收利用。回收易拉罐的能量，仅为用铝土原料重新生产所需能量的三十三分之一。而且再利用还能有效减少垃圾的总量。

我们每个人日常生活中的这些实际行动累积起来，就能够汇成一股巨大的力量，它甚至能够带动企业、国家和地方政府。

第13单元　中日文化交流

王：大家好！我姓王，来自京华大学，今天由我担任主持。第五场中日学生联合论坛的主题是中日文化交流。今天的安排是这样的：首先请樱咲大学多元文化专业的铃木俊介同学为大家介绍日本的传统文化。然后由京华大学日语专业的杨洋同学就中日文化交流这一论题发言。最后关于文化冲击这个话题，分别由日方和中方的学生代表进行专题讨论。

一、日本传统文化关键词——日本学生发言

大家好。我叫铃木俊介。今天能够作为日方代表为大家介绍日本的传统文化，感到非常荣幸。今天我将从不同角度提取十个关键词，来向大家介绍丰富多彩的日本文化。

第一、樱花。在日本古典文学中，但凡提到花，指的就是樱花。樱花自古以来就倍受日本人青睐。很多咏叹樱花的和歌收录在和歌集里留存至今。在当代，也有许多以樱花为主题的小说、电影、漫画等等。樱花对日本人来说有着特殊的意义，从古至今都为人们熟悉和喜爱。

大家听过樱花前线这个词吗？日本列岛地形复杂狭长，各地樱花的开放时间差别很大。开放地点呈线状分布，这条线从南向北延伸，被称为樱花前线。在日本，每年一到樱花开放的时节，连天气预报都会每天播报樱花前线的情况。寒冬渐渐远去，暖春迎面而来。冬季只剩枯枝的樱花树上，渐渐绽出一朵朵花苞，没几天就盛开一树。争奇斗艳的花儿让人们不由看得出神，而那转瞬即逝的脆弱无常，又让人不禁叹惋与动容。正因生命短暂，所以华丽无常，樱花的魅力深深地打动着每一个日本人。

第二、富士山。富士山是日本的最高峰，海拔3776米。18世纪初发生过一次大喷发，其后一直休眠。富士山山体呈圆锥形，山脚下伸展着广阔的原野，山顶覆盖着积雪尤其美丽。富士山自古就是日本人心灵的故园、精神的源泉和文化的胎盘。它成为许多绘画、文学、诗歌和戏剧作品的舞台，孕育出了数量繁多的艺术作品。它的历史就是日本文化的历史。另外富士山也是神的居所，是人们信仰的对象。古时候日本人就把大自然中超越了人类智慧的崇高事物奉为信仰对象，而富士山作为其中之一，强烈地冲击着日本人的心灵，深深扎根在日本人的生活中。

第三、神道。神道是日本自古以来就有的宗教，以日本人的自然观和祖先崇拜观念为核心，认为世上万物都为神创造、由神掌管，大自然中的一切都寄居着神明。通常以山和树木作为神体，以

鸟居和草绳划定神域。人们一般会兴建神社，在其中安置神明寄居的神体。日本人的感性是建立在神道之上的，但如今大多数日本人与其说信仰神道，不如说是在神道中找到了一种文化身份认同。此外，神道还在宗教层面上为天皇制提供支持，如今依然作为皇室宗教奉行着古老的仪式。

第四、枯山水。枯山水是一种不使用水、只用石头和白沙表现山水的日本独特的园林形式。大小各异的石块象征着山和谷，白沙则象征流动的水和海，或者表现宇宙。自室町时代以来，枯山水多被禅宗寺院采用，在其发展过程中吸收了禅的精神。从"无"感受"万物"是枯山水的精神核心。

第五、和服。在日本，人们一般是在参加特别仪式或宴会时穿着和服，而平日里基本上都穿西式服装。不过，最近人们开始逐渐重新认识到和服的美与时尚性。和服的礼服有几种：未婚女性最正式的礼服是振袖和服，振袖和服与一般和服相比袖子稍长。已婚女性最正式的礼服是印有五处家纹（在和服背部中央、两袖后边与胸前左右各一个）的黑色留袖和服。也有不分已婚未婚的礼服样式。另外，男性的正式和服不分婚否，由和服短褂与和服裙裤组成。穿和服时要系腰带，不穿普通袜子而穿日式短布袜，出门时再穿上草履，这些都是穿和服的基本常识。

第六、茶道。茶道是指招待客人时的传统奉茶及饮茶方法，又被称作茗会。茶道主要使用抹茶，而不是平常喝的煎茶。在茶碗里放入粉状抹茶，倒入开水，用茶刷打出泡沫后喝。16世纪，千利休在茶道中引入了"闲寂""典雅"等质朴的情趣及"一期一会"的精神，使茶道走向成熟。"一期一会"是指一生中仅有的一次相遇，主人十分珍视与客人的相遇，便在壁龛处精心装饰挂轴、花、茶碗等器具。反过来，客人要体会主人的良苦用心，心怀感激。

第七、花道。花道是16世纪开始盛行的日本传统艺术形式之一，又被称为插花，据说起源于6世纪佛教僧侣在佛前供花的习惯。花道的基本思想是用天然的鲜花恰到好处地表现出天、地、人三要素。一般的做法是在广口平底的花器中注满水，用一块带有成排粗针且针尖朝上、被称为剑山的金属板来固定花枝，把花枝一根根插上去。用剪刀修剪、整枝，再用手调整花枝的弯曲程度，来表达自然的美和人的心情。在当代，作为一种艺术形式，甚至还有不使用植物的前卫插花。

第八、歌舞伎。歌舞伎是日本有代表性的传统戏剧，源自1603年左右出云大社的巫女阿国在京都表演的念佛舞蹈。舞蹈很受欢迎，但女性歌舞伎以有伤风化为由遭禁，自此之后歌舞伎就都由男性来表演了。后来歌舞伎渐渐开始重视技巧，成为集戏剧、舞蹈、音乐于一体的综合艺术。歌舞伎的特点包括：女性角色由男性扮演，夸张的脸谱舞台妆，独具匠心的舞台布置等等。

第九、相扑。相扑是一种传统武术，被看作日本的国技。相扑在古时候是一种农耕和祭神仪式，因此现在仍含有很多仪式性要素。相扑比赛时，两名只着兜裆布的运动员走上相扑台，只要一方跨出场地或除脚底之外的身体任何部分接触地面比赛即告结束。日本相扑协会每年举办六次相扑大赛，电视台、广播电台都进行直播。20世纪60年代起还频频举办国外相扑巡回赛，一本叫《Sumo World》的英文相扑杂志也在世界各国拥有大批读者。相扑大赛享誉国际，而近年来外国籍运动员的上佳表现也非常引人注目。

第十、源氏物语。《源氏物语》成书于平安时代中期，是日本古典文学的最高峰，被称为与中国《红楼梦》比肩的名著。作者紫式部。全书共54卷，规模宏大，讲述了主人公光源氏的出生、与藤壶、紫上等多名女性的爱恋中度过的显赫一生，他的死，以及死后其余人的故事。作品从形形色

色的爱情与人生宿命中透视出贵族社会的苦闷，这也是其价值所在。如今，《源氏物语》已成为一部世界性的文学作品受到广泛关注。

二、中国文化"软实力"在日本初露锋芒
——中国学生的发言

大家好！我叫杨洋。刚刚听了铃木同学的发言，长了不少知识。铃木同学是从传统文化角度讲的，我呢想跟大家谈谈中国的当代文化，特别是近年来中日文化交流的情况及其特点。

大家都知道，日本首相麻生太郎4月底来中国进行访问。他的访华时间只有30个小时，在如此紧密的日程中，他安排了一场与中国电影导演冯小刚的谈话，引起世人关注。麻生太郎在交谈中提到了冯小刚导演的最新作品《非诚勿扰》，这部影片长达一半的镜头取景自北海道的美丽风光。麻生称赞这部电影"不仅宣传日本也宣传了日本旅游"。作为中华文艺冰山一角的中国电影之所以能够引起日本首相的关注，也正说明中国"软实力"已经开始在日本初露锋芒。

文化价值的感召力可以看作是一国"软实力"的重要组成部分。其实，中国文化早在众多方面对日本社会的发展产生过巨大而深远的影响。佛教和儒教就是通过汉籍传入日本的。中国水稻栽培技术的引进促进了日本农业生产方式的根本性转变。另外，日本经济界人士把《孙子兵法》奉为经商秘籍，《三国志》《水浒传》等古典文学作品也在日本广受青睐。李白的代表作《静夜思》在日本与在中国内容略有出入，但也广为人知。这都是中日文化交流史中光辉灿烂的事迹。

不仅如此，近年来中日两国的文化交流也在飞速发展，得到了进一步深化。与日本社会生活密切相关的电视广告中出现中国明星已经不足为奇了。举例来说，成龙在由日本女演员上户彩代言的大塚制药健康饮料广告中客串，身居上海的香港歌手莫文蔚穿上一身和服，成了日本某品牌化妆品面膜的广告代言人，陈慧琳接替日本著名歌手滨崎步，被选为花王化妆品"AUBE"的广告代言人。

毫不夸张地说，在日本的任何一个角落，任何一件流行事物，不管多小，都能窥见中国"软实力"的痕迹。从前中国文化的"软实力"进入日本，几乎都是日本人通过派遣遣唐使等方式主动引进并进行自我消化的，而现在则是中国积极主动地"销"进日本。

日本前首相福田康夫访问中国时，去了孔子的故里。这个地方可以说是中国文化"软实力"的发祥地，传统氛围浓厚。麻生首相此次在北京与冯导谈话，可说是点亮了中国文化"软实力"现代的一面。中国传统"软实力"对日本社会的政治、思想、制度等方面产生了深刻的影响，以至于前首相认为"百闻不如一见"而亲临现场考察。而如今的"软实力"为日本的旅游市场、经济复苏、人员交流方面带去了巨大利益。现任首相表达感谢之意，原因正在于此。

正当中国人开始重视自身"软实力"的时候，麻生首相会见冯小刚导演，这对人们来说是个有益的启示。今后我们应当探寻一种妥当的方式，让在日本初露锋芒的中国流行文化"软实力"能够积极主动地进入并常驻日本社会，通过日本元素磨砺这种"软实力"，从而让它变得更具魅力。中日关系也一定会由此得到进一步发展。

三、专题讨论——文化冲击

1. 日方：在中国遇到的文化冲击

水管里的水不能喝

刚来到中国时令我感到困惑的是水管里的水不能喝。只喝了一杯就拉肚子了。后来别人跟我说在中国一般都是把水烧开才能喝。于是我就规规矩矩地烧开了再喝，但不觉得水好喝。现在中国一般家庭较常用的是使用饮用水的饮水机，装在饮水机上面的桶装水一般都可以配送。不过那水我也觉得不怎么好喝。

劝烟

中国人不仅劝酒还劝烟。在宴会上经常有人从自己的烟盒里拿出烟来，给围坐桌前的人一人一根。不一会儿又会看到另一个人也这么劝烟。这是中国人的礼节吧。

在肯德基、麦当劳不用收拾托盘

肯德基、麦当劳、摩斯汉堡、美仕唐纳滋这些日本常见的快餐店在北京也随处可见。我来到中国才发现，在中国的快餐店用完餐后不用自己收拾托盘。在日本，快餐店就相当于自助，吃完后基本上都是自己把托盘拿走收拾干净。而在中国只要放在桌上，走后自有店里的人替你收拾。国家不同做法也不一样啊。

2. 中方：在日本遇到的文化冲击

电车迷你时刻表

日本人平时都把电车、公交车的迷你时刻表放进钱包里。这是因为电车、公交车都是按时刻表运行的，准时得令中国人难以想象。大家读过松本清张的长篇推理小说《点和线》吗？故事里提到，从东京站13号线站台能够看到15号线站台（也就是中间没有电车经过）的时间"一天里只有4分钟"，这是破案的关键线索。曾经在哪儿读到过一段话说"以电车为背景的推理小说只有日本才会有"，这也是理所当然的。利用时刻表分秒算计设计阴谋，其大前提是电车一定会准点运行。在电车晚点被视为理所当然的国家里，人们压根儿就想不到这种诡计。

乌鸦成群

我刚到日本那阵儿，真是没想到城市里会有这么多乌鸦。每天早晨乌鸦的叫声都惊天动地的。都用不着上闹钟了。去日本旅游的中国人，刚一开始也都很惊讶。中国也有乌鸦，不过都栖居在人烟稀少的乡下和深山老林里，在城市基本见不到。中国人自古就认为乌鸦不吉利，认为谁家周围有乌鸦谁就会倒霉，所以准会把乌鸦赶出去。因此，我看到日本人整天生活在大群乌鸦包围之中，着实吃了一惊。

食物

日本有很多食物中国都没有，像生鱼片、寿司之类的就是中国没有的，生菜沙拉在中国人的饭桌上也很少见。日本人吃饭，不分日式西式中式，什么都有。在中国，绝大多数人一天三顿吃的都是中餐。而日本人如果周一吃了美国汉堡，周二兴许就吃中餐。周三吃了印度咖喱，周四就吃意大利面，然后周五去餐厅品尝法国料理。就像一星期绕地球吃了一圈。而且这些食物在日本人眼里已经不算是舶来品，他们觉得那些都已经改造成日本的食物了。

第14单元　奥运与体育

张：　大家好！今天我们来讨论一下奥运与体育这个话题。大家都知道，2008年北京奥运会大获成功。奥运结束已经很久了，但那段经历至今依然清晰地铭刻在人们的记忆中。今天我们请到了做过奥运会志愿者的京华大学学生代表刘英同学，以及驻守北京十七个日夜为日本代表团加油的樱咲大学学生代表铃木博之同学。我们请他们二位分别从中国人和日本人的角度回顾当时那段经历，谈一谈作为志愿者和作为啦啦队队员的经历和感想等。

一、北京奥运及志愿者——中国学生的发言

大家好！我是主持人刚刚介绍过的刘英，来自京华大学。今天，我想和大家一起回顾一下北京奥运，讲一讲我作为一个志愿者的所见所感。

第29届夏季奥运会"北京奥运会（Games of the XXIX Olympiad Beijing 2008）"于2008年8月8日至8月24日，在中国首都北京召开，为期17天。这是第三次在亚洲举办的夏季奥运会，与上一次1988年韩国汉城奥运会相隔20年（相隔5届），也是在中国举办的首届奥运会。共有来自全世界204个国家和地区的将近11000名运动员参加，共举办了28个大项302个小项的比赛。

2001年7月13日，国际奥委会经投票决定把北京定为奥运举办地。那历史性的一刻所带来的感动至今还激荡着所有中国人的心。

北京奥运会全面打出"东西方文化交流"、"绿色奥运"、"发展中国家奥运"、"节约型奥运"等特色牌。为了举办奥运会，北京市与城市建设规划相结合，在北部兴建了奥林匹克公园。奥林匹克公园是北京奥运的核心部分，奥运会运营的有关设施大多集聚在此。总面积约1215公顷，其中绿地占760公顷。此外还有中华民族博物馆、国际展览体育中心、竞赛场馆、奥运村等配套设施。

大家还记得吉祥物"福娃"吗？福娃是五个分别叫"贝贝"、"晶晶"、"欢欢"、"莹莹"和"妮妮"的小娃娃，合起来就是汉语的"北京欢迎你"。2008年奥运会期间，北京热情接待了来自世界各国的运动员、相关人员及后援人员，把北京和中国的祝福传到了全世界。

给我留下印象最深的当属开幕式。开幕式于北京时间2008年8月8日晚8时8分举行。之所以选择这个时间，是因为在中国，8是一个吉祥数字。晚7时56分，体育场的大屏幕上出现了中国古代

的计时器日暮的影像，全场灯光熄灭。之后，人们击响2008台装有电灯会发光的中国古代打击乐器"缶"，开始了倒计时。倒计时数到"1"时，宣告奥运会开幕的烟花飞上夜空。看着美丽的烟花，我心中涌出无限欢喜与感动。

开幕式持续了3个多小时，以中国悠久历史孕育出的"特色文化"、"人类历史上的重大发明"和"美丽的奥运"为主题，一场豪华绚丽的视觉盛宴展现在世人眼前。开幕式的收视率在中国高达98%，而全世界共有40亿人通过电视观看了这一盛典。就像北京奥运"同一个世界，同一个梦想"的主题所表达的那样，开幕式使全世界人民融为一体，共同分享喜悦之情。

下面，我想谈谈我亲身参与的志愿者工作。北京奥运志愿者由"奥运志愿服务"、"奥运组织委员会筹备志愿者"、"大会志愿者"、"残奥会志愿者"四部分组成。

"奥运志愿服务"早在2004年3月就已经开始了，一直持续到2008年奥运会正式开幕。主要工作是通过对社会各界进行宣传普及奥运知识、知识、倡导志愿者精神，为全社会迎奥运热身。

奥运组织委员会的筹备志愿者也是从2004年开始进行活动的。组织委员会负责召集志愿者，进行大会的各项筹备工作。

"大会志愿者"、"残奥会志愿者"是比赛志愿者，是整个志愿者活动的核心。一共召集了10万人，其中奥运会7万人，残奥会3万人。就是大家在电视上见到的穿着蓝色T恤的人。其实，不仅仅是这些人，还有很多穿着红色或白色T恤的街头志愿者，加起来共有50万人以志愿者的身份支持了北京奥运会。志愿者们以"志愿者的微笑是北京最好的名片"为口号，为服务奥运尽心尽力，付出了自己的努力。

我有幸被选为大会志愿者，得到了在鸟巢工作的机会。在那17天里，能作为一名志愿者为在我国首次举办的奥运会服务，我感到无比的自豪。

2008北京奥运会已经落幕。但是，全体中国人民的努力、世界人民的支持、大家齐心合力的身影、还有运动员们动人的泪水与笑容，这些都会永远镌刻奥运史册。将来等我上了年纪，回首人生路时，我想我一定会以为2008年北京奥运贡献了微薄之力为荣。

二、日本的战绩与感动——日本学生的发言

大家好！我是樱咲大学的铃木。刚刚听了刘英同学的发言，我深有同感。2008北京奥运不仅仅对中国人，对日本人以及其他各个国家的人们来说都是难以忘怀的。

我作为日本运动员啦啦队的一员来到北京，从开幕式开始到闭幕式结束，在北京度过了17天，见证了日本、中国及各个国家运动员们的奋勇拼搏。

日本代表团共夺得9金6银10铜共25枚奖牌，还有52名运动员获得了第4至第8名的成绩。

首先，最让人感动的是女子垒球队战胜宿敌美国队夺得了金牌。主将上野选手的投球、打击、防守都很完美。据说她比赛时脑子里一心只想着战胜美国队。上野选手说的"志坚者胜"这句话给我留下了很深的印象。然后还有男子混合泳接力。这场比赛也是与世界强手的同台竞技，最后勇夺铜牌。比赛结束后，北岛选手走近美国选手汉森，称赞对方发挥出色。那一幕我至今记忆犹新。

此外，北岛选手的两连胜也让我深深体会到了奥运会的残酷与喜悦。百米蛙泳预赛时，日本队得知老对手——美国选手汉森状态不佳，队里气氛明显有了变化。大家觉得北岛胜出是板上钉钉的，就看如何取胜了。然而在半决赛中，预赛时就状态良好的挪威选手达勒·厄恩进一步缩短用时，游出了紧逼世界记录的好成绩，而北岛的成绩却未见突破。半决赛结束后，北岛选手神情严肃，似乎被逼到了绝境。聚集的记者们也因为气氛紧张没能向他发问。然而北岛选手最终夺冠并刷新了世界记录，那一刻我百感交集，泪水夺眶而出。而走出泳池的北岛选手也哽咽落泪了，我很开心能与他有同样的心情和感受。北岛选手战胜自我赢得的两连胜，让我体会到了一生都难以忘怀的感动。当他获得百米蛙泳冠军时，周围的运动员纷纷走近前去向他表示祝贺，那一幕让我再次深深感动：这就是体育精神啊。

北京奥运会上，我的心情随着运动员们的表现跌宕起伏，让我体味了欢喜，并再次切身感受到了体育的精彩之处。

下面我想就比赛以外的事情谈一点感想。我觉得观众的素质都很高，不管哪一个场馆的观众都会为运动员热情地呐喊助威。另外志愿者们，还有当地的北京人，他们都很努力地在向世界展示中国、让世界了解中国文化。

我想大家都知道，东京正在申办2016年奥运会。北京通过举办奥运弘扬中国文化的做法，应该会给东京很多启示。

自2001年7月13日申奥成功开始，这7年里中国为了筹办"北京奥运"一路马不停蹄、快马加鞭。奥运结束后的今天，中国发生了哪些变化，今后又将有哪些变化呢，我想要继续关注这个城市、关注这里的人。这话好像有点大言不惭，不过其实就我个人来说，最大的感想就是，亲历奥运的那些日子我非常开心！希望"同一个世界，同一个梦想"的愿望早日实现！

以上就是我的北京奥运报道。

三、体育与健康

1. 健康潮登陆北京。

瑜伽加有氧操……最近在北京，努力锻炼身体的人四处可见。越来越多的人按照1个月1次的频率出入收费健身房，其中以20岁到40岁的年轻一代为主。随着需求量的增大，健身房的种类也多了起来，有名流出入的高级健身房，也有面向普通人的健身房。人们多选择下班后顺道健身，也有不少大学生租借校内的乒乓球场地打球，或者与朋友边畅谈边打保龄球来缓解压力，这已经与日本没什么两样了。

在健身房运动流行的同时，北京人也保留着传统的运动方式。天坛公园、紫竹院每天清晨都聚集着打太极拳、跳交谊舞的人们。尽管来的多半是老年人，但他们或双手持拍打网球，或手拿艳丽的扇子翩翩起舞，浑身散发出的活力令人叹服。

另外，在古迹遍布的古都北京，人们可以奢侈地边赏古迹边做运动。在宏大的太庙（供奉着明清各朝皇帝皇后牌位的正殿，位于北京天安门东侧）前打网球的场景实在是很有北京特色。

这就是在发展中仍保留着中国风味的北京。日本人每天忙忙碌碌地生活，几乎没有人一大早就开始悠闲地活动筋骨。有个日本人曾说过这样一句话："我们必须学习中国人的'闲'。"

2. 什么是流行于腾飞中国的"亚健康"？

身子骨不舒服，好像没到要上医院的份儿，可就是难受。说白了吧，这种状态没法儿工作。每天上班累死累活的，谁都会有个身体不适的时候。可这不适你又很难给公司的人讲明白。这种说不清道不明的身体状态我们可以用一个词概括，这个词最近在中国很流行。今天我就给大家讲讲这个。

这个词就是"亚健康"。就好像我们管热带和温带之间的气候叫亚热带，亚健康就是一种介于疾病和健康之间的身体状态。由于经济迅速发展，中国城市里受过度疲劳、压力过大困扰的人越来越多，据说7成以上的人口都处于亚健康状态，治疗亚健康的诊所、有助摆脱亚健康的产品也争相问世。顺便提一句，亚健康的"症状"包括：疲惫、失眠、肩酸、头痛、肠胃不适等等。总而言之，"说不上来"的不适感都可以算亚健康的征兆。

"不能看大家都是亚健康，就觉得亚健康很正常，这种想法很危险。在中国，亚健康之所以被视作问题，是因为放任不管就会真正导致严重的疾病。治病很难，但如果只是处在亚健康状态，稍稍注意保养身体就能恢复健康。也就是说，要通过了解亚健康这个概念来预防疾病，保护身体健康。"（何彬（《摆脱亚健康宣言》）

听说在日本流行的保健品、瑜伽、推拿什么的，在中国作为摆脱亚健康的方法也很受重视。本来嘛，得了病还工哪门子作呀？今后，就算是为公司好，让我们大胆地说：

"今天我亚健康了，请个假！"

……好像还是说不出口啊？

第15单元　休闲娱乐

孙：　大家好，我是孙莉。今天我们将举行第七场中日学生联合论坛。这是最后一场了，所以我们定了休闲娱乐这个比较轻松的话题。今天的内容很丰富，包括：中日两国假日休闲活动的比较、日本动漫在中国、竞猜节目热等等，都是大家感兴趣的、身边的话题，敬请期待。另外，小组讨论的时候也请大家积极踊跃发言。

一、主题发言：假日休闲活动

1. 日本的情况（樱咲大学）

我们组就日本人的"假日休闲活动"，在互联网上进行了问卷调查，回收了245份有效问卷。今天我们将向大家报告一下调查结果。

第一个问题是："假日在家度过时，你会进行什么休闲活动？"不同年龄层给出了不同的回答。20—30岁的人群多选择"发邮件和上网"，30—40岁则多选择"与家人一起看电视、录像"。与其他的年龄层比起来，19岁以下的人群选"游戏""学习"的居多，而30岁以上选择"家务""陪孩子玩""照顾孩子"的比例较高。很多20岁以下的人回答"听音乐和广播"，而"读书"也是不少20岁以下及70岁以上人的选择。此外，"尽量多睡觉""无所事事闲呆着"这两项虽排位并不靠前，但年龄层越低比例越大。

另外，回答中有一个现象让我们感到很有意思，那就是有不少六七十岁以上的人群选择了"发邮件和上网"这一项。或许这正证明了互联网的普及极大地改变了人们生活方式。由此可见，互联网如今已渗透到人们的生活当中，成为不可或缺的休闲方式之一。但是，如果假日几乎全消磨在电脑前，对眼睛不好，也容易造成缺乏运动。

接下来是关于外出时的目的与去处的问题。所有的年龄层选出的前三位都是一样的。排第一的"购物"达到了78%。紧接着是"在外用餐"，以67%位居第二。排第三的"开车兜风"占了约四成。除此之外，10–60岁的人群选得比较多的是"运动""看电影""与朋友、恋人外出"，而六七十岁以上的人则多选"园艺""业余木工""散步""志愿活动""摄影"。

另外，我们还了解到，长期外出时"国内旅游"是绝大多数人的选择。目的地多为首都圈，每趟旅游人均消费不到3万日元。与不同的人去旅游，"在旅游中追求的乐趣和目的"也不相同，可分

为家人、朋友、情侣三个类别。举例来说，与家人旅游是"想度过属于自己的时光"，与朋友旅游是"想与朋友共度快乐时光"，与恋人旅游则是"想加深两人关系"。此外通过调查我们还得知，国内旅游的平均频率是"每三个月一次"或"每半年一次"。

旅游的好处是将我们从充满各种压力的日常生活中解放出来，可以悠闲自在地度过，因此是假日休闲的主要活动之一。调查中也有很多人表示，黄金周或新年等长假自不必说，就算只是一个普普通通的周末，约上家人朋友一起出去走走也不失为一个好的选择。

2. 中国的情况（京华大学）

为了调查中国人的休闲状况，我们进行了问卷调查并查阅了相关资料。据此，我们将从"休闲小康指数"、休闲意识的变化以及网络休闲三方面来进行介绍。

A."休闲小康指数"。

"休闲小康指数"是由《小康》杂志社设计公布的一项指数，是在民意调查、加权统计以及专家分析的基础上，参考权威部门统计数据计算出来的。

根据"休闲小康指数"的研究，目前中国人的休闲整体上处于成长期，可以预见休闲方面的产业与文化等未来将有进一步的发展。此外研究还指出，整体来看现阶段的问题有以下五点：

1) 对休闲的概念缺乏理解，处于"主动工作、被动休闲"的状态。

2) 花在休闲上的时间增加了，但是质量仍然不高。

3) 休闲消费不平衡，存在城乡差距。

4) 休闲方式单一，很多人方式消极，如"睡觉""打麻将""无所事事糊里糊涂打发时间"。

5) 多半人不满意自己的休闲状况。

B. 休闲意识的变化：旅游一年火过一年。

在中国，随着人们生活水平的提高和假日的增多，旅游越来越受欢迎。此外，随着收入的增加和中产阶级队伍的扩大，出国旅游的人数也急剧增加。除了东南亚各国、日本、韩国、澳大利亚之外，据说今年欧洲各国也将开放迎接中国游客。某研究机构预计，2020年，中国每年出国旅游人数将达到一亿。

从我们进行的问卷调查结果来看，对于"如果假日增加，你想怎么度过？"这个问题，有非常多的人回答"出国旅游"，也有很多人选择"出去玩几天或去别墅"、"从事网球、高尔夫球、棒球等体育运动"。这一结果预示今后随着假日的增加，旅游和户外活动将会成为越来越流行的休闲方式。

C."网络休闲"。

另一方面，中国也有很多人会在假日悠闲地上网，看看电影、听听音乐、玩玩游戏、聊聊天等。有人甚至说"网络休闲"给中国人的假日休闲带来了一股新风。

特别是以大学生为主的很多年轻人，一到放假，早晨一睁眼就往电脑前一坐，吃饭就叫外卖。他们说"街上哪儿都是人，根本不想出去玩。"

专家做了如下分析：互联网是互动式的，具备匿名、方便、快速、远程服务等优点。而外出则需考虑到交通拥挤、人多等因素，因此越来越多的人选择在家"网络休闲"。随着电脑和互联网的普及，人们的生活受到越来越大的影响，"网络休闲"也作为一种新的休闲方式逐渐成为了人们生活的一部分。

二、动漫——一大娱乐方式

1. 主题发言：享誉全球的日本动漫迅速占据中国市场！

　　创意产业对中国的出口势头日渐强劲，其中尤为引人注目的是享誉全球的日本动漫。这些日本创意产品在中国获得了很高评价，正逐步渗透进中国社会。一部分地区甚至出现了中小学生由于受日本漫画影响而引发的事件和事故，动漫在中国也成了一个社会问题。

　　尽管中国的知识产权问题，也就是盗版问题仍然严重，然而当日本产品在诸多消费品领域拼死竞争时，动漫这一创意产品可是让"日本制造"席卷中国的一张不可忽视的王牌。

　　我们列举了12个在中国也享有较高知名度的日本动漫人物（包括动画片名），问中国的消费者知道哪些（多选），结果全体平均得票最多的是《蜡笔小新》，高于77%，《樱桃小丸子》也超过了7成。除此之外，《灌篮高手》《哆啦A梦》《名侦探柯南》分别超过6成，《七龙珠》《美少女战士》也有55%—60%，《圣斗士星矢》《奥特曼》50%—55%，《机动战士高达》《高达SEED》只占1成。

　　当问到中国的消费者是否喜欢看动画片时，平均24%以上的人回答"非常喜欢"，34%以上回答"喜欢"，"完全不喜欢""不太喜欢"共计17%左右。整体来看动漫渗透的比例还是相当高的。

2. 小组讨论。

孙：　那么，接下来进入小组讨论的时间。常有人说动漫是能够轻松体验的最大娱乐。对大家来说，动漫是怎样的一种东西呢？我想同学们就此都已经进行过了调查和思考，下面就请大家踊跃发言。

王：　我先说两句吧。我喜欢漫画，所以查了一下漫画的资料。最大的感想就是，日本果然是不折不扣的漫画大国。比如，在美国畅销的漫画书每月能卖10万、20万册。而日本的人口虽然只有美国的一半，据说畅销漫画书每月销量却在100万册以上。这其中一个原因就是美国漫画相对来说面向儿童，很多是讲超级英雄的；而日本漫画则脱离了"漫画是小孩儿的玩意儿"这种看法，主题丰富，内容有趣，大人也爱读。

山下：说得没错。我手上也有一份相关资料。据称1995年黄金时期的《少年Jump》杂志每周能卖600万册。最近风头虽比不上当年，却也有两三百万的销量。另外一份畅销杂志《少年Sunday》听说销量是每周150万册。看到这些数据，我觉得我们日本人的确是爱买漫画啊。

刘：　没错儿。以前去日本的时候，经常在电车和地铁里看到有人看漫画。便利店或书店里也有很多人站着翻看。而且从高中生到上班族，大家都如饥似渴地在那儿看。不过我也有点儿不太理解：日本人怎么就那么爱看漫画呢？

田中：因为漫画是日本人的一大娱乐。世界上大概没有哪一个国家像日本这样普及漫画吧。我觉得漫画能让人轻松地对各种场景进行虚拟体验。比如，最近流行的网络漫画《黑塔利亚》就是一部以世界史为题材的国家拟人化漫画。不擅战争却性情开朗、让人没脾气的"意大利"以及严格刻板的"德国"是主角，加上"日本""中国""英国""美国""法国"等人物，根据历史事件和国民性来展开对话和情节。国家就是人，人就是国家。每一个角色都个性鲜明，看着看着，我觉得世界史都变得趣味盎然了。

山下：但是，我们决不能认为漫画只有好的一面。比如，人们看漫画都有各自的需求，或者是想了解各种信息，或者是想虚拟体验一下现实中体验不到的情节等等。有时是一种逃避，有时是一种理想，但是也有人把虚拟的世界与现实混为一谈。

松本：是啊。比起电影和小说，看漫画花的时间较少，而且不论在哪儿，不论是谁，随便一拿起来就能看，因此它的影响也很大。如果是积极的一面还好，可是也有消极的一面、可怕的东西。比如，凶杀等暴力场面会对儿童造成不良的影响。

杨：尽管如此，日本动漫的国际影响力还是惊人地大啊。顺便说一句，在中国，动画和漫画合称"动漫"。日本的动画开始进军中国是20世纪80年代。第一部在电视上播放的是手冢治虫的名作《铁臂阿童木》。《铁臂阿童木》风靡全中国，展现了日本动画的魅力。90年代《灌篮高手》和《美少女战士》等也大受欢迎。之后日本的漫画文化持续对中国产生了很大影响。日本动漫在中国也许远比在其他任何一个国家受欢迎，这大概是因为中国和日本同为汉字文化圈，而动漫里有些内容是汉字文化圈以外的人无法深刻理解的吧。

张：嗯，往大了说，一切艺术、文化活动都是培育人类共同感情的土壤。很多中国年轻人都是通过接触动漫等流行文化对日本产生好感的。实际上，日语专业的学生中也有不少是因为接触动漫，对日本产生好感而选择日语的。

上杉：这一点非常重要。当然，有时光凭这个也无法理解日本真正的精髓。但我认为以动漫等流行文化作为切入点来培养对日本的兴趣和好感是非常重要而有意义的。

三、日本的竞猜节目热

竞猜一般指的就是包罗万象的知识提问。但是广义上，很多时候只要采取问答形式就可算作"竞猜节目"。目前，有很多竞猜节目引入了游戏要素，或者采用主持人和答题者边竞猜边谈话的形式。

根据参与者的不同，节目可以分为两种，一种是明星登台，一种是观众参与。前者多为游戏性较强的节目，后者则多是纯粹比知识的节目。日本也有节目像《百万富翁》那样，在特别节目中请明星参加，让他们体验观众参与型竞猜。近来，基于地面数字电视、卫星数字电视等的双向传输服务，出现了在家也能参加的竞猜节目。

如今，电视行业掀起了一股空前的竞猜节目热。为什么竞猜节目会如此盛极一时？除了因为一直以来的摇钱树——棒球节目和电视剧不景气的缘故以外，还有其他几个原因。

"一星期中播放的竞猜节目大约有三十档。最为'传统'的占整体的3成左右。剩下的全是水货，靠所谓的'傻瓜艺人'撑场。这一阵儿大家见面打招呼都改成这么问了：'嘿，知道哪儿有傻瓜艺人吗？'"（文艺界有关人员）

话虽如此，出题还是实打实的。

"比如'知识真实用 竞猜万金油'（朝日电视台）这个节目，出题人就超过100位。他们出一道题，先让普通人回答，正确率在50%以上，就算题出得太简单，直接扔掉。正确率在20-30%左右的会在正式节目中使用。"（电视台有关人员）

总之出题人很不容易，据说他们每个星期都得在如炼狱般的痛苦中煎熬着。

那么，竞猜节目为什么会受欢迎呢？

"说到底就是收视率高。推出'羞耻心'组合的'六边形 Ⅱ'（富士电视台）节目就是一个不错的例子。现在，电视剧和棒球节目都没有收视率啊。"（电视台有关人员）

还有，制作费便宜也是一个不可忽视的原因。

"（竞猜节目）比起拍一部电视剧动不动四五千万日元来说便宜多了。而且录制都是在演播室，布景费也便宜。录像半天就能搞定，明星们的出场费也便宜。"（娱乐写手）

有人说，"六边形Ⅱ"节目的主持人岛田绅助一个人的出场费是500万日元，剩下18个人出场费加到一起也不过这个数。不管怎么说，和电视剧比起来，竞猜节目的制作费的确相当便宜。

顺带一提，要问谁是娱乐圈的竞猜之王和竞猜之后，人们脑中会立即闪现出辰巳琢郎和麻木久仁子这两个名字。"Take2"的东贵博和伊集院光的上佳表现也很抢眼。

"东总是随身携带与杂学有关的书，休息时、在车上时都会翻翻，有时还会上网查东西。"（娱乐写手）

看来，今后一段时间竞猜节目仍会独领风骚。

第16单元　回　国

一、买礼品

田中: 时间过得真快，后天就要回日本了。论坛也开完了，剩下这两天咱们可得好好乐一乐。上哪儿玩玩去？

山下: 田中你前两天不是说想要买点礼品吗，要不今天让小王和小孙带咱们去礼品店？

田中: 好主意。礼品我就买了两袋真空包装的北京烤鸭，这哪儿够啊？

山下: 我觉得买点儿中国的点心挺好。可中国的点心都有什么啊，我就只想到月饼。

孙　: 那个，果脯怎么样？这可是北京有名的特产。种类很多，有梅子、金橘、青苹果等等。对了，干枣也不错啊，超市有卖袋装的，小摊儿也有论斤卖的。

山下: 挺好的。果脯当茶点正合适。干枣日本不怎么吃，不过好像对身体有好处，当零食吃也不错。

孙　: 对了，说到点心店，有一家有名的老店叫"稻香村"，卖很多中国传统风味的糕点，除了月饼，还有带馅点心、饼干之类的。

山下: 我想去看看。在哪儿呀？

孙　: 市里哪儿都有店面。有的百货商店和超市里也有专柜。

王　: 那咱还是去王府井吧！那儿有"稻香村"，还有很多礼品店。对了，新东安市场地下有条"老北京一条街"，再现了老北京城的风貌，就像个小型主题公园似的。那儿能买到很多北京有名的特产呢。

山下: 好像挺有意思的。那就去王府井吧。

（点心店）

店员: 欢迎光临。买点儿什么？

山下: 想买点东西送人，有什么推荐的吗？简单可口的。

店员: 嗯，葡萄干怎么样？可以直接当零食吃，也可以做菜或做面包做点心时放点儿。葡萄干比新鲜葡萄含铁和钙多得多，还有抗老化的效果，是很受欢迎的健康食品，我们这儿数这个卖得好。而且，我们这儿葡萄干都是新疆摘的葡萄运到北京加工的，质量一流。

山下: 说得这么好，那我就买点儿尝尝吧。葡萄干和干枣各来一斤。

（茶叶专卖店）

田中：说来说去，可能还是买中国茶最保险。就是种类太多不太懂。
孙： 中国茶最常买的就是绿茶、铁观音、茉莉花茶了。品种应有尽有，你最好按你的预算来挑。
田中：这个是？是一套的啊。这是铁观音、茉莉花、普洱茶的三罐套吧？
孙： 这组合不错呀。茶叶罐也很精巧，价钱也不贵。
田中：是啊。那就这个和那个5罐一套的各要一个吧。
孙： 再来点儿菊花茶怎么样？气味香，对感冒、咽喉痛也有疗效。
田中：不错。我来北京以后经常喝，挺喜欢的。日本也不多见，估计会受欢迎的。

（民间艺术品、工艺品店）

店员：这些都是中国传统工艺品，请随便看看。玉雕、雕漆、漆器、景泰蓝，还有陶瓷，都很受欢迎，卖得都不错。您想买点什么？
田中：嗯，有没有便宜些的杂货、小玩意儿一类的呢？
店员：那边儿有，丝绸、蜡染的小玩意儿、包、首饰什么的都有，您慢慢看。
山下：小孙你看这件刺绣旗袍，多漂亮啊！我早就想要件旗袍了。而且，你看旗袍上这种民族风格的刺绣，这装饰扣，还有这镶边，都好可爱啊！
店员：这一款有深蓝和深红两种颜色。
山下：不知道该选哪个了。你觉着哪个好？
孙： 我觉着这两种颜色都挺漂亮。但是旗袍得穿着合身才好看，这种成衣大概很难找到合身的吧？
山下：先试试这件深蓝色的吧。（试穿）怎么样？
孙： 好漂亮啊。真合身，就跟订做的一样。
山下：那就要深蓝的这件，就当是给自己买礼物了。

（回家路上）

田中：今天买的真不少啊。
山下：可不是吗，大丰收啊。我连旗袍都买了。小王，小孙，陪我们跑这一天，真是谢谢你们。
王： 没事儿。我们也跟着看这看那，挺开心的。
孙： 是啊。对了，上杉老师现在干什么呢？
山下：老师应该也忙着挑礼品呢吧。
田中：说不定是在挑酒呢。

（众人笑）

二、答谢宴

田中：各位晚上好！今天非常感谢大家在百忙之中出席我们的答谢宴。这一个月以来，我们樱咲大学中国研修交流团受到了京华大学日语系各位老师和同学的诸多关照，今天我们怀

着对各位的感激之情，在这里举行答谢便宴。我是担任今天主持重任的田中。

山下：我是山下，也是今天的主持。

田中、山下：请大家多多指教。

田中：为期一个月的研修交流马上就要结束了。回想起来，我在来北京之前有很多担忧，不知能不能与京华大学的同学们成为好朋友，能不能顺利交流，能不能适应在中国的生活。但是，一看到来机场接我们的张老师和大家亲切的笑容，我内心的紧张和不安就立刻消失了。这一个月里，在上课和交流活动之余，京华大学的老师和同学们带我们去旅游景点观光，带我们去吃可口的饭菜，给了我们很多关照。一起度过的这段时间是我们宝贵的回忆。我们要把这段回忆带回日本，永远珍藏。

山下：回想这一个月，我们学习了中文、体验了中国文化、参观了很多地方、还举办了学生联合论坛，从头到尾都很开心。而且在开心的同时我们也学到了很多。但最大的收获，就是与京华大学的同学们的相识相知。我非常喜欢大家的笑容，特别是一直照顾我们的小王、小孙，每次对视都会对我微笑，让我觉得心里暖洋洋的。我也很喜欢一起查资料、讨论时大家认真的表情。大家齐心合力举办的七场论坛，在很多方面都让我们受益匪浅。总之，这是非常充实而有意义的一个月。在这里我要再次向京华大学的老师同学们表示深深的谢意。

田中：接下来，我们请京华大学日语系的张老师为我们致辞。有请张老师。（三、致辞1）

山下：谢谢张老师。接下来，团长上杉老师将代表樱咲大学研修交流团致答谢辞。（三、致辞2）

田中：接下来就请大家充分利用分别前的这段时光，尽情畅谈吧。

（畅谈之中）

山下：在大家谈性正浓的时候抱歉打断一下，在这里我们也想听听京华大学各位同学这一个月的感想。小王，你有什么感想？

王：啊，我？嗯……回想起来，在北京机场迎接大家这一幕仿佛就发生在昨天，转眼一个月就过去了，已经到了分别的时刻。明天大家就要回国，以后我们也许很难再见面了，想到这些，我就觉得非常难过。此刻我心中充满了依依惜别之情。但是，坚固的友谊纽带已经将我们联系在一起。愿今后我们双方能够进一步加深相互交流、进一步巩固这条友谊纽带。主持人临时点到我，没有准备，想到哪儿就说哪儿了，说得不好请多包涵。

孙：这一个月里，我们一起学习，一起娱乐，一起准备论坛，一起讨论，度过了愉快又有意义的时光。我们认识了很多好朋友，留下了很多美好回忆。分别虽让人难过，但我会珍惜这一个月的回忆，珍惜与大家的友情，让彼此的交流持续下去。

田中：我想大家心中还会有很多不舍，但我们的时间已经快到了。大家一定还有很多话要说，答谢宴就此暂告一段落，我们在另一个会场为余兴未尽的朋友准备了第二轮的"二次会"，希望各位能够光临。

山下：今天的答谢宴到此结束。谢谢大家。

三、致辞

1. 临别致辞（张）

樱咲大学中国研修交流团的老师们、同学们：

为期一个月的访问已接近尾声，大家辛苦了。

首先，请允许我代表京华大学日语系的全体师生，对樱咲大学中国研修交流团的研修交流活动圆满结束表示祝贺。

这一个月里，樱咲大学和我校的学生使用汉语和日语进行了广泛的交流。同学们相互学习对方语言，相互介绍文化差异，还就大家关注的话题举行了七场联合论坛。我们相信，这样的交流活动不仅能促进双方学生汉语与日语语言能力的提升，还能加深双方对彼此文化及整个社会的理解。

我作为中方的负责老师，与日方的上杉老师一道，从头到尾见证了大家的学习和交流。樱咲大学的同学们对他人的"热情与关心"、学习时的"努力"与"热心"，以及在举办论坛过程中展现出的"策划能力与执行能力"，都给京华大学的学生们留下了深刻的印象。我想，两所大学的学生通过共同对话、互相勉励，以及时而不同意见的碰撞，真正加深了相互交流和相互理解。

"光阴似箭"，一个月的时间转瞬即逝，明天大家就要离开中国、踏上归国的旅程。中国有句话叫做"来日方长、后会有期"，意思是未来的日子还很长，一定会再相逢。我想我们在不久的将来一定能够再次相会。我衷心祝愿今后两所大学的友好交流活动以及中日两国青少年的友好合作关系能够取得更大的发展。

最后，祝大家明天归途平安。我的送别致辞到此结束。

2. 答谢致辞（上杉）

京华大学日语系的老师们、同学们：

此次，我们樱咲大学中国研修交流团在中国北京京华大学度过了整整一个月的时光，一边学习汉语和中国文化，一边与各位老师和学生进行形式多样的交流活动。承蒙大家关照，我们度过了非常充实而有意义的一个月，取得了丰硕的成果。

本次研修交流活动包括上课、实地学习、中国文化体验、学生交流、周末参观、联合论坛等内容。刚才同学们也提到了，说"除上课之外，还通过文化体验和周末参观等活动，亲身体验到了中国文化"，还有"课上难以理解的内容由参观学习来补充，并通过体验留下了深刻印象"。这些感想表明本次活动已经达到了我们的预期目的。很多学生坦言，来中国之前对中国的认识与理解，经过一个月的体验之后有了很大的变化。这也证明了本次活动的确促进了双方的相互理解。

此外，京华大学学生们的日语水平之高、求知欲之旺盛、处事态度之积极，都让我们感到由衷佩服。这也极大地激励了我校同学，同学们对中国、中国文化以及中国人比以前更加关心，也有了更大的好感和亲近感。

这一个月，我们在中国能过得如此愉快、顺利而有意义，全靠京华大学的诸位老师同学无微不至的关怀以及体贴入微的照料。我在此谨代表全体代表团成员向大家表示深深的谢意。

衷心期盼明年张老师率交流代表团访问樱咲大学。我们将在日本恭候大家。

最后，再次感谢张老师以及京华大学的各位师生在我们访问期间竭心尽力。谢谢你们的关照。

期待我们在不久的将来能再次见面，祝大家身体健康、事业有成。谢谢大家。

四、机场送别

（车上）

上杉：小王小孙这次一直陪着我们，累得够呛吧？受你们多方关照，真不知道该怎么感谢才好。

王： 哪儿的话。我们照顾不周，还请多多包涵。

（机场大厅办理登机手续）

王： 登机手续办完了吗？那咱们到入口那儿去吧。

孙： 大家从这儿进去，然后乘捷运列车去出境海关。机场很大，有时海关离登机口也还挺远的，早点过去，多打点儿提前量比较好。

山下：好的，明白了。谢谢提醒。这要是中途在免税店购物忘了时间，搞不好就误飞机了。

王： 我们进不去了，就送你们到这儿了。

田中：今天特地来送我们，谢谢了。

上杉：非常感谢。小王小孙也多保重，好好学习啊。

王、孙：祝大家一路顺风，归途愉快！再见！

众人：再见！

参考答案

ユニット1　出迎え

一、将下面的中文翻译成日文。

1. お忙しいところわざわざお迎えに来ていただいて、まことにありがとうございます。
2. 今日は時間通りに着いて、入国手続きもスムーズに済みました。
3. 今お話よろしいでしょうか。急ぎの用があるんですが。
4. すみません、〇〇さんはただいま席をはずしております。戻りましたら、折り返し電話するようお伝え致しましょうか。
5. ご迷惑ばかりおかけしまして、大変申し訳ございませんでした。

二、将下面的日文翻译成中文。

1. 北京作为京津冀环渤海经济圈的中心城市，应与周边地区保持经济平衡，同时力争高效发展。
2. 中文的标准语又被称为普通话，是以北京发音为基础的，因此时常俗称北京话，但其实二者并不完全等同。
3. 北京的景点数不胜数，穿过繁华的中心地带，你会来到五塔寺、万寿寺等寺院，这些地方最适合信步闲游了。

ユニット2　歓迎宴

一、将下面的中文翻译成日文。

1. 遠路はるばるお越しくださいまして、ありがとうございます。
2. 盛大な拍手で代表団のご入場をお迎えしましょう。
3. 李先生のご発声で、乾杯をいたしたく存じます。
4. 今回の活動が中日双方の相互理解と友好増進に寄与できることを確信しております。
5. 今度のご来訪が皆様方にとってご満足のいただけるものとなりますよう、期待しております。

二、将下面的日文翻译成中文。

1. 我相信像这样有意义的活动将对我国的日语教学和学术研究工作起到巨大的推动作用。
2. 希望以此为契机，把外国语学院的日语教学及学术研究工作提高到一个崭新的阶段。
3. 我知道各位到后一直没有得到很好的休息，又加上紧张的日程，大家一定都很累了。

ユニット3　観光

一、将下面的中文翻译成日文。
1. 客室の窓からは、町の風景が一望できます。
2. 午後は天津の町をぶらりと歩いてみませんか。よろしければ、皆様に人気の散策コースをご紹介しますが。
3. お降りになられる方、お忘れ物のないようにお気をつけください。
4. 今回の旅を通して、古い友人に再会するとともに、新しい友人を多く持つことができまして、心から喜びを感じております。
5. ここが天安門広場です。向こうに見えるのが天安門です。天安門は北京のシンボル、いや、中国のシンボルと言えるでしょう。すぐそこの記念碑が人民英雄記念碑で、その後ろにあるのは毛主席記念堂です。あそこは人民大会堂です。日本の国会議事堂のようなところで、日本の国会に当たる全国人民代表大会はそこで開かれます。

二、将下面的日文翻译成中文。
1. 本酒店承诺为顾客提供周到贴心的优质服务。
2. 函馆山是函馆市最有名的景点，一年四季游客络绎不绝。从海拔334米的山顶上可以欣赏到日本三大夜景之一的函馆夜景，函馆夜景与那不勒斯、香港的夜景齐名，被誉为世界三大夜景。
3. 丽江古城位于中国云南省的西北高原上，拥有八百多年的历史，群山环绕，绿水萦回，是一个山清水秀的地方。

ユニット4　見学と鑑賞

一、将下面的中文翻译成日文。
1. 今日はいろいろと見てまわりましたけど、いかがでしたか。
2. 本日は、貴重なお時間を割いてご案内頂き、誠に有難うございました。
3. 懇切丁寧なご説明、どうも有難うございました。内容が大変よく理解できました。
4. あと、留学生教育についてもう少しお聞かせ願えればと思います。
5. 個人的に貴学の同時通訳教育に大変興味を持っておりますが、御紹介いただけませんか。

二、将下面的日文翻译成中文。
1. 狮子舞是一种具有代表性的中国民间艺术，已有1700多年的历史，是各种吉日庆典中不可或缺的节目。
2. "女子十二乐坊"的演奏是在中国传统的二胡、扬琴等乐器里，融入欧美流行音乐

的全新的演绎方式。
3. 孔雀是傣族人民的吉祥鸟，是神圣和幸运的象征。杨丽萍的孔雀舞生动地表现出了孔雀的高雅和优美。

ユニット5　中国最新事情1——ショッピングとファッション篇

一、将下面的中文翻译成日文。
1. すみません。このワンピース、ほかの色はありませんか。
2. —前髪はどうなさいますか。—軽くすいてください。
3. こちらは、一番よく売れていますよ。。
4. もう少し安くしてもらえますか。
5. この間こちらで買った服なんですけど、サイズが合わないので、返品したいのですが……

二、将下面的日文翻译成中文。
1. 所谓奥特莱斯（outlet）是指厂家低价销售下架商品及残缺品的直销店。
2. 日本的街头时装发展路线独特，如今已受到了世界顶级设计师们的瞩目。
3. 此次设计大赛是为了发掘国内外优秀设计师、为全世界的新人设计师崭露头角提供机会新近开始举办的比赛，比赛中5名设计师脱颖而出，他们将于23日举办展示会。

ユニット6　中国最新事情2——食事篇

一、将下面的中文翻译成日文。
1. 中華料理は、日本料理や西洋料理に比べて強い火力を用いる炒め物が目立ち、油を多用する料理が多いという特徴がある。
2. 八角または山椒の風味が効いた鳥の手羽焼きはめちゃくちゃうまいよ。普通にスーパーなどで売られているようなものとは大違い。
3. 店内でお召し上がりですか、それとも、お持ち帰りですか。
4. すみません、お勘定、お願いします。
5. お口に合いましたでしょうか。

二、将下面的日文翻译成中文。
1. "会席料理"是一种宴席用的高级日本料理，其菜谱一般要有'一汁三菜'（清汤、刺身、烤鱼或肉、煮菜），在此基础上再加上小菜、炸的、蒸的、凉拌的、醋拌的等下酒菜，最后是米饭、酱汤、小咸菜和水果。

2. "幕内便当"据说本来是指在戏剧幕间休息时观众们吃的便当，不知何时开始就被称之为"幕内便当"了。一般是在白米饭上撒上黑芝麻，再配上烤鱼、鸡蛋卷、鱼糕、炸鸡或肉、煮菜、咸菜等配菜。
3. 京都料理店"味间野"以东山迁移变换的四季之景为借景，静静伫立于平安神宫之畔。周而复始的季节看似相同实则不同，时鲜和食材自然也应时而变。"味间野"根据不同的季（季节）、器（容器）和机（时机）添加新的情趣，用多彩的京都料理招待您。

ユニット7　中国最新事情3——住宅篇

一、将下面的中文翻译成日文。
1. 自分の家にいるつもりで、どうぞ遠慮しないで下さい。
2. もう遅いからそろそろ失礼します。今日は本当に楽しかったです。おもてなし、どうもありがとうございました。
3. 暇があったらまた遊びにいらしてください。ご家族の皆さんにもよろしくお伝えください。
4. これは3LDKで、標準的な間取りです。広いほうではありません。サラリーマンが広い家を買うことは、決して簡単なことではありません。
5. 恭王府は北京で保存状態がもっとも良く、等級がもっとも高い清代の王府です。世界最大の四合院でもあります。

二、将下面的日文翻译成中文。
1. 北京胡同基本是横平竖直、正南正北，像棋盘格一样，而斜叉小巷则被称为"斜街"。即使是迷路了，只要一直走，不一会儿就能走到大路。
2. 那些让人感到熟悉亲切的胡同和四座平房围成的院落式空间——四合院，拥有将近700年历史，如今却被席卷全中国的城市开发及经济发展的大潮所吞噬，遭到毫不留情的破坏。
3. 独家住宅里常见的户型是玄关门厅内就有楼梯，直接通往2楼的个人房间，而公寓的中间过道式格局往往也是玄关左右两侧就是个人房间。这两种情况都是玄关直接通往孩子的房间，孩子从外面回来，呆在家里的妈妈有时甚至都不知道。

ユニット8　中国最新事情4——交通篇

一、将下面的中文翻译成日文。
1. 日本最初の鉄道はイギリス人技師の指導により、1872年に東京の新橋と横浜の間に開通したものです。

2. 中国の自動車保有台数は2010年には7000万台に達しています。そのため交通の渋滞や大気汚染、騒音などさまざまな問題を引き起こしている。
3. 北京市政府は交通渋滞を緩和するための新対策を発表しました。それによりますと、2011年は自動車のナンバープレートの発行を制限し、平均して毎月2万台を目安に抽選でナンバープレートを発行するという。
4. 「三通」が実施されてから、郵便物は以前のように第三地点を経由する必要はなくなり、空と海の直行便で中国大陸にとどくようになりました。
5. 長安街も東二環路も北京の幹線道路であり、建国門の立体交差橋は北京の交通の中枢となっています。

二、将下面的日文翻译成中文。
1. 坐公交车和地铁还得倒车，路上就得花两个来小时，还没到公司呢就累了。
2. 随着油价上涨，许多人为了赚取油钱，利用私家车做起了车身广告。
3. 新地铁噪音小，晃动小，有空调，拉环的高度也是根据一般乘客的身高而安装的，设计非常人性化。

ユニット9　政治と中日関係

一、将下面的中文翻译成日文。
1. 我々は共通の戦略的利益拡大のために、国連改革、東アジア地域協力、エネルギー・環境などの分野で協力を強化することで一致しました。
2. 中国は日本との間で長期にわたる安定した善隣友好関係を発展させていくことを心から望んでおります。
3. 日本と中国との安定した協力関係は、アジア、ひいては世界の平和と発展にとっても、欠かすことのできない重要な要素になっています。
4. 中国は平和発展の路線を堅持し、独立自主の平和外交政策を実行し、世界各国との友好協力を積極的に発展させていきます。
5. 胡錦濤総書記を中核とする党中央の指導のもとで緊密に団結し、鄧小平理論と「三つの代表」という重要な思想を堅持し、時代に恥じない輝かしい業績を築き上げるよう努力していきましょう。

二、将下面的日文翻译成中文。
1. 日本政府承诺同国际社会共享在核事故和地震中吸取的经验教训。此次会上，我们和中方共同重申日中两国在灾害管理与和安全领域合作的重要性，决定推进有关合作。
2. 菅直人首相于本月6日在中国问题有识之士恳谈会首次会议上表示："2011年恰逢辛亥革命100周年，2012年又值日中邦交正常化40周年，愿意在文化、经济和政治

等多方面重建日中关系。"

3. 中国和日本是一衣带水的近邻，两国人民在两千多年的交往中结下了深厚的情谊，两国人民的友好往来大大促进了两国政治、经济和文化的发展。

ユニット10　経済発展と金融(きんゆう)

一、将下面的中文翻译成日文。

1. この点はとりあえずペンデイング(保留(ほりゅう))にいたしましょう。そちらの検討の結果を待って、再び話し合うことにしたらいかがですか。
2. 今回のことで御社(おんしゃ)にご迷惑をお掛けしたことを心よりお詫(わ)びいたします。今後は十分注意しますので、引(ひ)き続(つづ)きお引(ひ)き立てのほどお願いします。
3. 今年の年初(ねんしょ)には中国政府は「景気過熱(けいきかねつ)とインフレの防止」を主要政策(しゅようせいさく)とし、マクロコントロールの強化(きょうか)を行いました。
4. 欧米(おうべい)の金融危機(きんゆうきき)は、世界の実体経済(じったいけいざい)に大きな影響(えいきょう)を及(およ)ぼし始めており、これから一層(いっそう)深刻化(しんこくか)するだろう。
5. 言うまでもなく米国経済(べいこくけいざい)は遅(おそ)かれ早(はや)かれ立(た)ち直(なお)り、引(ひ)き続(つづ)き世界最大(せかいさいだい)の経済大国(けいざいたいこく)として重要(じゅうよう)な役割(やくわり)を果(は)たしていくでしょう。

二、将下面的日文翻译成中文。

1. 近年来，许多中国企业纷纷打出"走出去"的口号，努力推进国际化战略，不只在出口业务上下功夫，还把眼光投向对外直接投资。
2. 2009年中国对外贸易总值为22072亿美元，与上年相比下降了13.9%。出口总值为12020亿美元，下降了15.9%。尽管下降了，但与世界平均相比，下降比率较小，因此超过德国成为世界最大的出口大国。
3. 世界金融危机使得一度失控的"股票热"降温，遭受重大损失的个人投资者开始寻求新的理财手段。

ユニット11　ITと情報社会

一、将下面的中文翻译成日文。

1. 重さは約90グラムで、一回の充電(じゅうでん)で連続7時間の通話ができ、連続待ちうけ時間は約720時間です。
2. 本コースはITユーザーを対象に、セキュリティに関する知識を総合的に習得(しゅうとく)する情報セキュリティの専門家の育成(いくせい)を目標としています。
3. ニコンは簡単にデジカメの画像を無線転送(てんそう)できる新技術(しんぎじゅつ)を開発(かいはつ)し、これを標準規格(ひょうじゅんきかく)とするよう業界(ぎょうかい)に働(はたら)きかけました。

229

4. 任天堂DS用ソフトのポケモン新作「空の探検隊」は、「時の探検隊」「闇の探検隊」とは通信できますが、ほかの「ポケモンシリーズ」との通信プレーはできません。
5. 壁紙のサイズを選択しクリックすると、別ウィンドウに画像が表示されます。表示された画像の上で右クリックし、メニューの「背景に設定」を選択してください。

二、将下面的日文翻译成中文。

1. U-Japan政策是日本政府施行的一项政策，旨在于2010年之前建立一个"无论何时、何处、何人"都可以轻松上网的网络泛在社会。"U"是拉丁语"Ubiquitous"的第一个字母，意思是"无所不在"。
2. 面对日益猖獗的网络病毒，企业不能仅仅依靠引进杀毒软件，而是必须制定全面的对策。
3. 在购买智能手机时，首先要考虑的就是是选择苹果的智能手机"IPhone"呢，还是选择搭载谷歌开发的手机操作系统"Android"的智能手机。

ユニット12　環境問題と環境保全

一、将下面的中文翻译成日文。
1. 中小企業といえども環境対策への積極的な取り組みが不可欠です。
2. 砂漠化とは、人が住んでいたところや植物の生えていたところが気候変動や人間の活動によって不毛の大地へと変化することです。
3. このまま消費し続ければ世界の石油は40年、天然ガスは60年、石炭は225年ほどで枯渇するとも言われています。
4. 2025年には人口増加に伴って世界人口の約2/3が水不足に陥り、また2050年には地球全体での水不足が予測されています。
5. 森林破壊は環境破壊の連鎖をもたらし、生態系破壊や地球温暖化にも大きく拍車をかけるでしょう。

二、将下面的日文翻译成中文。

1. 《联合国气候变化框架公约》是1992年在巴西里约热内卢举行的联合国环境与发展大会上通过的。由于空气中温室气体（二氧化碳、甲烷等）的增加可能造成全球气候变暖，对自然生态系统产生恶劣影响，公约的目的便在于稳定空气中的温室气体浓度。
2. 京都议定书对主要工业发达国家规定了温室气体排放减量的指标。根据规定，从2008年到2012年间，主要工业发达国家的温室气体排放量要在1990年的基础上减少一定的数值（日本6%、美国7%、欧盟8%）。
3. 全世界的温室气体排放量仍然处于上升趋势，为了确保中长期全球变暖对策的实效性，制定一个包括美国和发展中国家在内的所有国家共同遵守的减排规则非

常重要。

ユニット13　中日文化交流

一、将下面的中文翻译成日文。

1. 街は足早に歩くスーツ姿のサラリーマンばかりが目立ち、そのほとんどが一人で、何人かで固まって歩いている人たちはめったにいませんでした。これはみんなでワイワイやることが好きな中国人とは好対照です。
2. 日本旅館に泊まり、浴衣を着て和風の夕食を食べ、本物の日本文化を体験することができました。
3. 日本は美しく、オープンで、清潔かつ秩序正しい国でした。いろいろな意味で中国のお手本になる国だと思いました。日本で見聞きしたこと—バスは並んで待つ、公共の場所では静かにするなどを友だちに伝えようと思います。
4. 寿司屋などでよく出てくる納豆巻き、家庭でも作れる納豆チャーハンなど、納豆の調理法は様々です。
5. 今日は東京国立博物館を見学しました。日本文化と中国文化は本当に良く似ているというのが最大の感想でした。文学、建築、服飾、芸術など、どれも中国の古代とは密接な関わりがあるんです。

二、将下面的日文翻译成中文。

1. 21世纪被称之为亚洲时代的开始，我们不仅要像过去那样进行文化交流，而且还期待能够实现文化共享。中日两国的传统表演艺术连接着过去、现在和将来，我们相信其交流合作一定能够促进两国文化的相互了解和共享。
2. 在不同文化之间，双方很容易由于无知而对对方产生一种极端的刻板印象。而由于双方用固定概念及印象去看待对方，不但不能加深相互理解，往往还会造成误会与隔阂。例如，美国直到不久前对还在把日本定型为"富士山、艺伎、樱花"之国。
3. 日本文化不是单一文化，而包含着多种要素。从古代到中世，它深受以中国为中心的亚洲各国的影响，而明治以后的近现代则是多受欧美的影响，在不断吸收、取舍选择的过程中，经过很多改造创新，实现了独具特色的发展。

ユニット14　オリンピックとスポーツ

一、将下面的中文翻译成日文。

1. 歩くことが人間に一番適した運動だと専門家が言っています。毎日ある一定の距離さ

え歩けば健康が保てるというのに、それを実行している人間が少ないのです。
2. 今中国でも朝早く起きてジョギングしたり体操したりする人が減ってきました。みんな寝るのが遅くなったせいかもしれません。
3. 運動には、やや軽めの運動で長時間続けて行う「有酸素性運動」と、運動強度が高く、短時間行う「無酸素性運動」の二つがあり、それぞれ体に現れる効果が異なります。
4. 太極拳は庶民的な運動です。道端のちょっとした木陰や空き地でもできますし、家の庭でもいいです。
5. 気功にもいろいろな流派があります。気功のポイントは精神を集中させ呼吸法で体の機能を整えることにあるのです。

二、将下面的日文翻译成中文。
1. 奥林匹克的目的就在于，本着友好、团结、公平的精神，通过举办建立在相互理解基础之上的体育赛事，为创建一个更加和平而美好的世界做贡献。
2. 象征近代奥林匹克的五环标志是通过5种原色和5个重叠的圆环来表现世界五大洲（蓝：大洋洲，黄：亚洲，黑：非洲，绿：欧洲，红：美洲）、五种自然现象（火、水、木、土、沙）和体育运动的5大铁则（热情、水分、体力、技术、营养）。
3. 各国运动员遵守同样的规则，全力挑战极限，比拼技能高低，这大概就是奥运会的魅力吧。奋力拼搏的运动员们英姿飒爽，光芒耀眼，让观众为之感动。但是也有的运动员因服用兴奋剂失去比赛资格，被取消比赛成绩。

ユニット15　レジャーとエンターテインメント

一、将下面的中文翻译成日文。
1. 現在、中国ではオンラインゲームはネット産業最大の成長ポイントとされている。
2. いまだ発展段階の中国市場では、経験、知名度を有した韓国ゲームが圧倒的なシェアを誇っている。
3. このゲームは同時プレーヤー数25万人という世界記録を樹立し、年間総売上も4億元に達した。
4. WI-FIのテニスゲームは世界中のプレーヤーと対戦できます。試合後に消費カロリーを表示することができ、さらに、消費したいカロリーに合わせてスケジュールを立てることもできます。
5. 中国ではデジタルテレビは都会を中心に普及されつつあり、北京市内のデジタルテレビ転換済みエリアでは、一般家庭のテレビで約100チャンネルを受信できます。

二、将下面的日文翻译成中文。

1. 滨崎步是日本现代流行女歌手的代表人物之一。出道以来的原创歌曲全部由她本人作词，她把内心的灰色迷惘与不安也填入歌词中，引起了很多年轻人的共鸣。

2. 日本广播协会极受欢迎的节目《转动历史的时刻》今天将全部播出完毕。最后一集的内容是以战国、幕府维新、昭和三个时代为中心，对整个日本历史进行回顾。

3. 《笑口常开》这个节目从单口相声、相声到魔术、诙谐短剧，各种曲艺应有尽有，演员们都是百里挑一选出来的，观众可以尽情欣赏他们的精湛表演。这个节目不仅介绍各种曲艺，还教你如何欣赏和品味，是一个适合全家观看的节目。

ユニット16　帰国

一、将下面的中文翻译成日文。

1. いろいろと勉強になったし、バラエティーに富んだスケジュールだったから、四日間はあっという間に過ぎちゃったみたい。

2. 張先生は出張のためお見送りに来られませんでした。くれぐれもよろしくとのことでした。

3. お帰りになりましたら、友好協会の皆様に、くれぐれもよろしくお伝え下さい。

4. ささやかな記念品をご用意致しました。お土産というほどのものでもなく、ほんの気持ちですから、ぜひお受け取り下さい。

5. 次回は上海でお目にかかりましょう。上海万博の時はぜひまた中国にいらしてください。

二、将下面的日文翻译成中文。

1. 在我不断失败、总是让人操心的时候也仍然耐心热情地指导我的老师们，感谢你们一直以来的栽培。

2. 大家一起咬紧牙关，为全国比赛奋力拼搏的日子，是我无法忘怀的回忆。就算我们踏上不同的道路，我们也永远都是好伙伴。

3. 从今往后，我会把在此学习的4年时光牢记心里，进一步磨练自己，不断努力向理想迈进。

北京市高等教育自学考试课程考试大纲

北京市高等教育自学考试课程考试大纲

课程名称：日语口译　　课程代码：05814　　2009年8月版

第一部分　课程性质与设置目的

一、课程性质与特点

本课程为北京市高等教育自学考试日语（本科）专业的非笔试课程。本课程面向已经完成基础阶段日语学习的学生，是进一步提高学生的日语能力，在此基础上掌握汉日口译基本方法和基本技能的阶段。

本课程分为两大部分，前半部分（1—8单元、16单元）以一般接待及生活场景为主，包括机场接送、日程介绍、宴会致辞、观光游览、参观欣赏、衣食住行等。后半部分则为口译工作中常见的一些专门话题，包括政治与中日关系、经济发展与金融、IT与信息社会、环境问题与环境保护、中日文化交流、奥运与体育、休闲娱乐等七个主题。

课程由浅入深，能够使学生从词汇、惯用表达、敬语等方面进一步提高日语口语能力，拓宽与一般性口译工作相关的知识面，为从事口译工作打下扎实的基础。

二、课程目标与基本要求

本课程的设置目标在于使学习者掌握进行日语口译的基本技能，能够从事一般性口译工作。

为了实现这一目的，本课程要求学习者灵活运用配套录音教材，注重日语听说译三方面综合能力的提高。根据教材内容，大量扩展日常生活及专业领域等各方面词汇，掌握惯用日语表现的多种形式，熟悉日语语言交际的多种表达方式，提高日语敬语的使用水平，同时学习一些常用专业领域的基本知识，以适应实际口译工作的需要。

三、与其他课程的关系

学习者应在完成基础日语学习、掌握了基础阶段所要求的日语词汇、语法、句型、常用词组，并且经过日语口语会话、日语视听说等课程的严格训练之后方能自学本课程。

第二部分　课程内容与考核目标

本课程以《日语口译》（丁莉编著）为教材，主要包括以下内容：1. 机场迎接；2. 欢迎宴会；3. 旅游；4. 参观与观赏；5. 购物与时装；6. 饮食；7. 居住；8. 交通；9. 政治与中日关系；10. 经济发展与金融；11. IT与信息社会；12. 环境问题与环境保护；13. 中日文化交流；14. 奥运与体育；15. 娱乐与休闲；16. 送行。

考生学习时以课文为中心，此外，通过课后的扩展词语、中译日、日译中练习以及学习之窗等进一步巩固、消化以及扩大词汇量、知识面。考核将围绕以上内容进行。

考虑到教材难度，教材中一部分内容（第3单元至第8单元各单元的第3部分、第9单元第2部分、第10单元第2部分、第11单元至第15单元各单元第3部分）将不列入考核范围，只有在考核知识点与考核目标中规定的内容才列为考核内容。未列入考核范围的部分可供考生学习时参考使用。

第一单元　迎　　接

一、学习目的与要求

通过本单元学习，要求掌握去机场迎接客人时的自我介绍、一般寒暄、沿途导游、日程介绍等场景的日语表达以及日汉、汉日对译；除课文以外，还要求掌握教材中的扩展词语、汉译日、日译汉的练习以及有关谚语、惯用句的意思及使用。

二、考核知识点与考核目标

1. 机场迎接

识记：掌握课文一中机场迎接时的自我介绍、一般寒暄等相关日语表达。

理解：掌握以上内容以及课后练习中相关的其他日语表达。

能够将以上场景的日语翻译成汉语；能够将以上场景的汉语翻译成日语。

应用：能够从事机场接机时的一般口译工作。

2. 沿途导游（从机场到饭店）

识记：掌握课文二中对北京机场、北京市概况及沿途有特色的景点进行介绍时的日语表达。

理解：掌握以上内容以及课后练习中相关的其他日语表达。

能够将以上场景的日语翻译成汉语；能够将以上场景的汉语翻译成日语。

应用：能够从事机场到饭店沿途导游时的一般口译工作。

3. 日程介绍

识记：掌握课文三中对日程进行说明介绍时的日语表达。

理解：掌握以上内容以及课后练习中相关的其他日语表达。

能够将以上场景的日语翻译成汉语；能够将以上场景的汉语翻译成日语。

应用：能够从事日程介绍时的一般口译工作。

第二单元　欢迎宴会

一、学习目的与要求

通过本单元学习，要求掌握宴会时的基本主持辞、祝酒辞、主办方欢迎辞、受邀方答谢辞等场景的日语表达以及日汉、汉日对译；除课文以外，还要求掌握教材中的扩展词语、汉译日、日译汉的练习以及有关谚语、惯用句的意思及使用。

二、考核知识点与考核目标

1. 主持辞

识记：掌握课文一中司仪主持时的日语表达。

理解：掌握以上内容以及课后练习中相关的其他日语表达。

能够将以上场景的日语翻译成汉语；能够将以上场景的汉语翻译成日语。

应用：能够从事宴会主持时的一般口译工作。

2. 祝酒辞

识记：掌握课文二中致祝酒辞时的日语表达以及祝酒辞中关于中日青年交流的内容。

理解：掌握以上内容以及课后练习中相关的其他日语表达。

能够将以上场景的日语翻译成汉语；能够将以上场景的汉语翻译成日语。

应用：能够从事致祝酒辞场面的一般口译工作。

3. 主办方欢迎辞、受邀方答谢辞

识记：掌握课文三中致欢迎辞及答谢辞的日语表达以及双方致辞中关于中日大学学术交流与合作的内容。

理解：掌握以上内容以及课后练习中相关的其他日语表达。

能够将以上场景的日语翻译成汉语；能够将以上场景的汉语翻译成日语。

应用：能够从事宴会致辞的一般口译工作。

第三单元　旅　　游

一、学习目的与要求

通过本单元学习，要求掌握对北京有代表性的景点：长安街、胡同、万里长城等进行介绍时的日语表达以及日汉、汉日对译；除课文以外，还要求掌握教材中的扩展词语、汉译日、日译汉的练习以及有关谚语、惯用句的意思及使用。

二、考核知识点与考核目标

1. 北京的街道

识记：掌握课文一中对北京的大街小巷进行介绍时的日语表达。

理解：掌握以上内容以及课后练习中相关的其他日语表达。

能够将以上场景的日语翻译成汉语；能够将以上场景的汉语翻译成日语。

应用：能够从事对北京的街道等基本情况进行介绍时的一般口译工作。

2. 万里长城

识记：掌握课文二中对万里长城进行基本介绍时的日语表达。

理解：掌握以上内容以及课后练习中相关的其他日语表达。

能够将以上场景的日语翻译成汉语；能够将以上场景的汉语翻译成日语。

应用：能够从事长城导游时的一般口译工作。

第四单元　参观与观赏

一、学习目的与要求

通过本单元学习，要求掌握在参观北京大学、欣赏京剧等场面进行介绍时的日语表达以及日汉、汉日对译；除课文以外，还要求掌握教材中的扩展词语、汉译日、日译汉的练习以及有关谚语、惯用句的意思及使用。

二、考核知识点与考核目标

1. 参观北京大学

识记：掌握课文一中参观北京大学时对相关设施进行简单介绍时的日语表达。

理解：掌握以上内容以及课后练习中相关的其他日语表达。

能够将以上场景的日语翻译成汉语；能够将以上场景的汉语翻译成日语。

应用：能够从事参观大学时的一般口译工作。

2．欣赏京剧

识记：掌握课文二中对京剧进行基本介绍时的日语表达。

理解：掌握以上内容以及课后练习中相关的其他日语表达。

能够将以上场景的日语翻译成汉语；能够将以上场景的汉语翻译成日语。

应用：能够从事对京剧等艺术形式进行简单介绍时的一般口译工作。

第五单元　中国最新情报1——购物与时装

一、学习目的与要求

通过本单元学习，要求掌握对北京王府井、西单两大购物街、对中国的购物情况、中国人在穿"衣"打扮方面的情况等进行介绍时的日语表达以及日汉、汉日对译；除课文以外，还要求掌握教材中的扩展词语、汉译日、日译汉的练习以及有关谚语、惯用句的意思及使用。

二、考核知识点与考核目标

1．购物与时装

识记：掌握课文一、二中对王府井和西单进行介绍以及谈论购物、时装、时尚时的日语表达。

理解：掌握以上内容以及课后练习中相关的其他日语表达。

能够将以上场景的日语翻译成汉语；能够将以上场景的汉语翻译成日语。

应用：能够从事购物导游时的一般口译工作。

第六单元　中国最新情报2——饮食

一、学习目的与要求

通过本单元学习，要求掌握对中国家常菜、北京烤鸭等进行介绍时的日语表达以及日汉、汉日对译；除课文以外，还要求掌握教材中的扩展词语、汉译日、日译汉的练习以及有关谚语、惯用句的意思及使用。

二、考核知识点与考核目标

1．中国家常菜、北京烤鸭

识记：掌握课文一、二中对中国家常菜、北京烤鸭进行介绍时的日语表达。

理解：掌握以上内容以及课后练习中相关的其他日语表达。

能够将以上场景的日语翻译成汉语；能够将以上场景的汉语翻译成日语。

应用：能够从事中餐宴请时的一般口译工作。

第七单元　中国最新情报3——住房

一、学习目的与要求

通过本单元学习，要求掌握对中国老百姓住房情况、传统住宅形式四合院等进行介绍时的日语表达以及日汉、汉日对译；除课文以外，还要求掌握教材中的扩展词语、汉译日、日译汉的练习以及有关谚语、惯用句的意思及使用。

二、考核知识点与考核目标

1. 中国老百姓住房情况、传统住宅形式四合院

识记：掌握课文一、二中对中国老百姓住房情况、传统住宅形式四合院进行介绍时的日语表达。

理解：掌握以上内容以及课后练习中相关的其他日语表达。

能够将以上场景的日语翻译成汉语；能够将以上场景的汉语翻译成日语。

应用：能够从事参观中国普通民居、四合院等场面的一般口译工作。

第八单元　中国最新情报4——交通

一、学习目的与要求

通过本单元学习，要求掌握对北京市民常用交通工具、北京市交通情况等进行介绍时的日语表达以及日汉、汉日对译；除课文以外，还要求掌握教材中的扩展词语、汉译日、日译汉的练习以及有关谚语、惯用句的意思及使用。

二、考核知识点与考核目标

1. 北京的交通

识记：掌握课文一、二中对北京市内各种交通工具：公交车、出租车、地铁、自行车、私家车等进行介绍时的日语表达。

理解：掌握以上内容以及课后练习中相关的其他日语表达。

能够将以上场景的日语翻译成汉语；能够将以上场景的汉语翻译成日语。

应用：能够从事介绍中国交通情况等场面的一般口译工作。

第九单元　政治与中日关系

一、学习目的与要求

通过本单元学习，要求掌握关于中日关系的前景、课题等相关讲话的日语表达以

及日汉、汉日对译；除课文以外，还要求掌握教材中的扩展词语、汉译日、日译汉的练习以及有关谚语、惯用句、习惯用法的意思及使用。

二、考核知识点与考核目标

1. 中日关系的前景与课题

识记：掌握课文一、三中有关中日关系的前景、课题等演讲的日语表达。

理解：掌握以上内容以及课后练习中相关的其他日语表达。

能够将以上场景的日语翻译成汉语；能够将以上场景的汉语翻译成日语。

应用：能够从事中日关系方面发言时的一般口译工作。

第十单元　经济发展与金融

一、学习目的与要求

通过本单元学习，要求掌握关于日本经济与日本企业情况、中日经济合作等方面相关讲话的日语表达以及日汉、汉日对译；除课文以外，还要求掌握教材中的扩展词语、汉译日、日译汉的练习以及有关谚语、惯用句、习惯用法的意思及使用。

二、考核知识点与考核目标

1. 日本经济、企业情况与中日经济合作

识记：掌握课文一中对日本经济、企业情况与中日经济合作等进行介绍时的日语表达。

理解：掌握以上内容以及课后练习中相关的其他日语表达。

能够将以上场景的日语翻译成汉语；能够将以上场景的汉语翻译成日语。

应用：能够从事有关中日经济方面发言的一般口译工作。

第十一单元　IT与信息社会

一、学习目的与要求

通过本单元学习，要求掌握对互联网、手机等信息社会的重要通讯工具进行介绍时的日语表达以及日汉、汉日对译；除课文以外，还要求掌握教材中的扩展词语、汉译日、日译汉的练习以及有关谚语、惯用句的意思及使用。

二、考核知识点与考核目标

1. 互联网的普及与应用

识记：掌握课文一中对互联网的普及与应用进行介绍时的日语表达。

理解：掌握以上内容以及课后练习中相关的其他日语表达。

能够将以上场景的日语翻译成汉语；能够将以上场景的汉语翻译成日语。

应用：能够从事有关互联网普及应用情况的发言的一般口译工作。

2. 手机的3G时代

识记：掌握课文二中对手机的应用与3G手机等进行介绍时的日语表达。

理解：掌握以上内容以及课后练习中相关的其他日语表达。

能够将以上场景的日语翻译成汉语；能够将以上场景的汉语翻译成日语。

应用：能够从事对手机的应用、发展等情况进行介绍时的一般口译工作。

第十二单元　环境问题与环境保护

一、学习目的与要求

通过本单元学习，要求掌握对中日环境问题与环境保护等方面的情况进行介绍时的日语表达以及日汉、汉日对译；除课文以外，还要求掌握教材中的扩展词语、汉译日、日译汉的练习以及有关谚语、惯用句的意思及使用。

二、考核知识点与考核目标

1. 人类社会与环境问题

识记：掌握课文一中对环境问题的产生与人类社会、经济发展等的关系进行介绍时的日语表达。

理解：掌握以上内容以及课后练习中相关的其他日语表达。

能够将以上场景的日语翻译成汉语；能够将以上场景的汉语翻译成日语。

应用：能够从事对环境问题的产生及主要环境问题进行介绍时的一般口译工作。

2. 垃圾问题

识记：掌握课文二中对垃圾问题的现状、解决的办法等进行讨论时的日语表达。

理解：掌握以上内容以及课后练习中相关的其他日语表达。

能够将以上场景的日语翻译成汉语；能够将以上场景的汉语翻译成日语。

应用：能够从事对日常生活与环保进行介绍时的一般口译工作。

第十三单元　中日文化交流

一、学习目的与要求

通过本单元学习，要求掌握对日本传统文化以及近年中日文化交流等方面的情况进行介绍时的日语表达以及日汉、汉日对译；除课文以外，还要求掌握教材中的扩展词语、汉译日、日译汉的练习以及有关谚语、惯用句的意思及使用。

二、考核知识点与考核目标

1. 日本传统文化

识记：掌握课文一中对日本传统文化进行介绍时的日语表达。

理解：掌握以上内容以及课后练习中相关的其他日语表达。

能够将以上场景的日语翻译成汉语；能够将以上场景的汉语翻译成日语。

应用：能够从事对日本传统文化进行介绍时的一般口译工作。

2. 近年来中日文化交流的情况和特点

识记：掌握课文二中对近年来中日文化交流的情况和特点进行介绍时的日语表达。

理解：掌握以上内容以及课后练习中相关的其他日语表达。

能够将以上场景的日语翻译成汉语；能够将以上场景的汉语翻译成日语。

应用：能够从事中日文化交流方面的一般口译工作。

第十四单元　奥运与体育

一、学习目的与要求

通过本单元学习，要求掌握对北京奥运及相关体育运动等进行介绍时的日语表达以及日汉、汉日对译；除课文以外，还要求掌握教材中的扩展词语、汉译日、日译汉的练习以及有关谚语、惯用句的意思及使用。

二、考核知识点与考核目标

1. 北京奥运

识记：掌握课文一中对北京奥运及志愿者等方面情况进行介绍时的日语表达。

理解：掌握以上内容以及课后练习中相关的其他日语表达。

能够将以上场景的日语翻译成汉语；能够将以上场景的汉语翻译成日语。

应用：能够从事对北京奥运进行介绍时的一般口译工作。

2. 日本的参赛情况

识记：掌握课文二中对日本参赛情况以及体育比赛场景进行介绍时的日语表达。

理解：掌握以上内容以及课后练习中相关的其他日语表达。

能够将以上场景的日语翻译成汉语；能够将以上场景的汉语翻译成日语。

应用：能够从事对体育比赛、体育运动进行介绍时的一般口译工作。

第十五单元　休闲娱乐

一、学习目的与要求

通过本单元学习，要求掌握对假日休闲、娱乐活动等进行介绍时的日语表达以及

日汉、汉日对译；除课文以外，还要求掌握教材中的扩展词语、汉译日、日译汉的练习以及有关谚语、惯用句的意思及使用。

二、考核知识点与考核目标

1. 假日休闲

识记：掌握课文一中对中日两国假日休闲活动的情况和特点进行介绍时的日语表达。

理解：掌握以上内容以及课后练习中相关的其他日语表达。

能够将以上场景的日语翻译成汉语；能够将以上场景的汉语翻译成日语。

应用：能够从事对假日休闲进行介绍时的一般口译工作。

2. 日本动漫

识记：掌握课文二中对日本动漫进行介绍时的日语表达。

理解：掌握以上内容以及课后练习中相关的其他日语表达。

能够将以上场景的日语翻译成汉语；能够将以上场景的汉语翻译成日语。

应用：能够从事对动漫等流行文化进行介绍时的一般口译工作。

第十六单元　回　　国

一、学习目的与要求

通过本单元学习，要求掌握购买礼品、欢送宴会、欢送宴会致辞、机场送别等场面的日语表达以及日汉、汉日对译；除课文以外，还要求掌握教材中的扩展词语、汉译日、日译汉的练习以及有关谚语、惯用句的意思及使用。

二、考核知识点与考核目标

1. 购买礼品

识记：掌握课文一中购买礼品场面的日语表达。

理解：掌握以上内容以及课后练习中相关的其他日语表达。

能够将以上场景的日语翻译成汉语；能够将以上场景的汉语翻译成日语。

应用：能够从事购买礼品场面的一般口译工作。

2. 欢送宴会与致辞

识记：掌握课文二、三中欢送（答谢）宴会上的主持辞、感想、中日双方致辞等相关日语表达。

理解：掌握以上内容以及课后练习中相关的其他日语表达。

能够将以上场景的日语翻译成汉语；能够将以上场景的汉语翻译成日语。

应用：能够从事欢送宴会的主持、致辞等场面的一般口译工作。

3. 机场送别

识记：掌握课文四中机场送行的相关日语表达。

能够将以上场景的日语翻译成汉语；能够将以上场景的汉语翻译成日语。

理解：掌握以上内容以及课后练习中相关的其他日语表达。

能够将以上场景的日语翻译成汉语；能够将以上场景的汉语翻译成日语。

应用：能够从事机场送行时的口译工作。

第三部分　有关说明与实施要求

一、考核的能力层次表述

本大纲在考核目标中，按照"识记"、"理解"、"应用"三个能力层次规定其应达到的能力层次要求。各能力层次为递进等级关系，后者必须建立在前者的基础上，其含义是：

识记：能知道有关的名词、概念、知识的含义，并能正确认识和表述，是低层次的要求。

理解：在识记的基础上，能全面把握基本概念、基本原理、基本方法，能掌握有关概念、原理、方法的区别与联系，是较高层次的要求。

应用：在理解的基础上，能运用基本概念、基本原理、基本方法联系学过的多个知识点分析和解决有关的理论问题和实际问题，是最高层次的要求。

二、指定教材

《日语口译》，丁莉编著，北京大学出版社，2009年版。

三、自学方法指导

本大纲的课程要求是依据专业考试计划和专业培养目标而确定的。"学习目的与要求"明确了课程主要内容和要求掌握的范围。"考核知识点和考核目标"为自学考试考核的主要内容。为了有效地进行自学指导，本大纲已明确了教材的主要内容和需要重点掌握的口译内容。

自学者在自学过程中，可以按照以下步骤进行有效学习：

1. 利用教材所附录音光盘，首先要熟读、熟听并理解课文内容，在此基础上对课文内容进行日译中的练习。练习时可参考教材后面的参考译文。

2. 在对课文内容已经相当熟悉之后，可以对课文内容进行中译日的练习。即从参考译文（中文）反过来翻译成日文。此时，根据个人情况，对掌握不好、不熟悉的内容可以尝试先背诵日文，再做中译日的练习。尤其对课文内容中一些常见、常用的日

语表达形式要做到能够"脱口而出"。

3. 通过课后练习扩展相关词汇和谚语、惯用句等，并通过课文的中译日、日译中的练习进一步巩固、消化。

4. 在此基础上最后能够较为熟练、灵活地进行该单元所要求范围内的日汉、汉日的口译。

四、对社会助学的要求

1. 助学单位和老师应熟知本大纲的要求和规定。

2. 教学过程中，应以本大纲为依据，使用本大纲规定的教材实施教学和辅导。

3. 助学辅导时，应充分利用录音光盘，注重考生的日语口语表达和日语听力的训练，重视日汉、汉日双向的口译训练，并根据考生的特点，按照大纲的要求制定、实施教学计划。

4. 助学辅导时，应以教材课文为中心，尤其对其中常用的日语表达、敬语、惯用句等进行重点练习。

5. 助学学时：本课程共4学分，建议总课时72学时，其中助学课时分配如下：

章　次	课　程　内　容	学　时
第一单元	迎接	4
第二单元	欢迎宴会	4
第三单元	旅游	4
第四单元	参观与观赏	4
第五单元	中国最新情报1——购物与时尚	4
第六单元	中国最新情报2——饮食	4
第七单元	中国最新情报3——居住	4
第八单元	中国最新情报4——交通	4
第九单元	政治与中日关系	4
第十单元	经济发展与金融	4
第十一单元	IT与信息社会	4
第十二单元	环境问题与环境保护	4
第十三单元	中日文化交流	4
第十四单元	奥运与体育	4
第十五单元	休闲娱乐	4
第十六单元	回国	4
复　习		4
机　动		4
合　计		72

五、关于命题考试的若干规定

1. 命题要基本覆盖要求掌握内容中的重要部分，能够检查考试的口译基本水准。试题由汉日口译与日汉口译两大部分组成。分为习惯用语、短句、短文以及短篇的讲话等几部分翻译。

2. 试卷中对不同能力层次的试题比例大致是："识记"为30%、"理解"为60%、"应用"为10%。

3. 试题难易程度应合理：较易、中等难度、较难。较难部分比例不超过30%，建议20%。

4. 考试由主考学校统一组织，按优秀、良好、及格和不及格四级制记分。考试时间为五十分钟。

5. 考试方式：考生当场用耳机听需进行口译内容的录音，进行即席口译并将声音录在录音带上，考试完毕时提交录音带。考试时，只允许带笔、记录用纸和录音磁带。录音磁带上只录考生口译内容。

六、题型示例（样题）

（一）中译日

1. 常用句（15分）（10题）

（1）请大家尽情享用。

（2）大家下车时请带好随身物品。

（3）不知是否合您口味？

（4）借此机会，表示衷心的感谢。

（5）尽给您添麻烦了，实在抱歉。

（6）请王先生致祝酒辞。

2. 短句（25分）（10题）

（1）今天带你逛一逛北京最有名的繁华街——王府井和西单吧。上午先在王府井转转，下午去西单。

（2）我谨代表京华大学全体教职员工及同学们，向各位的来访表示热烈的欢迎。

3. 短文（25分）（5题）

（1）万里长城是举世闻名的建筑，1987年被列入世界遗产名录，被誉为"人类历史上最大的建筑物"、"在月球上唯一可以看得到的建筑物"等。它东起河北省山海关，西到甘肃省嘉峪关，全长约6400公里。

（二）日译中

1. 短句（15分）（5题）

（1）本日は、大変お忙しい中、わざわざお出迎えいただき、まことにありがとうございます。

（2）実際には行き届かないところもたくさんあったと思います、その点はあしからずお許しいただきたいと存じます。

2. 短文（20分）（4题）

（1）こうした課題に直面して大切なことは、互いに真摯(しんし)に話し合い、相互理解を深めつつ、違いは違いとして認め合いながら、ありのままの相手を理解するよう努(つと)めることです。「知るを知ると為(な)し、知らざるを知らずと為す。これ知るなり」です。その上で両国に跨(また)がる共通の利益に目を向け、これを広げていくということではないでしょうか。双方が共有する目標を見失(みうしな)うことなく、共に解決の途(みち)を探(さぐ)っていく姿勢(しせい)が重要だと思います。